Konzepte der Humanwissenschaften

Stanislav Grof
Joan Halifax

Die Begegnung mit dem Tod
Mit einem Vorwort
von Elisabeth Kübler-Ross
Klett-Cotta

Aus dem Amerikanischen übersetzt von G. H. Müller
unter Mitarbeit von Thomas Schadow
Die Originalausgabe erschien unter dem Titel
»The Human Encounter with Death«
im Verlag E. P. Dutton, New York 1978
© 1977 S. Grof und J. Halifax
Über alle Rechte der deutschen Ausgabe verfügt die
Verlagsgemeinschaft Ernst Klett – J. G. Cotta'sche Buchhandlung
Nachfolger GmbH, Stuttgart
Fotomechanische Wiedergabe nur mit Genehmigung des Verlages
Printed in Germany 1980
Einbandgestaltung und Typographie: Heinz Edelmann
Satz und Druck: Wilhelm Röck, Weinsberg

Inhalt

Die Begegnung mit dem Tod ist die neueste unter zahlreichen in letzter Zeit erschienenen Veröffentlichungen auf dem Gebiet der Thanatologie. Es ist jedoch ein Buch ganz besonderer Art – ein Buch, das in die Bibliothek eines jeden gehört, der ernsthaft versucht, jenes Phänomen zu verstehen, das wir Tod nennen. Alle, die sich für psychosomatische Medizin und ihre Zusammenhänge interessieren, und alle, die sich mit der klinischen Anwendung der psychedelischen Erfahrung beschäftigen, sollten dieses Buch lesen. Es ist eine Fundgrube an Wissen, und es bietet eine gute historische Übersicht.

Vorwort
Von Elisabeth Kübler-Ross

Der Verfasser, ein hervorragender Kenner der Fachliteratur und ein äußerst scharfsinniger Forscher, der sich als Autor bereits einen guten Namen gemacht hat, unternimmt mit uns eine faszinierende Reise durch das *Ägyptische Totenbuch,* durch das Gebiet der LSD-Erfahrungen und die Möglichkeiten ihrer Anwendung, er beschreibt Erfahrungen der Todesnähe beim Ertrinken und anderen Unfällen und gibt einen Überblick über die verschiedenen Auffassungen und theoretischen Deutungen der subjektiven Erfahrungen des Sterbens. Wie Grof selbst feststellt, erstrecken sich die Erfahrungen Sterbender über ein breites Spektrum, von abstrakten bis hin zu ästhetischen Erfahrungssequenzen – vom Wiedererleben traumatischer und positiver Kindheitserinnerungen bis hin zum Erleben von Tod und Wiedergeburt und tiefen archetypischen und transzendenten Bewußtseinsformen.

Dieses Werk ist nicht eigentlich ein Kompendium der menschlichen Erfahrungen mit dem Tod; tatsächlich befaßt es sich nur sehr wenig mit den natürlichen Erfahrungen sterbender Patienten. Es ist in erster Linie das Buch von Autoren, die zu einem besseren Verständnis der Anwendung und Wirkungsweise psychedelischer Drogen und zu einem besseren Verständnis veränderter Bewußtseinszustände beitragen wollen, unter besonderer Berücksichtigung der Übergangszeit, die wir Tod nennen. Sie behandeln das Phänomen des Schmerzes und seiner Veränderung durch LSD; sie befassen sich mit der Verwand-

7

lung, welche mit Menschen vorgeht, die einen Selbstmordversuch, zum Beispiel einen Sprung von der Golden Gate Brücke, überlebt haben; mit der Tatsache, daß sich die Wertbegriffe von Menschen, die »auf der anderen Seite waren« – sei es mit Hilfe von Drogen, durch ein spontanes kosmisches Erlebnis oder eine nahe Begegnung mit dem Tod – entscheidend verändern.

Es ist interessant, daß unter den von Karlis Osis berichteten 35 540 Fällen, in denen Sterben und Tod beobachtet wurden, anscheinend nur zehn Prozent der sterbenden Patienten in der Stunde vor ihrem Tod bei Bewußtsein waren. Es ist meine persönliche Meinung, daß mit der weithin geübten Praxis, Patienten vor ihrem Tod mit Narkotika vollzupumpen, ihnen und ihren Familien ein schlechter Dienst erwiesen wird. Die Patienten, die in ihren letzten Stunden nicht unter der Wirkung starker Narkotika standen, waren vor dem Übergang, den wir Tod nennen, in der Lage, jene seligen Zustände zu erleben, die zu dem Wissen (nicht Glauben) von der liebenden Gegenwart einer anderen Wesenheit führten, von der sie erwartet wurden — eines Seins (nicht eines Ortes) des Friedens und der Gelassenheit, eines Zustandes des Wohlbefindens und der Ganzheit, jenseits aller Todesangst.

Das vorliegende Buch von Grof und Halifax, zusammen mit der bahnbrechenden Arbeit von Karlis Osis und Raymond A. Moodys schon veröffentlichtem bzw. vor der Veröffentlichung stehendem Material, wird den vielen Skeptikern helfen, ihre Position neu zu überdenken und Fragen zu stellen, anstatt alles, was mit der Erforschung der Existenz nach dem physischen Tod zu tun hat, einfach beiseite zu schieben. Sie werden sich fragen, warum es so wenige Unterschiede in den Geschichten dieser Menschen gibt und warum bestimmte Motive und Themen auch in fernen Ländern, in verschiedenen Epochen, Kulturen und Religionen immer von neuem wiederkehren.

Die Verfasser möchten allen Kollegen und Freunden ihre Dankbarkeit und Wertschätzung zum Ausdruck bringen, die im Maryland Psychiatric Research Center in Catonsville in Maryland am Spring-Grove-Programm der psychedelischen Behandlung von todkranken Krebspatienten mitgewirkt haben. Die Ergebnisse dieser Forschungsarbeiten bildeten den stärksten Anreiz für eine interdisziplinäre

Analyse der Todeserfahrung, womit das vorliegende Buch einen Anfang macht.

Der Mann, dessen Begeisterung, Energie und Hingabe für das Zustandekommen der Programme der LSD- und DPT-Psychotherapie bei Krebskranken von entscheidender Bedeutung waren, war Walter Pahnke, M.D., Ph.D.; sein umfassendes Wissen auf dem Gebiet der Medizin, der Psychologie und der Religion und seine einzigartige Persönlichkeit machten ihn zum idealen Leiter der Forschungen über die psychedelische Therapie bei Todkranken. Walter selbst starb einen tragischen Tod im Juli 1971, noch bevor er die Vollendung seiner Projekte sehen konnte.

Besonders erwähnen möchten wir William Richards, Ph.D., der sowohl als Therapeut an den LSD- und DPT-Programmen als auch bei deren Konzeption und Planung mitwirkte. Andere Angehörige des Stabes des Psychiatrischen Forschungszentrums von Maryland nahmen in den verschiedenen Stadien des Krebsprojektes als Therapeuten teil. Unsere dankbare Anerkennung gilt Sanford Unger, Ph.D., Sidney Wolf, Ph. D., Thomas Cimonetti, M.D., Franco DiLeo, M.D., John Rhead, Ph.D., John Lobell und Lockwood Rush, Ph.D. Der letztere leitete zusammen mit Richard Yensen, Ph.D., und Mark Schiffman die Medienabteilung des Forschungszentrums. Ihre Begeisterung und ihr Engagement machten es möglich, daß ein großer Teil des in diesem Buch beschriebenen Fallmaterials in Form von Videotape-Aufnahmen aufbewahrt werden konnte. Ein anderes Mitglied des Forschungsteams, Helen Bonny, wirkte in einer einzigartigen Kombination verschiedener Rollen an den Untersuchungen mit: als

musikalische Beraterin, Ko-Therapeutin und Forschungsassistentin.
Ferner möchten wir Nanca Jewell, Ilse Richards und Karen Leihy
Dank sagen für ihre einfühlsame und aufopfernde Mitarbeit als
Krankenschwestern und Ko-Therapeutinnen; alle drei übernahmen
mit großem Verständnis alle die zusätzlichen Pflichten, die der ungewöhnliche Charakter der psychedelischen Behandlung von Krebspatienten ihnen auferlegte.

Ganz besondere Anerkennung gebührt Albert A. Kurland, M.D.,
Direktor des Psychiatrischen Forschungszentrums von Maryland und
Assistant Commissioner for Research im Maryland State Department
of Mental Hygiene. Obwohl seine verantwortliche Stellung und seine
vielfältigen administrativen Aufgaben es ihm unmöglich machten, an
der klinischen Arbeit des Projekts selbst teilzunehmen, war doch seine
Rolle als Koordinator, Förderer und Berater entscheidend wichtig.
Charles Savage, M.D., stellvertretender Direktor des Psychiatrischen
Forschungszentrums von Maryland, schulden wir respektvollen Dank
für die unschätzbare Unterstützung und Ermutigung, die er den
Projekten über Jahre hinweg zuteil werden ließ.

Die Experimentalprogramme der psychedelischen Therapie hätten
nicht durchgeführt werden können ohne das ungewöhnliche Verständnis und die Kooperation von Louis E. Goodman, M.D., Chef-
chirurg und Leiter der Oncology Clinic im Sinai Hospital. Auch
mehrere andere Angehörige des medizinischen Stabs dieses Krankenhauses verdienen Anerkennung für ihr Interesse, ihre Hilfe und ihre
Bereitschaft, ihre Kenntnisse und Fähigkeiten für dieses unerforschte
und sehr heikle Gebiet zu Verfügung zu stellen. Wir erwähnen unter
ihnen besonders Adolph Ulfohn, M.D., und Daniel Bakal, M.D.[1]

---

[1] Es erscheint in diesem Zusammenhang angezeigt, einen Punkt von grundlegender Bedeutung klarzustellen: Die Ergebnisse des Spring-Grove-Programms sind in einer Reihe von Artikeln beschrieben, die auf Fachkonferen-
zen vorgetragen und in wissenschaftlichen Zeitschriften publiziert wurden;
diese Artikel sind in der Bibliographie dieses Buches enthalten. Diejenigen
unter den oben aufgeführten Forschern, die Mitverfasser dieser Aufsätze
waren, sind nur für die in dieser Form mitgeteilten Informationen und
Schlußfolgerungen verantwortlich. Die interdisziplinären Exkurse im vorlie-
genden Buch gehen weit über den Rahmen der ursprünglichen klinischen
Aufsätze hinaus. Für sie und die daraus sich ergebenden Spekulationen und
Auffassungen sind ausschließlich wir verantwortlich (S.G. und J.H.).

Wir sind ferner unseren vielen Freunden und Kollegen verpflichtet, die uns halfen, die klinischen Daten und Beobachtungen in einer breiteren interdisziplinären Perspektive zu sehen. Besonders wertvoll waren für uns in dieser Hinsicht die Unterstützung und die Anregungen und Impulse von Margaret Mead, Ph. D., und Mary Catherine Bateson, Ph. D. Im Juli 1973 luden sie uns zu einem Symposium über das Thema »Ritual: Versöhnung im Wandel« ein, das von ihnen geplant und durchgeführt wurde. Während eines neuntägigen Aufenthalts auf Burg Wartenstein in Österreich, wo wir lange, anregende Diskussionen mit dreizehn anderen Teilnehmern führten, entstanden einige der in diesem Buch vorgetragenen Gedanken, andere kristallisierten sich dort klarer heraus und nahmen konkretere Gestalt an. Ferner möchten wir Lita Osmondsen, der Präsidentin der Wenner-Gren-Stiftung, die das Symposium in Österreich finanzierte, unseren aufrichtigsten Dank dafür aussprechen, daß sie diesen einzigartigen interdisziplinären Gedankenaustausch ermöglichte, und darüber hinaus für ihre außergewöhnliche Gastfreundschaft.

Unsere theoretischen Gedanken über den Tod und das Sterben wurden sehr stark beeinflußt durch das Werk von Russell Noyes, M.D., Professor der Psychiatrie an der University of Iowa, der unsere Aufmerksamkeit auf die Phänomenologie der Erfahrungen der Todesnähe und auf die subjektiven Begleiterscheinungen des klinischen Todes lenkte. Die von Noyes beigebrachten unschätzbaren Daten ermöglichten uns die Erkenntnis, daß die in der LSD-Forschung entwickelte innere Kartographie auf dieses Gebiet anwendbar ist. Dies war ein wichtiger Schritt in der Entwicklung eines tieferen Verständnisses der universellen und zentralen Bedeutung der Todeserfahrung. David Rosen, M.D., vom Langley-Porter Neuropsychiatric Institute in San Francisco, ermöglichte es uns, die Daten seiner Forschungsarbeit über Menschen zu studieren, die einen Selbstmordversuch durch einen Sprung von der Golden Gate Brücke überlebt hatten, lange bevor dieses Material veröffentlicht wurde. Beiden Forschern sprechen wir hiermit unseren Dank aus.

Eine Persönlichkeit muß in einer Kategorie für sich erwähnt werden. Seit unserer ersten Begegnung vor mehreren Jahren war unser Zusammensein mit Joseph Campbell jedesmal durch eine seltene Kombination beglückender Erfahrungen gekennzeichnet: intellektueller Genuß, Apotheose der Kunst, spirituelles Ereignis und Wiederse-hensfreude. Sein Einfluß auf unser Leben als Lehrer und lieber Freund war überragend.

Indem er uns auf seine besondere Art an seinem enzyklopädischen Wissen und seiner tiefen Lebensweisheit teilnehmen ließ, öffnete er uns die Augen für die Bedeutung der Mythologie im Hinblick auf ein tieferes Verständnis des menschlichen Lebens und des Todes.

Dem Esalen Institute in Big Sur, Hot Springs, California, schulden wir beide Dank dafür, daß es uns für die Entwicklung unserer Ideen und für die Arbeit an der von uns geplanten Buchreihe ideale Bedin-gungen verschaffte. Im Rahmen von Esalen konnten wir ein ständiges Ausbildungsprogramm für Fachkräfte einrichten; die intensiven In-teraktionen mit unserer Gastgeberfakultät sowie mit den Teilnehmern an diesen ungewöhnlichen Veranstaltungen waren für uns eine reiche Quelle neuer Ideen und fachlicher Anregungen. Unser aufrichtiger Dank gilt Michael Murphy, Richard Price, Janet Lederman, Andrew Gagarin, Julian Silverman und allen unseren anderen Freunden in Esalen – besonders auch Rick Tarnas, der uns in den verschiedenen Stadien der Niederschrift und Überarbeitung des Manuskriptes unschätzbare Hilfe leistete.

Jene Menschen, deren Beitrag zu diesem Buch absolut entscheidend war, können wir nicht namentlich erwähnen; wir sind ihnen zutiefst verpflichtet und denken mit der größten Dankbarkeit an sie zurück. Viele Hunderte von psychiatrischen Patienten und LSD-Probanden, die in ihren psychedelischen Sitzungen das Reich des Todes in dieser modernen Version eines Durchgangsritus erkundeten, vermittelten uns aus freien Stücken ihre Erfahrungen und das Wissen, das sie sich auf ihren Reisen ins Innere erwarben. Unsere wertvollsten Lehrer waren Krebskranke, die den biologischen Tod unmittelbar vor Augen hatten und für die die symbolische Begegnung mit dem Tod in den psychedelischen Sitzungen eine direkte Vorbereitung auf ihre »letzte Reise« war. Ihre Beiträge zu diesem Buch sind unschätzbar; ohne die großzügige Beteiligung seitens dieser mutigen Menschen und ihrer Familien hätte dieses Buch nicht geschrieben werden können.

Esalen Institute
Big Sur, California,
Oktober 1976

Der Tod ist eine der wenigen universalen Erfahrungen der menschlichen Existenz. Er ist das unausweichlichste Ereignis in unserem Leben, ein Ereignis, das mit absoluter Sicherheit zu erwarten ist. Und dennoch ist das Wesen des Todes in tiefes Geheimnis gehüllt. Seit unvordenklichen Zeiten hat die Tatsache, daß wir sterben müssen, die menschliche Phantasie erregt und in der Religion, der Kunst,

1
Das wechselhafte Gesicht des Todes

der Mythologie, der Philosophie und der Folklore auf unglaublich unterschiedliche Weise Ausdruck gefunden. Viele außergewöhnliche Bauwerke überall auf der Welt wurden vom Geheimnis des Todes inspiriert: die gewaltigen Pyramiden und Sphinxe Ägyptens, seine prachtvollen Gräber und Totenstädte; das Mausoleum in Halikarnassos;[1] die vorkolumbianischen Pyramiden und Tempel der Azteken, Olmeken und Maya; und die berühmten Grabmäler der Großmogule, wie das Tadsch Mahal und das Denkmal Akbars, des Großen. Nach jüngsten Forschungen war selbst der legendäre Palast des Königs Minos auf Kreta kein königlicher Wohnsitz, sondern eine riesige Nekropole.[2]

---

[1] Das Mausoleum von Halikarnass war das Grabmal des Mausolus von Caria, eines Provinzgouverneurs des persischen Kaiserreichs, der im Jahre 353 v.Chr. starb. Es wurde von einer Gruppe von Bildhauern im Auftrag seiner treuen Schwester und Witwe Artemisia erbaut und gehörte wegen seiner ungewöhnlichen Gestaltung, seiner reichen Ausschmückung und seiner wundervollen künstlerischen Ausführung zu den Sieben Weltwundern der Antike. Das Mausoleum bestand aus sechsunddreißig Säulen, die auf einem hohen Sockel ruhten und eine marmorne Pyramide trugen, die von einem Streitwagen mit vier Pferden gekrönt war.

[2] Nach der Meinung von Dr. Hans-Georg Wunderlich, Professor der Geologie und Paläontologie in Stuttgart, war der Palast des Königs Minos in Knossos nicht als Wohnsitz erbaut worden, sondern es handelte sich dabei um eine Nekropole, wo eine mächtige Sekte komplizierte Bestattungsriten, Opfer und rituelle Spiele praktizierte. Die provokative Theorie Wunderlichs findet sich in seinem Buch *Wohin der Stier Europa trug. Kretas Geheimnis und das Erwachen des Abendlandes*. Reinbek (Rowohlt) 1972.

Das rätselhafte Wesen des Todes eröffnet der individuellen wie der kollektiven Phantasie ein weites Feld von Möglichkeiten. Um nur einige wenige Beispiele aus der westlichen Kultur zu nennen: Die Menschen sahen den Tod als düsteren Schnitter, schrecklichen Verschlinger, furchtbaren Reiter, als sinnlosen Automaten, als unerbittlich Strafenden, als heiteren Schwindler, leidenschaftlichen Liebhaber, süßen Friedensbringer und als den großen Vereiniger. Die mit diesen Bildern verknüpften Gefühle umfassen ein breites Spektrum, von tiefem Schreckensgefühl bis zu ekstatischer Verzückung. Die unterschiedlichen Vorstellungen vom Tod und die damit verbundenen Überzeugungen haben einen tiefen Einfluß nicht nur auf die psychische Verfassung sterbender Menschen, sondern auch auf die spezifischen Bedingungen, unter denen sie diese Welt verlassen, und auch auf die Einstellung ihrer Hinterbliebenen. Sterben und Tod können also auf vielerlei unterschiedliche Weise erfahren werden. Unter diesem Gesichtspunkt ist es interessant, die Situation eines dem Tode gegenüberstehenden Menschen in der heutigen westlichen Zivilisation mit der der Menschen in den alten Kulturen oder in den vorindustriellen Ländern zu vergleichen.

Die meisten nichtwestlichen Kulturen haben religiöse und weltanschauliche Systeme, Kosmologien, rituelle Praktiken und bestimmte Elemente der Sozialordnung, die es ihren Angehörigen erleichtern, den Tod zu akzeptieren und zu erfahren. Diese Kulturen betrachten in der Regel den Tod nicht als das absolute Ende der Existenz; sie glauben, daß Bewußtsein oder Leben in irgendeiner Form über den Punkt des physiologischen Endes hinaus fortdauert. Welche besonderen Vorstellungen vom Leben nach dem Tode in den verschiedenen Kulturen auch herrschen mögen, der Tod wird typischerweise als Übergang oder Verwandlung betrachtet und nicht als endgültige Vernichtung des Individuums. Die mythologischen Systeme besitzen nicht nur detaillierte Beschreibungen verschiedener Bereiche des Lebens nach dem Tode, sondern häufig auch komplexe Kartographien, die den Seelen auf ihrer schwierigen posthumen Reise als Führer dienen sollen.

Die Intensität dieses Glaubens an die Reise nach dem Tod fand ihren Ausdruck in einer Vielzahl von Begräbnisriten. Die meisten Forscher, die sich mit den Bräuchen im Zusammenhang mit Sterben und Tod befaßt haben, heben hervor, die gemeinsamen Nenner dieser Sitten seien die fundamentale Ambivalenz der Überlebenden gegenüber den Toten und der Glaube an ein Leben nach dem Tode. Viele Aspekte der Begräbnisriten sind Ausdruck des Bemühens, den Übergang der Verstorbenen in die Geisterwelt zu erleichtern und zu beschleunigen. Die entgegengesetzte Tendenz läßt sich jedoch fast ebenso häufig beobachten — nämlich die zeremonielle Herstellung einer Beziehung zwischen Lebenden und Toten, um Sicherheit und Schutz zu erlangen. Bestimmte Aspekte vieler Rituale, die nach dem Tod eines Menschen ausgeübt werden, lassen sich auf zweierlei Weise zugleich deuten: zum einen als Hilfe für die Verstorbenen auf ihrer Reise nach dem Tod, zum andern als Abwehrritual, um ihre Rückkehr zu verhindern.

Eine besondere Variante des Glaubens an die Fortdauer der Existenz nach dem Tode ist die Idee der Reinkarnation. Zu dem Element der körperlichen Existenz des Individuums nach dem Tode tritt hier noch der Gedanke einer späteren Rückkehr, wenn auch in anderer Gestalt, zur materiellen Existenz in der Erscheinungswelt, wie wir sie kennen. Der Glaube an die Wiedergeburt kommt in so verschiedenartigen kulturellen und religiösen Systemen vor wie in den Philosophien und Religionen Indiens, den Kosmologien verschiedener nordamerikanischer Indianerstämme, der platonischen und neuplatonischen Philosophie, der Orphik und anderen Mysterienreligionen des alten Griechenland sowie im frühen Christentum.[3] Im Hinduismus, Buddhismus und Dschainismus ist dieser Glaube mit dem Gesetz des

---

[3] Da allgemein angenommen wird, der Glaube an die Reinkarnation sei mit dem Christentum unvereinbar und ihm fremd, erscheint es angebracht, die obige Feststellung zu erläutern. Die Idee der Reinkarnation gab es im Christentum, bis sie zusammen mit anderen Lehren des Origenes im Jahre 543 n.Chr. von Kaiser Justinian angegriffen und schließlich 553 vom Zweiten Konzil in Konstantinopel verurteilt wurde. Origenes, der als der bedeutendste Kirchenvater nach Augustin gilt, stellte in seinem Werk *De Principiis* ausdrücklich fest: »Die Seele hat weder Anfang noch Ende . . . Jede Seele kommt in diese Welt, gestärkt von den Siegen oder geschwächt von den Niederlagen ihres früheren Lebens. Ihr Platz in dieser Welt als ein zu Ehre oder Unehre berufenes Gefäß wird durch ihre früheren Verdienste oder Fehler bestimmt. Ihr Werk in dieser Welt bestimmt ihren Platz in der Welt, die dieser folgen wird.«

Karma verknüpft, demzufolge die Qualität der individuellen Inkarnation ganz spezifisch durch die Verdienste und Schuldposten des betreffenden Individuums in seinen vorausgegangenen Leben bestimmt wird.

Es ist nicht schwer zu verstehen, daß die feste Überzeugung von der Fortdauer des Bewußtseins oder des Lebens auch über die Grenzen der biologischen Existenz des Individuums hinaus — oder auch nur eine unvoreingenommene Einstellung gegenüber einer solchen Möglichkeit — die Erfahrung des Alterns, die Vorstellung vom Tod und die Erfahrung des Sterbens selbst verändern kann. Der Vorgang des Sterbens kann dann sogar noch wichtiger erscheinen als das Leben. Dies gilt zum Beispiel für einige der philosophischen oder religiösen Systeme, die einen Glauben an die Wiedergeburt einschließen. Hier kann die Zeit des Sterbens von überragender Bedeutung sein, denn diesen Vorstellungen zufolge bestimmt die Einstellung des Sterbenden die Qualität seiner gesamten künftigen Inkarnationen, und Natur und Verlauf der kommenden Existenz sind eine Aktualisierung der Art und Weise des Sterbens. In anderen Systemen wird das Leben als ein Zustand der Trennung erfahren, als ein Gefängnis des Geistes, und der Tod bedeutet Wiedervereinigung, Befreiung oder Heimkehr. So ist für die Hindus der Tod ein Erwachen aus der Welt der Täuschung (*maya*) und eine Gelegenheit für das individuelle Selbst (*jiva*), seine göttliche Natur (*Atman-Brahman*) zu erkennen und zu erfahren. Nach den buddhistischen Schriften ist das Leiden ein untrennbarer Bestandteil der biologischen Existenz; seine tiefste Ursache ist die Kraft, die für den Lebensprozeß selbst verantwortlich ist. Das Ziel des geistigen Weges ist es, das Feuer des Lebens auszulöschen und das Rad von Tod und Wiedergeburt zu verlassen.

In manchen Kulturen bedeutet Sterben ein Aufrücken in der sozialen oder kosmologischen Hierarchie, hinauf in die Welt der Ahnen, mächtigen Geister oder Halbgötter. In anderen Kulturen ist Sterben ein Übergang in eine selige Existenz in einem Sonnenreich oder in Gegenwart der Götter. Häufiger wird das Leben nach dem Tode deutlich als in zwei Reiche aufgeteilt vorgestellt; es gibt darin Höllen und Fegefeuer wie auch Himmel. Die posthume Reise der Seele hin zu einem erstrebenswerten Ziel ist voller Gefahren und Prüfungen verschiedenster Art. Für eine erfolgreiche Vollendung der Reise ist es unerläßlich, daß man mit der Geographie und den Regeln der anderen Welt vertraut ist. So entwickelten viele jener Kulturen, die an ein Leben nach dem Tode glauben, komplizierte, umfangreiche Prozeduren, die den einzelnen mit der Erfahrung des Sterbens vertraut machen.

In allen Zeitaltern und in zahlreichen verschiedenen Kulturen gab es rituelle Veranstaltungen, bei denen die Menschen eine wirkungsmächtige symbolische Begegnung mit dem Tod erlebten. Diese Konfrontation ist das Kernereignis der Durchgangsriten (»rites de passage«) bei Tempelinitiationen, in den Mysterienreligionen und Geheimgesellschaften wie auch in verschiedenen ekstatischen Religionen. Nach den Schilderungen in den historischen Quellen und in der anthropologischen Literatur führen solche profunden Erfahrungen eines symbolischen Todes nicht nur zu einer überwältigenden Erkenntnis der Vergänglichkeit der menschlichen Existenz, sondern auch zu einer erleuchtenden Einsicht in das transzendente, ewige, spirituelle Wesen des menschlichen Bewußtseins. Rituale dieser Art verbinden zwei wichtige Funktionen: Zum einen führen sie bei dem Initianden einen tiefgehenden Wandlungsprozeß herbei, der auf diese Weise eine andere Art der Welterfahrung entdeckt; zum anderen dienen sie als Vorbereitung auf den tatsächlichen physischen Tod.

In mehreren Ländern wurden spezielle Anleitungen erarbeitet, die den einzelnen bei der Begegnung mit dem Tod führen und leiten, sowohl bei der Erfahrung des Todes auf der symbolischen Ebene im Rahmen spiritueller Praktiken als auch bei der physischen Vernichtung des biologischen Gefäßes. Das sogenannte *Tibetanische Totenbuch (Bardo Thödol)*, die Sammlung von Bestattungstexten, die gewöhnlich das *Ägyptische Totenbuch (Pert Em Hru)* genannt wird, und die Literatur des Mittelalters über die »Kunst des Sterbens« (die sog. *Ars-Moriendi*-Literatur) sind die bekanntesten Beispiele dieser Art.

In der anthropologischen Literatur gibt es eine Fülle von Beschreibungen jener Durchgangsriten, die in zahlreichen Kulturen zum Zeitpunkt wichtiger Lebensübergänge praktiziert werden — bei der Geburt, beim Eintritt in die Pubertät, bei der Heirat, der Geburt eines eigenen Kindes, beim Übertritt in eine andere Lebensphase und schließlich beim Sterben. In den komplexen, ausgedehnten Ritualen, die bei diesen Anlässen durchgeführt werden, lernen die Menschen,

Übergänge von einer Lebensstufe zur nächsten zu vollziehen, in der einen Rolle zu sterben und in eine andere hineingeboren und von ihr durchdrungen zu werden. Bei vielen Durchgangsriten machen die Initianden, sowohl mit Hilfe psychedelischer Substanzen als auch aufgrund wirkungsvoller Techniken ohne Drogenanwendung, die Erfahrung von Tod und Wiedergeburt, ähnlich den Erfahrungen, die bei den alten Tempelmysterien gemacht wurden. Die Begegnungen mit Sterben, Tod und Transzendenz, die der einzelne bei diesen Durchgangsriten im Laufe seines Lebens erlebte, können in ihrer Gesamtheit als ein tiefgehendes psychologisches und Erfahrungstraining für den letztendlichen Übergang zum Zeitpunkt des biologischen Todes angesehen werden.

In vielen schriftlosen Gesellschaften ist die homogene, intime und letztlich heilige Natur der menschlichen Gemeinschaft das Gewebe, in das der sterbende Mensch eingebunden ist. Hier ist das Bewußtsein der Sippe, des Stammes oder des Königreiches wichtiger als das selbständige Bewußtsein des einzelnen. Gerade dieser Faktor vermag den Verlust der Individualität, der beim Sterben erfahren wird, weniger schmerzhaft zu machen als in jenen Kulturen, in denen die Bindung an das Ich sehr stark ist. Andererseits kann der Verlust eines einzelnen, der dem Sozialgefüge verlorengeht, tiefgehende Folgen für die Lebenden haben, wenn die Gemeinschaft ein homogenes Kollektiv ist. Sterben und Tod in der Situation der *communitas* rufen sowohl den Beistand der Gruppe für den Sterbenden als auch den Ausdruck von Kummer und Zorn auf seiten der Hinterbliebenen hervor, die mit ihm eine wesentliche Person in der auf mystische Weise miteinander verbundenen sozialen Gruppe verlieren.

Viele Angehörige der westlichen Kulturen haben das Empfinden, daß einige dieser Verhaltensweisen gegenüber dem Tod ihren Wertsystemen fremd sind. Ausgedehnte rituelle Veranstaltungen, in deren Mittelpunkt der Tod steht, und die Betonung der Vergänglichkeit in vielen religiösen Praktiken scheinen ihnen Zeichen einer morbiden Beschäftigung mit dem Makabren, sie werden im Westen häufig als Manifestationen einer sozialen Psychopathologie gedeutet. Der intellektuelle westliche Mensch neigt dazu, den Glauben an ein Leben nach dem Tod und die Idee einer posthumen Reise der Seele als Produkte primitiver Ängste von Menschen zu betrachten, denen das

Privileg naturwissenschaflichen Denkens und Wissens vorenthalten geblieben ist. In diesem Kontext erscheint ihm das Übergewicht des Stammesbewußtseins gegenüber dem individuellen Bewußtsein als Zeichen psychischer Unreife. Die nähere Betrachtung unserer eigenen Kultur zeigt jedoch, daß wir uns auf das andere Extrem zubewegt haben — die massive Verleugnung und Vernachlässigung aller mit dem Tod zusammenhängenden Fragen. Es gibt sehr wenige Situationen im menschlichen Leben, die von solch überragender Bedeutung sind wie Sterben und Tod. Jeder einzelne von uns muß während seines Lebens dem Tod naher Verwandter gegenübertreten und wird schließlich mit der Frage der eigenen Vergänglichkeit und seines biologischen Endes konfrontiert. Angesichts der letztendlichen Bedeutsamkeit des Todes für jeden einzelnen von uns ist die Umgehung und Verleugnung der mit diesem Bereich zusammenhängenden Fragen wahrhaft erstaunlich. Altern, tödliche Krankheit und Sterben werden nicht als Teil des Lebensprozesses gesehen, sondern als endgültige Niederlage und schmerzliches Gemahntwerden an die Grenzen unserer Fähigkeit, die Natur zu beherrschen. Nach den Maßstäben unserer pragmatischen Philosophie, die Leistung und Erfolg in den Mittelpunkt stellt, ist der sterbende Mensch ein Verlierer im Wettlauf des Lebens. Die Menschen in der westlichen Zivilisation fangen gerade erst an zu erkennen, daß die Begegnung mit alternden und sterbenden Menschen ihnen bedeutsames Wissen vermitteln kann.

Die gegenwärtige Einstellung der Medizin Sterbenden gegenüber wird beherrscht von dem nachdrücklichen Bemühen, den Tod zu bezwingen und sein Eintreten mit allen nur möglichen Mitteln hinauszuschieben. In diesem Kampf um die mechanische Verlängerung des Lebens um jeden Preis wird der Qualität der dem Sterbenden verbleibenden Tage nur sehr wenig Aufmerksamkeit gewidmet. Die einzigen Gefährten vieler Sterbenden sind Infusionsflaschen und Schläuche, Sauerstoffbehälter, elektrische Herzschrittmacher, künstliche Nieren und Geräte zur Überwachung vitaler Funktionen. In dem Bemühen, den Sterbenden die Realität ihrer Situation zu verbergen, spielen das medizinische Personal und die Familienangehörigen oft ein kompliziertes Spiel, um die wirklich wichtigen Fragen in den Hintergrund zu drängen und falsche Hoffnung zu erwecken. Dadurch wird das Gefühl der Isolation und Verzweiflung bei den Sterbenden noch verstärkt, von denen viele intuitiv die Unaufrichtigkeit spüren, die sie umgibt.

Die Religion, die für Sterbende eine große Hilfe sein kann, hat für den durchschnittlichen westlichen Menschen viel von ihrer Bedeutung verloren. Eine pragmatische Lebensorientierung und philosophischer Materalismus sind an die Stelle religiöser Inbrunst getreten. Von einigen Ausnahmen abgesehen, haben die westlichen Religionen ihre Funktion als vitale Kräfte im Leben der Menschen verloren. Sie wurden auf formale Rituale und Zeremonien reduziert, die ihres ursprünglichen Sinnes entkleidet sind.

Die auf einem philosophischen Materialismus gründende naturwissenschaftliche Weltsicht verstärkt die düstere Situation, der sich der sterbende Mensch gegenübersieht, noch mehr. Dieser Weltsicht zufolge gibt es keine Wirklichkeit außer der in der materiellen Welt. Um die Wirklichkeit wahrzunehmen, muß man ein lebendiger Organismus mit funktionierenden Wahrnehmungsorganen sein. Das Bewußtsein selbst wird als ein Produkt des Gehirns angesehen und ist damit entscheidend von dessen Unversehrtheit und normaler Funktionstüchtigkeit abhängig. Die physische Auslöschung des Körpers und vor allem des Gehirns bedeutet das unwiderrufliche Ende des menschlichen Lebens.

Unsere heutige Sozialstruktur, unsere Philosophie, Religion und Medizin haben wenig anzubieten, um das psychische Leiden der Sterbenden zu lindern. Viele Menschen in dieser Situation stehen demzufolge vor einer Krise, die deshalb so tiefreichend und umfassend ist, weil sie biologische, seelische, philosophische und spirituelle Aspekte des Menschen zugleich erfaßt. Und doch haben Psychiater, Psychologen und andere Angehörige der helfenden Berufe, die ansonsten mancherlei Systeme zur Krisenintervention in schwierigen Lebenssituationen entwickelt haben, diesen Bereich bis vor kurzem überhaupt noch nicht als ein Gebiet erkannt, wo einfühlende Hilfe dringend erforderlich ist. Aber gerade weil man bei einer ganzen Reihe von Situationen von relativ geringerer Bedeutung die Notwendigkeit von Hilfsmaßnahmen schon lange erkannt und bejaht hat, ist es wichtig, einige der Gründe zu untersuchen, die es verhindert haben, daß die Fachleute das dringende Bedürfnis nach Beistand in dieser tiefsten Krise des Menschenlebens erkannten.

Einer der offensichtlichsten Gründe ist sicherlich die zutiefst pragmatische Weltanschauung in unserer leistungsorientierten Gesellschaft. Nach dieser Anschauung erscheint es vernünftiger, jemandem zu helfen, der die Möglichkeit hat, zu einem produktiven Leben zurückzukehren, als jemandem beizustehen, der keine Möglichkeit mehr haben wird, einen Beitrag für die Gesellschaft zu leisten, und der in naher Zukunft aufhören wird, physisch zu existieren. Die Arbeit mit Sterbenden und ihren Familien ist außergewöhnlich schwierig; sie ist nicht nur schon als solche anstrengend und schwierig, sondern sie findet auch in einem zutiefst pessimistischen Rahmen statt. Der Therapeut wird häufig mit heftigen, quälenden Gefühlsausbrüchen konfrontiert, die durch die extreme Bedrängnis des Sterbenden oder der Verwandten ausgelöst werden. In der herkömmlichen Psychotherapie ist es wesentlich, daß man etwas Konkretes anzubieten hat, um den Patienten einen Antrieb zu geben und ihnen zu zeigen, daß sie ihre Kräfte und Fähigkeiten für eine befriedigendere Existenz einsetzen können. Der Therapeut, der in einem westlichen Milieu arbeitet, hat weder dem Sterbenden noch den Hinterbliebenen viel anzubieten, was als konkrete positive Alternative gelten könnte. Dies ist traditonellerweise die Domäne der Geistlichen. Doch auch sie haben häufig wenig anderes zu bieten als Trostworte, die Hervorhebung des Glaubens und ein routinemäßiges Zeremoniell.

Der wichtigste Grund für das Widerstreben von Psychotherapeuten und anderen, sich mit sterbenden Menschen zu befassen, ist wohl ihre eigene unbewußte Angst vor physischem Leiden, der biologischen Vergänglichkeit und dem Tod. Der nahe Umgang mit Menschen, die dem Tod gegenüberstehen, weckt leicht die eigene metaphysische Angst, die mit dem Gedanken des biologischen Endes verknüpft ist. Die Furcht vor dem Tod, die die Menschen erfahren, wird gewöhnlich dem intellektuellen Wissen über den Lebenszyklus zugeschrieben. Anders als die Tiere *wissen* die Menschen, daß sie sterblich sind und daß sie früher oder später dem Ende ihrer biologischen Existenz gegenüberstehen. Wir werden später zu zeigen versuchen, daß die Wurzeln dieser Furcht sehr viel tiefer liegen. Beobachtungen aus der psychedelischen Forschung wie auch geschichtliche Tatsachen und Daten aus der vergleichenden Religionswissenschaft und der Anthropologie scheinen darauf hinzuweisen, daß wir alle in unserem Unbewußten funktionelle Matrizen bergen, die eine authentische Begegnung mit dem Tod enthalten. Die Aktivierung dieser unbewußten Strukturen durch psychoaktive Drogen oder durch Faktoren und Techniken ohne Drogenanwendung führt zu einer dramatischen Erfahrung des Todes, die sich vom tatsächlichen Sterben nicht unterscheidet. Die Menschen wissen also nicht nur verstandesmäßig, daß sie sterben werden, sie besitzen auch ein unterbewußtes Wissen davon, was man fühlt, wenn man den Tod erfährt. Dieses geradezu jeder Lebenszelle innewohnende Gewahrsein des Sterbevorgangs scheint der wichtigste Grund zu sein für die durchgehende Verleugnung und Verdrängung der mit dem Tod zusammenhängenden Probleme. Angesichts des Fehlens irgendwelcher sozialer, psychologischer, philosophischer oder spiritueller Beistandssysteme, die dazu beitragen könnten, dieser Furcht entgegenzuwirken, ist eben diese Angst offenbar das Haupthindernis bei der Arbeit mit den Sterbenden und die entscheidende Quelle des Widerstrebens, wirksame Hilfe zu leisten.

Unsere Massenmedien haben, anstatt ihr gewaltiges Erziehungspotential für die Verbreitung nützlicher Informationen über Tod und Sterben einzusetzen, zu den verzerrten Vorstellungen, die in diesem Bereich herrschen, mit beigetragen. In mittelmäßigen Filmen wird der Tod entweder als absurdes Ereignis oder als eine Situation persönlicher Niederlage dargestellt. In den Berichten über die Zahl der Toten durch Kriege, Flugzeugabstürze, Sturmkatastrophen, Überschwemmungen, Erdbeben, Dürrekatastrophen und Massenepidemien handelt es sich um so riesige Zahlen, daß man keine Beziehung zur persönlichen Ebene mehr herstellen kann. Die Bedeutung des Todes und seine psychologische, philosophische und spirituelle Relevanz zerfließen in leeren Zahlen. Dies gilt noch mehr im Hinblick auf die Möglichkeit einer in Sekundenschnelle erfolgenden totalen Vernichtung durch eine atomare Katastrophe; die spezifische individuelle Bedeutung des Todes wird von der apokalyptischen Natur, dem technologischen Charakter und dem ungeheuerlichen Umfang eines solchen Ereignisses völlig verdeckt.

Auf Grund des fehlenden Verständnisses der mit dem Tod zusammenhängenden Probleme, der emotionalen Blockierungen auf diesem Gebiet und der Beschaffenheit der sozialen und medizinischen Institutionen ist den meisten Mitgliedern unserer Gesellschaft die Möglichkeit genommen, am Vorgang des Sterbens in sinnvoller Weise teilzuhaben. Dies gilt offenbar gleichermaßen für die Sterbenden selbst wie für ihre überlebenden Verwandten oder Freunde. Gegenwärtig erleben wir einen dramatischen Durchbruch in der Einstellung zu Sterben und Tod bei allen im Gesundheitswesen Tätigen. Ein wichtiger Meilenstein in dieser Entwicklung war Herman Feifels Buch *The Meaning of Death* (1957), eine Sammlung von Aufsätzen von Ärzten, Psychiatern, Psychologen, Philosophen und Theologen, in deren Mittelpunkt die Probleme des Sterbens stehen. In den Jahren nach dem Erscheinen dieses Buches zeigte sich auf seiten der Fachleute ein zunehmendes Interesse für diese Problematik und eine wachsende Erkenntnis, wie dringend es war, eine Änderung der Verhältnisse herbeizuführen. Ein Großteil der intensiven Bemühungen, die Situation der Sterbenden zu erleichtern, ging von humanistisch orientierten Fachleuten aus. Ein wichtiges Ereignis in diesem Zusammenhang war der Aufbau der Foundation of Thanatology in New York City im Jahre 1968 durch den Mitbegründer und ersten Präsidenten Austin Kutscher, deren Ziel es war, Fachleute auf dem Gebiet des Gesundheitswesens, Geistliche, Philosophen, Schriftsteller und andere Personen zusammenzubringen, die sich für die mit dem Tod und der Betreuung von Sterbenden zusammenhängenden Probleme interessierten.

Das zunehmende Interesse der Fachleute an den praktischen und theoretischen Aspekten des Sterbens gipfelte in der Arbeit von Elisabeth Kübler-Ross, M.D., in der psychiatrischen Abteilung der Universität Chicago. In ihrem bahnbrechenden Buch *Interviews mit Sterbenden* faßte sie ihre Erfahrungen bei der psychotherapeutischen Arbeit mit Schwerkranken und in Schulungsseminaren mit Ärzten, Krankenschwestern, Studenten und Geistlichen zusammen. Dr. Kübler-Ross hat eine Fülle von Beweismaterial dafür vorgelegt, daß viele sterbende Menschen dringend echten menschlichen Kontakt und psychotherapeutische Hilfe brauchen. Sie hob die Bedeutung einer offenen, ehrlichen Kommunikation mit Sterbenden hervor und wies darauf hin, wie wichtig die Bereitschaft ist, alle Fragen zu diskutieren, die für sie psychologisch bedeutsam sind. Nähert man sich den Sterbenden auf diese Weise, so können sie den im Leben Zurückbleibenden wichtige Erfahrungen und Informationen vermitteln, nicht nur über die letzten Stadien des Lebens, sondern auch über die Funktionsweise des menschlichen Geistes und die einzigartig menschlichen Aspekte unserer Existenz. Außerdem gehen all diejenigen, die an diesem Prozeß teilhaben, reicher und vielleicht auch mit weniger Ängsten vor dem eigenen Tod aus dieser Erfahrung hervor. Unter einem theoretischen Gesichtspunkt hat Dr. Kübler-Ross fünf aufeinanderfolgende Stufen skizziert, die durch spezifische emotionelle Reaktionen und Einstellungen charakterisiert sind, welche die Sterbenden mit der Verschlechterung ihres körperlichen Zustands durchlaufen. Der typische Patient durchläuft nacheinander die Stufen der Verleugnung und Isolierung, des Zorns, des Feilschens, der Depression und schließlich der Annahme. In den letzten beiden Jahren hat sich Dr. Kübler-Ross besonders damit befaßt, subjektive Erfahrungen zu erforschen, die mit dem Sterben und dem Problem eines Bewußtseins nach dem Tod zusammenhängen. Ihre Arbeit hatte einen tiefgehenden Einfluß nicht nur in Fachkreisen, sondern auch in der Öffentlichkeit. Das therapeutische Experiment, das seit 1967 im St. Christopher's Hospice in London unter der Leitung von Cicely Saunders, M.D., durchgeführt wird, stellt eine weitere wichtige Neuerung in der Betreuung schwerkranker Patienten dar. Die Grundeinstellung im St. Christopher's Hospice ist, alles zu tun, um es den Patienten zu ermöglichen, ihre letzten Lebenstage erfüllt und angenehm zu verbringen. Die allgemeine Lebensweise und die Gesamtatmosphäre sind sehr viel entspannter und ungezwungener als in einem Krankenhaus. Die Besuchs- und Ausgangsregelungen sind viel lockerer, als es gewöhnlich auf einer Krankenstation für akut Kranke möglich ist. Die Patienten können aufstehen und ihre Zeit in Aufenthaltsräumen verbringen oder spazierengehen, wenn ihnen danach zumute ist. Sie können den Besuch ihrer Familienangehörigen empfangen oder sich anderen Betätigungen widmen, solange sie das können und wünschen. Sie dürfen im Bett rauchen, und jeden Tag am frühen Abend gibt es Getränke auf Kosten des Hauses. Die im St. Christopher's Hospice praktizierte Methode verbindet gute technische Betreuung und medizinisches Fachkönnen mit Mitgefühl, Wärme und Freundschaft. Cicely Saunders' Arbeit ist deutlich religiös betont, jedoch nicht in einer bestimmten Richtung festgelegt. Diese Institution steht nicht nur in dem Ruf, Sterbende in wahrhaft humaner Weise zu behandeln, sondern hat sich durch ihre Erfolge im Hinblick auf eine wirksame Beherrschung chronischer Schmerzen hohes Ansehen erworben.

Die Heilberufe scheinen sich heute deutlicher denn je der Bedeutung der Probleme bewußt zu sein, die mit dem Sterben verknüpft sind, und sie scheinen das Bedürfnis nach weitreichenden Veränderungen der gegenwärtig praktizierten medizinischen Verfahren in diesem Bereich erkannt zu haben. Die Zahl der Artikel und Bücher über den Tod und über den Umgang mit Patienten, die an einer unheilbaren Krankheit leiden, ist in raschem Ansteigen begriffen, und das gleiche gilt für Vorträge, Seminare, Symposien und Konferenzen zu diesem Thema. Immer mehr Forschungsvorhaben setzen sich zum Ziel, wirksame Methoden zu entwickeln, um Sterbenden zu helfen und einen besseren Einblick in die psychologischen Aspekte des Sterbens und des Todes zu gewinnen.

Die in den letzten 25 Jahren durchgeführten Forschungen mit LSD und anderen psychedelischen Drogen haben neue Möglichkeiten eröffnet, das seelische und körperliche Leiden von Patienten zu erleichtern, die an Krebs und anderen chronischen Krankheiten sterben, und sie haben unerwartete Ansätze für ein tieferes Verständnis der Erfahrungen von Sterben und Tod geboten. Die unter dem Einfluß chemischer Wirkungen spontan hervorgerufenen Erfahrungen von Tod und Wiedergeburt in psychedelischen Sitzungen, sowohl bei normalen Testpersonen als auch bei psychiatrischen Patienten, hat die Erkenntnis möglich gemacht, daß das Potential für solche Erfahrungen dem menschlichen Unbewußten eingeboren ist. Die Möglichkeit, die Erlebnisse von Tod und Wiedergeburt unter kontrollierten Bedingungen und in relativ vorhersehbarer Weise hervorzurufen, erlaubte eine detaillierte kartographische Aufnahme dieser Erfahrungen. Das vorliegende Buch wird die praktische Bedeutung der psychedelischen Therapie für sterbende Menschen beschreiben und die Implikationen der psychedelischen Forschung für ein tieferes Verständnis des Sterbens und des Todes erörtern.

2

**Die Geschichte
der psychedelischen
Behandlung
von Sterbenden**

Unsere Erfahrungen mit Personen im letzten Stadium einer unheilbaren Krankheit standen in engem Zusammenhang mit der Entwicklung der psychedelischen Therapie, einem umfassenden Programm psychotherapeutischer Kurzbehandlung unter Anwendung bewußtseinsverändernder Substanzen wie Diäthylamid der Lysergsäure (LSD) und Dipropyltrytramin (DPT). Diese Behandlungsmethode ist zwar eine direkte Folgeentwicklung der modernen pharmakologischen und klinischen Forschung, sie hat jedoch nahe Entsprechungen in verschiedenen nichtwestlichen Kulturen der Gegenwart, und ihre Wurzeln reichen zurück bis in die Vorgeschichte und zu den schamanischen Ritualen und Heilungszeremonien vieler alter Zivilisationen.

Der erste Hinweis, daß psychedelische Substanzen bei der Behandlung von Menschen im Endstadium unheilbarer Krankheiten nützlich sein können, kam von der Kinderärztin Valentina Pawlowna Wasson. Nach vielen Jahren intensiver ethnomykologischer Studien begannen sie und ihr Mann, Gordon Wasson, sich mit der Verwendung psychedelischer Pilze in präkolumbianischen Kulturen und dem heutigen Mittelamerika zu beschäftigen. Sie unternahmen mehrere Reisen nach Mexiko, um dort Feldforschungen zu betreiben und diesen Fragenkomplex zu untersuchen, und durften im Juni 1955 als erste westliche Forscher an einem heiligen Ritual teilnehmen, das von der mazatekischen *curandera* (Medizinfrau) Maria Sabina durchgeführt wurde. Beide waren tief beeindruckt von der starken Wirkung der Pilze, die sie bei diesem Zeremoniell eingenommen hatten. Roger Heim, der französische Mykologe, den die Wassons um Hilfe angingen, bestimmte die Pilze botanisch als *psilocybe mexicana* und deren Gattungsverwandte; er schickte dann Proben an die Laboratorien der Schweizer Pharmafirma Sandoz zur chemischen Analyse. Im Jahre 1957 gab Valentina Pawlowna Wasson ein Interview in der Zeitschrift *This Week* über die Geschichte ihrer Entdeckung und ihre eigenen Erfahrungen nach der Einnahme der mexikanischen heiligen Pilze.

Sie gab ihrer Meinung Ausdruck, wenn der aktive Wirkstoff isoliert und ausreichende Mengen davon beschafft werden könnten, könne er zu einem äußerst bedeutsamen Hilfsmittel beim Studium psychischer Prozesse werden. Sie äußerte ferner die Auffassung, sobald die Droge erst besser bekannt sein würde, fände man auch medizinische Anwendungsmöglichkeiten dafür, vielleicht bei der Behandlung von Alkoholismus, Drogensucht, geistigen Störungen und im letzten Stadium von Krankheiten, die mit starken Schmerzen verbunden sind. Mehrere Jahre später testete ein Forschungsteam, das in Baltimore arbeitete, ihre ungewöhnliche Zukunftsvision, und zwar unabhängig von ihr. Eine Gruppe von Psychiatern und Psychologen im Maryland Psychiatric Research Center, der der Artikel in *This Week* nicht bekannt war, führte systematische Untersuchungen über die psychedelische Therapie mit LSD durch, einer Droge, die nah mit Psilocybin verwandt ist, und zwar für genau die gleichen Indikationen, die Valentina Wasson vorausgesagt hatte. Wir selber waren überrascht, als wir im Jahre 1974 bei einem Besuch in Gordon Wassons Haus in seiner Bibliothek jenen Zeitungsausschnitt entdeckten.

Der nächste Anreiz, Psychedelika bei Sterbenden anzuwenden, kam nicht von einem Arzt oder Verhaltenswissenschaftler, sondern von dem Schriftsteller und Philosophen Aldous Huxley. Er interessierte sich zutiefst für das Phänomen des Sterbens und für die mystischen und religiösen Erfahrungen, die durch psychedelische Drogen hervorgerufen werden. Mit ungewöhnlicher Sensitivität und Einfühlung stand er seiner ersten Frau Maria bei, als sie im Jahre 1955 an Krebs starb. Während ihrer letzten Stunden wandte er eine Hypnosetechnik an, um sie wieder in Kontakt mit der Erinnerung an ekstatische Erfahrungen zu bringen, die sie früher verschiedene Male gehabt hatte. Sein erklärtes Ziel war, ihr die Erfahrung des Sterbens zu erleichtern, indem er sie beim Herannahen des Todes an diese mystischen Bewußtseinszustände heranführte. Diese tiefe persönliche Erfahrung hat ihre Parallele in Huxleys Roman *Island*, wo die Romangestalt Lakshmi unter sehr ähnlichen Umständen stirbt. In einem Brief an Humphrey Osmond, einen Psychiater und Pionier der psychedelischen Forschung, der ihn mit LSD und Meskalin bekanntgemacht hatte, schrieb Huxley: »Meine eigene Erfahrung mit Maria hat mich davon überzeugt, daß die Lebenden sehr viel tun können, um

27

den Sterbenden den Übergang leichter zu machen, den am reinsten physiologischen Akt der menschlichen Existenz auf die Ebene des Bewußtseins und vielleicht sogar der Spiritualität zu heben.«

Für alle, die mit den Wirkungen halluzinogener Drogen und mit Huxleys persönlicher Lebensgeschichte vertraut sind, besteht kein Zweifel, daß das »soma« in *Schöne neue Welt* und die »Moksha-Medizin« in *Island* psychedelische Substanzen sind, mit ähnlichen Wirkungen wie LSD, Meskalin und Psilocybin. In Huxleys Vision vermittelt die »Moksha-Medizin« Bewohnern der Insel mystische Einsichten, die sie von der Angst vor dem Tod befreien und es ihnen ermöglichen, erfüllter zu leben. In einem anderen Brief an Humphrey Osmond, den er schon im Februar 1958 schrieb, äußerte sich Huxley ganz eindeutig über seine Idee, LSD bei Sterbenden anzuwenden: »... noch ein anderes Projekt — die Verabreichung von LSD an Krebskranke im letzten Stadium, in der Hoffnung, das Sterben zu einem mehr spirituellen, weniger ausschließlich physiologischen Prozeß zu machen«.

Nach Mitteilung seiner zweiten Frau Laura erwähnte Huxley bei mehreren Gelegenheiten, daß »die letzten Riten einen bewußter machen sollten anstatt weniger bewußt, menschlicher anstatt weniger menschlich«. Im Jahre 1963, als Huxley, selbst krebskrank, im Sterben lag, demonstrierte er die Ernsthaftigkeit seiner Vision. Einige Stunden vor seinem Tod bat er Laura, ihm 100 Mikrogramm LSD zu geben, um ihm sein eigenes Sterben zu erleichtern. Laura Huxley hat diese bewegende Erfahrung später in ihrem Buch *This Timeless Moment* geschildert.

Aldous Huxleys Vorschlag hatte, obwohl ihm sein einzigartiges persönliches Beispiel Nachdruck verlieh, mehrere Jahre lang keinen Einfluß auf die medizinische Forschung. Der nächste Beitrag auf diesem Gebiet kam von einer recht unerwarteten Seite und stand in keinem Zusammenhang mit Huxleys Denken und seinen Bemühungen. In den frühen sechziger Jahren untersuchte Eric Kast von der Chicago Medical School auf der Suche nach einem guten und zuverlässigen Analgetikum die Wirkungen verschiedener Drogen auf die Schmerzempfindung. Er begann, sich für LSD als einer für diesen Zweck brauchbaren Substanz zu interessieren, und zwar wegen ganz bestimmter Eigentümlichkeiten der Wirkungen von LSD auf den

Menschen. Er erfuhr, daß LSD häufig eine Verzerrung des Körperbildes und Veränderungen in der Wahrnehmung der Körpergrenzen hervorruft; daß es ferner offenbar die Fähigkeit beeinträchtigt, sich zu konzentrieren und die Aufmerksamkeit selektiv auf eine bestimmte physiologische Empfindung gerichtet zu halten. So können bei Menschen, die unter dem Einfluß von LSD stehen, einfache visuelle Eindrücke Schmerzempfindungen oder die Sorge um das Überleben in den Hintergrund drängen. Sowohl die Wirkung von LSD auf das Körperbild als auch die von ihm verursachte Beeinträchtigung des selektiven Fokus auf signifikante Wahrnehmungen ließen weitere Untersuchungen unter dem Gesichtspunkt des in ihm verborgenen Potentials, die Wahrnehmung physischer Schmerzen zu verändern, als lohnend erscheinen.

In einem Artikel, der 1964 erschien, beschrieben Kast und Collins die Ergebnisse einer Untersuchung, bei der die vermutlich schmerzlindernden Eigenschaften des LSD mit denen zweier fest eingeführter und hochwirksamer Drogen verglichen wurden, nämlich Dilaudid (Dihydromorphinon) und Demerol (Meperidin). In einer Gruppe von 50 Personen, die unter schweren physischen Schmerzen litten, befanden sich 39 Patienten mit verschiedenen Formen und in verschiedenen Stadien von Krebs, zehn Patienten mit Gangrän der Füße oder Beine und ein Patient mit schwerer Gürtelrose. Das Ergebnis der statistischen Analyse dieses Vergleichs zeigte, daß die analgetische Wirkung von LSD sich sowohl der von Dilaudid als auch der von Demerol überlegen erwies. Neben der Schmerzlinderung bemerkten Kast und Collins eine andere Wirkung des LSD: Einige der Patienten zeigten eine auffallende Gleichgültigkeit gegenüber dem Ernst und der Gefährlichkeit ihrer persönlichen Situation. Sie sprachen häufig über ihren bevorstehenden Tod, und zwar mit einer seelischen Einstellung, die man in unserer Kultur als atypisch ansehen würde; es war jedoch ganz offensichtlich, daß diese neue Betrachtungsweise angesichts der Situation, der sie gegenüberstanden, äußerst wohltuend war.

In einer späteren Untersuchung von 128 Personen mit metastatischem Krebs verfolgte Kast einige seiner früheren Beobachtungen etwas detaillierter. Diesmal beschäftigte er sich nicht nur mit den Wirkungen von LSD auf die Schmerzempfindung, sondern auch noch mit einigen weiteren Parametern: mit den seelischen Veränderungen, die sich feststellen ließen, den Schlafmustern und der Einstellung der Patienten gegenüber Krankheit und Tod. Angesichts der Tatsache, daß es sich bei diesem Experiment nicht um eine psychotherapeutische Maßnahme handelte und die Patienten nicht einmal darüber informiert waren, daß ihnen LSD verabreicht wurde, waren die Resultate sehr bemerkenswert. Bei vielen Patienten trat ungefähr zwei bis drei Stunden nach der Verabreichung von 100 Mikrogramm LSD ein abruptes Nachlassen der Schmerzen ein, und diese Wirkung hielt im Durchschnitt zwölf Stunden an. Bei der ganzen Gruppe (nicht notwendigerweise bei jedem einzelnen Patienten) war die Schmerzintensität für eine Zeitspanne von drei Wochen geringer geworden. Für die Dauer von etwa zehn Tagen nach der Sitzung beobachtete Kast eine Verbesserung des Schlafes und eine weniger sorgenvolle Einstellung gegenüber Krankheit und Tod.

Im Jahre 1966 veröffentlichte Kast einen weiteren Artikel, in dem er sich ausführlicher mit dem Einfluß von LSD auf die religiösen und weltanschaulichen Erfahrungen und Gedanken der Patienten beschäftigte. Die von ihm untersuchte Gruppe bestand aus 80 Personen, die an einer bösartigen Krankheit im Endstadium litten und deren Lebenserwartung aller Voraussicht nach nur noch Wochen, allenfalls Monate betrug; sämtliche Patienten waren über die Diagnose voll informiert. Im Gegensatz zu früheren Experimenten wurden die LSD-Sitzungen mit einer intramuskulären Injektion von 100 Milligramm Chlorpromazin abgeschlossen, wenn sich Angst, Panik, unangenehme Bilder oder das Verlangen nach Ruhe einstellten. Der wohltuende Einfluß einer einzigen Verabreichung von 100 Mikrogramm LSD auf den körperlichen Schmerz der Patienten, ihre Stimmung und Schlafmuster war ähnlich wie in den vorangegangenen Untersuchungen. Darüber hinaus beschrieb Kast eine Reihe von Veränderungen bei den Patienten, die ihre Situation erträglicher machten. Er bemerkte eine bessere Kommunikation sowohl zwischen dem Beobachter und den Patienten als auch unter den Patienten selbst; das hob ihre seelische Verfassung und ihre Selbstachtung und bewirkte ein Gefühl der Zusammengehörigkeit und Gemeinschaft unter ihnen. Signifikant war auch das Auftreten »glücklicher, ozeanischer Gefühle«, die bis zu zwölf Tagen nach der Verabreichung des LSD anhielten. Kast stellte ausdrücklich fest, daß eine gewisse Veränderung der weltanschaulichen und religiösen Einstellung zum Sterben stattfand, die in seinen numerischen Daten und graphischen Darstellungen nicht zum Ausdruck kam.

Trotz der Einwände, die ein LSD-Therapeut heute gegen gewisse Mängel in Kasts Untersuchungen erheben könnte, steht doch der historische Wert seiner Pionierleistung außer Zweifel. Er entdeckte nicht nur den analgetischen Wert von LSD für manche Patienten mit behandlungsresistenten Schmerzen, sondern brachte auch die ersten experimentellen Beweise für Aldous Huxleys Idee vor, die Verabreichung von LSD könnte krebskranken Menschen die Begegnung mit dem Tod leichter machen. Kast schloß die letzte seiner Untersuchungen mit der Feststellung ab, daß nach seinen Beobachtungen LSD nicht nur das Schicksal Sterbender zu erleichtern vermag, indem es sie für ihre Umgebung und ihre Familie aufgeschlossener macht, sondern daß es auch ihre Fähigkeit steigert, die feineren Schwingungen ihres alltäglichen Lebens wahrzunehmen und zu würdigen. Es vermittelt ihnen ästhetische Befriedigung und »schafft einen neuen Lebenswillen und Lust auf Erfahrungen, was vor dem Hintergrund der trostlosen Dunkelheit ihrer Situation und ihrer quälenden Angst eine erregende, positive Perspektive eröffnet«.

Die ermutigenden Ergebnisse der Untersuchungen Kasts spornten Sidney Cohen, einen prominenten Psychiater in Los Angeles, Freund von Aldous Huxley und einer der Pioniere der LSD-Forschung, dazu an, ein Programm der psychedelischen Behandlung Krebskranker im Endstadium zu beginnen. Leider sind die Resultate seiner Untersuchungen und die Einzelheiten seines therapeutischen Verfahrens nie veröffentlicht worden. In einem Artikel aus dem Jahre 1965 legte Cohen seine Auffassung über die Möglichkeiten der psychedelischen Therapie bei Sterbenden dar, die er bei seinen Vorversuchen mit einer kleinen Gruppe von Patienten gewonnen hatte. Er teilte mit, seine eigene Arbeit habe Kasts Feststellungen über die günstige Wirkung von LSD auf schwere physische Schmerzen bestätigt, und gab der Vermutung Ausdruck, die Anwendung von LSD könne eines Tages zu einer Methode werden, die Erfahrung des Sterbens zu verändern. Cohen erkannte klar die Bedeutung dieser Forschungen: »Der Tod muß eine menschliche Erfahrung werden. Die Würde des Todes zu bewahren und zu verhindern, daß die Lebenden die Sterbenden aufgeben oder sich von ihnen distanzieren, ist eines der großen Probleme der modernen Medizin.« Cohens Mitarbeiter Gary Fisher veröffentlichte später einen Aufsatz, in dem er die persönlichen und zwischenmenschlichen Probleme der Sterbenden erörterte. Er betonte in diesem Zusammenhang die Bedeutung transzendentaler Erfahrungen — ob sie nun spontan auftreten oder durch spirituelle Praktiken verschiedener Art hervorgerufen, bzw. durch psychedelische Drogen bewirkt sind. Als Folge solcher transzendentaler Erfahrungen hört der einzelne auf, sich um sein eigenes physisches Ende zu sorgen, und beginnt, es als eine natürliche Erscheinung im Kreislauf des Lebens zu sehen. Dieses bejahende Hinnehmen des Todes ändert den Lebensstil eines Menschen grundlegend: Er reagiert nicht mehr mit Panik, Angst, Schmerz und Abhängigkeit auf die sich vollziehenden Wandlungen. Vielmehr sind Patienten, die diese Erfahrung gemacht haben, bereit oder sogar begierig, nahen Familienangehörigen und Freunden ihr neugewonnenes Wissen mitzuteilen. Fisher erörterte die Anwendung der LSD-Therapie im Rahmen eines Forschungsprojektes, bei dem diese Droge mit einem experimentellen Analgetikum verglichen wurde und für die Vorbereitung der Patienten auf die Sitzung nur eine einzige Stunde zur Verfügung stand. Trotz dieser Beschränkungen beobachtete er dramatische Ergebnisse in Form einer Schmerzreduzierung, psychologischer Nachwirkungen und einer Anpassung der Patienten an ihren bevorstehenden Tod bzw. seiner Hinnahme.

Eine weitere Serie von Beobachtungen, die wir später in das Konzept der psychedelischen Therapie für Sterbende einbezogen, stammte aus dem Psychiatrischen Forschungsinstitut in Prag. Ein Forschungsteam dieses Instituts unter der Leitung von Stanislav Grof führte in den frühen sechziger Jahren Versuche mit LSD bei psychiatrischen Patienten durch, um die Möglichkeit von LSD im Hinblick auf die Persönlichkeitsdiagnose und die Psychotherapie zu untersuchen. Diese Versuche führten schließlich zu einer Behandlungsmethode, die intensive psychologische Arbeit und eine Serie therapeutischer Sitzungen mit LSD einschloß. Obwohl diese Methode anfänglich in Theorie und Praxis auf der Psychoanalyse basierte, erfuhr sie doch im Laufe der Jahre erhebliche Veränderungen und wurde zu einem eigenständigen therapeutischen Verfahren, das die Arbeit an psycho-dynamischen Problemen mit einer nachdrücklichen Beschäftigung mit transpersonalen und transzendentalen Erfahrungen verband. Während wir uns noch in der der Erforschung des LSD gewidmeten Phase befanden, beobachteten wir, daß alle psychiatrischen Patienten, mit den unterschiedlichsten Diagnosen, die eine Reihe von LSD-Sitzungen durchliefen, früher oder später den psychoanalytischen Rahmen überschritten und spontan in Erfahrungsbereiche eintraten, wie sie durch die Jahrtausende in verschiedenen Schulen mystischer Tradition, in den Tempelmysterien und den Durchgangsriten vieler alter und vortechnologischer Kulturen beschrieben worden sind. Die häufigsten und zugleich die wichtigsten dieser Phänomene waren Erfahrungen von Tod und Wiedergeburt, gefolgt von Gefühlen kosmischer Einheit. Diese tiefreichende Begegnung mit der eigenen Vergänglichkeit und Sterblichkeit war sehr komplex und hatte biologische, seelische, verstandesmäßige, weltanschauliche und metaphysische Dimensionen. Erfahrungen dieser Art schienen für die psychiatrischen Patienten sehr wohltuende Folgen zu haben; einige recht dramatische Besserungen verschiedener psychopathologischer Zustände wurden unmittelbar im Anschluß an das Erleben von Tod und Wiedergeburt und insbesondere an die Erfahrung des Einsseins mit dem All beobachtet. Das deutete auf einen hochwirksamen therapeutischen Mechanismus, der bisher der westlichen Psychiatrie und Psychologie unbekannt gewesen und den in der konventionellen Psychotherapie angewandten Mechanismen offenbar weit überlegen war. Viele Personen, die unter dem Einfluß von LSD die Erfahrung von Tod und Wiedergeburt gemacht hatten, manchmal begleitet von Gefühlen kosmischer Einheit, berichteten unabhängig voneinander, daß ihre Einstellung gegenüber dem Sterben und ihre Vorstellung vom Tod dramatische Veränderungen erfahren hatten. Die Angst vor dem eigenen physiologischen Ende ließ nach, die Betroffenen öffneten sich der Möglichkeit, daß das Bewußtsein nach dem klinischen Tod weiterexistiert, und neigten dazu, den Vorgang des Sterbens nicht als endgültige biologische Katastrophe, sondern eher als ein Abenteuer des Bewußtseins zu betrachten. Wir, die wir diese Forschungen durchführten, waren zu unserer Überraschung fortwährend Zeugen eines Vorganges, der verblüffende Ähnlichkeit mit einer mystischen

Initiation hatte, mit Erfahrungssequenzen, die den im *Tibetanischen* oder im *Ägyptischen Totenbuch* beschriebenen ähnelten.

Die Behauptung, daß sich die Einstellung der Betroffenen zum Tode verändert habe, kehrte so häufig wieder, daß es uns wichtig erschien, ihre praktische Relevanz zu untersuchen. Es lag auf der Hand, daß eine tiefgehende Bewußtseinsveränderung dieser Art für Sterbende hilfreich sein konnte, und vor allem für Patienten mit chronischen, unheilbaren Krankheiten. Stanislav Grof hatte dann Gelegenheit, mit mehreren Personen zu arbeiten, bei denen Krebs festgestellt worden war. Seine ersten Beobachtungen zeigten, daß ein Nachlassen der Todesangst, eine Erfahrung, die früher als Ergebnis der LSD-Therapie bei psychiatrischen Patienten (die zumeist jung und körperlich gesund waren) mitgeteilt worden war, auch bei solchen Personen eintreten kann, für die das Problem des Todes eine ganz unmittelbare Bedeutsamkeit besitzt. Zu diesem Zeitpunkt begann die Prager Gruppe ernsthaft, die Möglichkeit einer systematischen Arbeit mit Todkranken zu diskutieren, und Stanislav Grof entwarf ein Forschungsprogramm für serielle LSD-Sitzungen mit Krebskranken im Endstadium. Diese Pläne wurden unterbrochen, weil Grof vom Foundation's Fund for Research in Psychiatry in New Haven, Connecticut, ein Forschungsstipendium erhielt, das ihn in die Vereinigten Staaten führte.

Nach seiner Ankunft in Baltimore im März 1967 schloß er sich der Forschungsgruppe des Spring Grove State Hospital an, die später den Kern des Clinical Sciences Department an dem neu erbauten Maryland Psychiatric Research Center bildete. Hier stellte er zu seiner Überraschung fest, daß diese Gruppe sich bereits seit einiger Zeit damit beschäftigt hatte, die Möglichkeiten der LSD-Psychotherapie für die Linderung des seelischen und körperlichen Leidens Krebskranker zu erkunden. Der Ablauf der Ereignisse, die das Interesse des Forschungsteams an diesem Gebiet geweckt hatten, war kurz zusammengefaßt der folgende: Seit 1963 hatte eine Gruppe von Psychiatern, Psychologen und Sozialarbeitern in Spring Grove die Wirkung einer kurzzeitigen, LSD-unterstützten psychotherapeutischen Behandlung auf die Trinkgewohnheiten, den psychischen Zustand und die soziale Anpassung von Alkoholikern untersucht. In einer Paralleluntersuchung wurden die therapeutischen Möglichkeiten dieser Behandlung an einer Gruppe neurotischer Patienten getestet. Die Auswertung stützte sich außer auf psychologische Tests auch auf klinische Befragungen und ergab, daß die Symptome, welche auf eine psychedelische Therapie offensichtlich am besten ansprachen, Depression und Angst waren.

Im Jahre 1965, als die Untersuchungen mit Alkoholikern und Neurotikern in vollem Gang waren, ergab es sich auf unvorhergesehene und tragische Weise, daß die Aufmerksamkeit des Forschungsteams auf die Bedürfnisse terminaler Krebspatienten gelenkt wurde. Ein Mitglied der Forschungsgruppe, Gloria, eine Frau Anfang vierzig, bekam Brustkrebs. Sie unterzog sich einer radikalen Brustamputation; ein späterer chirurgischer Eingriff enthüllte jedoch inoperable Metastasen in der Leber. Sie war in ambulanter Behandlung und litt physisch und seelisch sehr. Sie war sich über ihren Zustand und ihre Prognose völlig im klaren und gab Mitgliedern des Forschungsstabes zu erkennen, wie verzweifelt sie war. Auf Grund der bei psychiatrischen Patienten im Anschluß an eine LSD-unterstützte Psychotherapie beobachteten Linderung von Depressionen und Angst wies Sidney Wolf, ein Psychologe und Mitglied des Behandlungsteams, darauf hin, daß sich die psychedelische Behandlungsmethode vielleicht auch bei seiner Kollegin als hilfreich erweisen könnte. Es erschien möglich, daß ihr depressiver Zustand und ihre Angst, obwohl reaktiver Natur und durch eine quälende Lebenssituation nur zu sehr begründet, günstig auf eine LSD-Therapie ansprechen könnten, wie es bei anderen Zuständen psychogener Natur der Fall gewesen war.

Nach Besprechungen mit ihrem Mann und ihrem Arzt und mit Zustimmung aller Beteiligten wurde eine psychedelische Behandlung begonnen, wobei Sidney Wolf die Leitung der Sitzungen übernahm. Das primäre Ziel des Behandlungsplanes war, das Eintreten eines psychedelischen Gipfelerlebnisses im Kontext einer kurzen, aber intensiven Psychotherapie zu erleichtern. Die Vorbereitung für die Sitzung dauerte etwas über eine Woche; das Hauptaugenmerk galt dem Problem der persönlichen Identität und den gegenwärtigen zwischenmenschlichen Beziehungen. Als die meisten wichtigen Bereiche, die in Frage standen, befriedigend geklärt waren, wurde eine Sitzung mit 200 Mikrogramm LSD durchgeführt, unter gleichen Bedingungen, wie sie bei psychiatrischen Patienten angewandt wurden. Das Ergebnis dieses bahnbrechenden Experimentes war sehr bemerkenswert: Nach sorgfältiger Vorbereitung und mehreren sich daran anschließenden Interviews ohne Drogenanwendung hatte offenbar eine einzige LSD-Erfahrung die Qualität von Glorias verbleibenden Lebenstagen verändert. Kurz nach der LSD-Sitzung ging sie mit ihrem Mann und ihren Kindern in Ferien. Nach ihrer Rückkehr, zwei Wochen nach der Sitzung, verfaßte sie im Rückblick den folgenden Bericht:

»Am Tag vor dem LSD war ich voller Angst und Unbehagen. Zu diesem Zeitpunkt hätte ich mich sehr gern von der Sache zurückgezogen. Am Ende der vorbereitenden Sitzung war dann so gut wie alle Angst verschwunden; ich hatte die Instruktionen begriffen und das Vorgehen war klar. Die Nacht verbrachte ich ruhig zu Hause; nahe Freunde kamen zu Besuch, wir sahen Fotoalben an und erinnerten uns an glückliche Zeiten im Familienkreis. Der Schlaf war tief und friedlich. Ich wachte erfrischt und praktisch ohne Furcht auf. Ich fühlte mich bereit und sah dem Kommenden ungeduldig entgegen. Der Morgen war wunderbar — es war kühl, die Luft war rein und frisch. Ich kam mit dem Therapeuten an dem LSD-Gebäude an. Angehörige des Departments waren da und wünschten mir alles Gute. Es war ein gutes Gefühl.
Im Behandlungszimmer stand eine ›Glücksbringer‹-Rosenknospe, dunkelrot und taufeucht, wunderschön, aber leider nicht so duftend wie manche anderen Arten. Eine Schale mit saftigen, feuchten Früchten stand gleichfalls auf dem Tisch. Ich erhielt sofort die erste Dosis und saß dann da und schaute Bilder aus meinem Familienalbum an. Allmählich wurden meine Bewegungen unsicher, und ich fühlte mich unbehaglich. Man ließ mich Kopfhörer und Augenschirm aufsetzen, und ich sollte mich hinlegen. Irgendwann erhielt ich die zweite Dosis LSD. Diese Phase war von einer allgemeinen Unruhe begleitet. Man hatte mir Anweisungen gegeben für den Fall, daß Schmerzen, Angst oder andere Schwierigkeiten aufkämen. Ich war bereit, meine Fähigkeiten auszuprobieren, dem Unbekannten, das vor mir lag, ins Gesicht zu sehen und über meine Schwierigkeiten zu triumphieren. Ich war bereit, aber außer dem physischen Gefühl des Unbehagens und einer gewissen Schläfrigkeit geschah nichts.

Etwa um diese Zeit, scheint es, verschmolz ich mit der Musik und wurde auf ihr davongetragen. So völlig war ich eins mit dem Klang, daß ich, als eine bestimmte Melodie oder Schallplatte aufhörte, sei es auch nur für einen Moment, die Pause deutlich registrierte und begierig auf die nächste Etappe der Reise wartete. Ein köstliches Spiel war im Gange. Was kam als nächstes? Würde es machtvoll, zart, wie ein Tanz oder düster sein? Es kam mir jetzt vor, als würde ich geneckt, aber auf eine sehr nette, sehr sanfte Weise. Ich wollte lachen, einfach weil mir diese Reaktionen Spaß machten, ganz gleich, wo ich gerade eben noch gewesen war, wie traurig oder wie ergriffen. Und sobald die Musik einsetzte, war ich wieder fort. Ich erinnere mich auch nicht an sämtliche Erkundungsreisen.

In der Hauptsache erinnere ich mich an zwei Erlebnisse. Ich war allein in einer zeitlosen Welt ohne Grenzen. Es gab keine Atmosphäre; es gab keine Farben, keine Bilder, vielleicht aber Licht. Plötzlich erkannte ich, daß ich ein Augenblick in der Zeit war, geschaffen von denen, die vor mir waren, und meinerseits die Schöpferin anderer. Dies war mein Augenblick, und meine Hauptfunktion war erfüllt. Durch mein Geborenwerden hatte ich der Existenz meiner Eltern Sinn gegeben.

Aufs neue im Leeren, allein ohne die Raum-Zeit-Grenzen. Das Leben reduzierte sich immer und immer wieder auf den kleinsten gemeinsamen Nenner. Ich kann mich an die Logik der Erfahrung nicht erinnern, aber es wurde mir eindringlich bewußt, daß der Kern des Lebens die Liebe ist. In diesem Augenblick hatte ich das Gefühl, daß ich die ganze Welt umfaßte — alle Menschen, besonders aber die, die mir am nächsten standen. Ich weinte lange um die verschwendeten Jahre, die Suche nach Identität an den falschen Orten, die versäumten Gelegenheiten, die seelische Energie, die ich in zutiefst sinnlosen Bestrebungen vergeudet hatte.

Viele Male ging ich, mit Unterbrechungen, wieder zurück, aber immer zum Klang von Variationen der gleichen Themen. Die Musik trug und stärkte mich. Gelegentlich, in Ruhepausen, nahm ich den Geruch von Pfirsichen wahr. Die Rose war nichts gegen die Frucht. Die Frucht war Nektar und Ambrosia (Leben); die Rose war nur eine schöne Blume. Als man mir schließlich eine Nektarine gab, war sie der Inbegriff eines köstlichen, saftigen Geschmackes.

Als ich allmählich wieder zu mir kam, gelangte ich in eine frische, winddurchwehte Welt. Mitglieder des Departments hießen mich willkommen, und ich empfand nicht nur Freude für mich selbst, sondern auch darüber, daß ich fähig gewesen war, das Erlebnis zu nützen, das ich nach dem Wunsch dieser Menschen, die mich gern hatten, haben sollte. Ich fühlte mich einer großen Gruppe von Menschen sehr nah. Später, als Familienangehörige kamen, spürte ich eine enge Verbundenheit, die mir neu erschien. An diesem Abend, als ich wieder zu Hause war, kamen auch meine Eltern. Alle bemerkten eine Verwandlung an mir. Ich strahlte und schien Frieden zu haben, sagten sie. Was hat sich für mich verändert? Ich lebe und bin *jetzt*. Ich kann es hinnehmen, wie es kommt. Einige meiner physischen Symptome sind verschwunden. Die übermäßige Ermattung, einige der Schmerzen. Ich werde immer noch manchmal wütend und schimpfe los. Ich bin immer noch ich selbst, aber friedlicher. Meine Familie spürt das, und wir sind einander näher. Alle, die mich gut kennen, sagen, daß dies eine gute Erfahrung war.«

Fünf Wochen nach dem Tag der Sitzung bekam Gloria plötzlich eine Bauchwassersucht, und sie mußte wieder ins Krankenhaus; drei Tage später starb sie friedlich.

Das Ergebnis des Versuchs, den Sidney Wolf unternommen hatte, war so ermutigend, daß das Kollegium von Spring Grove beschloß, die Möglichkeiten der psychedelischen Therapie für die Linderung der Leiden von Krebskranken im letzten Stadium zu erforschen. Eine Gruppe aufgeschlossener Chirurgen im Sinai Hospital in Baltimore interessierte sich für diese Methode, bot ihre Mitarbeit an und erklärte sich bereit, Patienten zur LSD-Therapie zu überweisen. Diesmal wurden drei weitere Patienten von Sanford Unger behandelt, einem Psychologen, der beim Aufbau der Forschungsprogramme für Alkoholiker und Neurotiker in Spring Grove eine wichtige Rolle gespielt hatte.

Der nächste wichtige Schritt in dieser Richtung erfolgte Ende 1967, als Walter N. Pahnke sich der Forschungsgruppe in Spring Grove anschloß. Er trug maßgeblich dazu bei, daß sich aus dem anfänglichen Interesse des Teams zunächst eine vorbereitende Untersuchung und schließlich ein ganzes Forschungsprojekt entwickelte. Vorbildung und Erfahrung Pahnkes befähigten ihn in besonderer Weise für diese Art Arbeit. Er hatte die Harvard Medical School absolviert und außerdem einen Doktorgrad in vergleichender Religionswissenschaft und einen theologischen Grad erworben.

Es läßt sich schwer eine nützlichere Form der Kombination von Medizin, Psychologie und Religion denken als die psychedelische Behandlung Todkranker. Mit außergewöhnlicher Energie, Begeisterung und Hingabe übernahm Pahnke die Rolle des leitenden Forschers bei dem Krebsprojekt. Nach vorbereitenden Experimenten gelang es ihm, finanzielle Unterstützung von der Mary Reynolds Babcock Foundation zu erhalten. Er begann ein Forschungsprogramm mit dem Ziel, festzustellen, welchen Wert eine psychedelische Therapie unter Anwendung von LSD hat. Später leitete er ein ähnliches Projekt in die Wege, bei dem anstelle von LSD ein kurzwirkendes Psychedelikum, Dipropyltryptamin (DPT), verwendet wurde.

Leben und Arbeit Walter Pahnkes endeten abrupt durch einen tragischen Unfall am 10. Juli 1971. Während der Ferien in Maine, wo er ein Sommerhäuschen besaß, kehrte er von einer seiner Tauchexpeditionen nicht mehr zurück. Seine Leiche und seine Taucherausrüstung wurden nie gefunden, und Art und Weise des Unfalls blieben ein Geheimnis. Walters Tod war ein großer Verlust für das Spring Grove Team, persönlich wie wissenschaftlich. Nach Walters Tod übernahm Stanislav Grof als seine Hauptforschungstätigkeit die medizinische Verantwortung für das Krebsprojekt. Er setzte sich zum Ziel, nicht nur die Forschungsprojekte zu Ende zu führen und genügend Fakten zu sammeln, sondern auch ein theoretisches System zu entwerfen, mit dessen Hilfe sich einige der dramatischen Veränderungen erklären ließen, die als Folge der LSD-Therapie auftreten. Es schien an diesem Punkt wichtig, sämtliche Daten aus den LSD-Sitzungen mit normalen freiwilligen Probanden, psychiatrischen Patienten und im Sterben liegenden Personen sorgfältig zu analysieren und eine umfassende Theorie der LSD-Therapie zu formulieren, die von einem neuen Modell des Unbewußten ausging.

Diese Bemühungen erhielten eine neue Dimension, als im Jahre 1972 Joan Halifax als Ko-Therapeutin und völkerkundliche Beraterin zu unserem Forschungsteam stieß. Wir konnten unsere Kenntnisse und Erfahrungen in experimenteller Psychiatrie und medizinischer

Anthropologie vereinen und die Fakten in einer breiten, kulturübergreifenden Perspektive betrachten. Und im Verlauf dieses Prozesses eines interdisziplinären, wechselseitigen Austausches bei der Arbeit als einer Art therapeutischer Dyade, beim Austausch von Beobachtungen und Daten, begannen sich dann die in diesem Buch vorgetragenen Ideen zu ihrer gegenwärtigen Form auszukristallisieren.

Im Jahre 1974 waren mehr als 100 Krebskranke im Endstadium in das Spring-Grove-Programm der psychedelischen Therapie einbezogen.

Man kann diese Personen in vier Gruppen einteilen: Patienten der Anfangszeit, die eine LSD-Psychotherapie in der Periode der Pionieruntersuchungen, noch vor der Einführung des Bewertungssystems erhielten; Personen, die sich freiwillig für eine systematische Erforschung der psychedelischen Therapie unter Verwendung von LSD zur Verfügung stellten; Personen, bei denen Dipropyltrytramin (DTP), eine kurzwirkende psychedelische Substanz, anstelle von LSD als Adjuvans der Psychotherapie verwendet wurde; schließlich Patienten von außerhalb, die sich selbst meldeten oder von Ärzten aus verschiedenen Teilen des Landes überwiesen wurden und die nicht in das Hauptprogramm mit LSD und DPT einbezogen werden konnten, weil sie für das Team, das die Nachfolgeuntersuchungen durchführte, nicht verfügbar waren.

Die meisten der in die LSD- oder DPT-Krebsstudie einbezogenen Personen waren stationäre oder ambulante Patienten aus dem Sinai Hospital in Baltimore. Der leitende Psychiater (Walter Pahnke und später dann Stanislav Grof) verbrachte einen Tag in der Woche in der Onkologieabteilung im Sinai Hospital, nahm an den Untersuchungen in der Poliklinik und an den Besprechungen der Forschungsgruppe teil und machte Visiten in der Onkologiestation. Im Verlauf dieser Tätigkeiten wurden jene dem Tode nahen Patienten, bei denen eine psychedelische Therapie möglicherweise hilfreich sein konnte, für das experimentelle Behandlungsprogramm empfohlen. Die maßgeblichen Kriterien für die Aufnahme in das Programm waren die folgenden: ein gewisses Maß an physischen Schmerzen, Depression, Spannungszustand, Angst oder psychische Isolation im Zusammenhang mit der Krebserkrankung des Patienten; eine Lebenserwartung von mindestens drei Monaten (da wir nicht nur an dem unmittelbaren Behandlungsresultat, sondern auch an der Dauer der Ergebnisse interessiert waren); keine schwereren Herz- und Gefäßprobleme, wie Herzversagen, vorausgegangener Myokardinfarkt, schwere Arteriosklerose oder Gehirnblutung (nicht wegen irgendeiner direkten pharmakologischen Gefahr durch psychedelische Drogen, sondern weil diese starke Gefühlsbewegungen hervorrufen, die für solche Personen außerordentlich gefährlich werden können); Fälle mit ausgeprägter Psychopathologie vor dem Einsetzen der Krebserkrankung oder mit präpsychotischem Zustand zum Zeitpunkt der psychedelischen Behandlung wurden nicht in Betracht gezogen. In den späteren Stadien des Forschungsprojekts achteten wir auch darauf, daß keine Anzeichen von Gehirnmetastasen oder einer ernsthaften organischen Erkrankung des Gehirns vorlagen. Der Grund hierfür waren schlechte Resultate bei mehreren in den ersten Jahren unserer Forschungen behandelten Patienten mit Neubildungen im Gehirn. Patienten, die an epileptischen Anfällen litten, wurden ebenfalls nicht in das Projekt aufgenommen, da bei Personen mit epileptischer Disposition Psychedelika gelegentlich eine schnelle Folge von Anfällen (*status epilepticus*) auslösen können, die sehr schwer zu beherrschen sind.

Entsprach ein Krebspatient den Aufnahmekriterien, dann schlugen der Psychiater und der behandelnde Arzt dem Betroffenen vor, es sich zu überlegen, ob er an einem Forschungsprogramm mit psychedelischer Therapie teilnehmen wollte. In einem besonderen Gespräch erklärten wir dem Patienten das Wesen dieser Behandlung und erörterten mit ihm und seiner Familie offen die Vorteile und Risiken dieser experimentellen Form der Psychotherapie. Stimmte der Patient der Behandlung zu, dann wurde er aufgefordert, eine Einwilligungserklärung zu unterschreiben, und in das Programm aufgenommen.

Wenn der Patient die einführenden Gespräche hinter sich hatte, wurde er einem der Therapeuten am Center vorgestellt, und die therapeutische Arbeit begann. Der Verlauf der psychedelischen Behandlung bestand aus drei Phasen. Die erste war die Periode der Vorbereitung; sie umfaßte eine Serie von Gesprächen, in denen wir Vorgeschichte und gegenwärtige Situation des Patienten erforschten und eine vertrauensvolle Beziehung mit ihm und seiner Familie herstellten. Die zweite Phase war die Drogensitzung selbst; während des Behandlungstages verbrachte der Patient viele Stunden in eigens dafür vorgesehenen Räumlichkeiten in der Betreuung eines Therapeuten und eines Ko-Therapeuten, wobei das Therapeutenpaar stets aus einer Frau und einem Mann bestand. Die dritte Phase umfaßte mehrere Gespräche in der Zeit nach der Sitzung, um die Integration der psychedelischen Erfahrungen in das Leben des Schwerkranken zu erleichtern.

Die Vorbereitung dauerte gewöhnlich sechs bis zwölf Stunden, die sich in den meisten Fällen über eine Periode von zwei oder drei Wochen verteilten. Da eine gute Beziehung und eine Atmosphäre grundlegenden Vertrauens die wichtigsten Variablen einer erfolgreichen psychedelischen Therapie sind, unternahmen wir während der vorbereitenden Periode große Anstrengungen, einen engen Kontakt mit dem Patienten herzustellen und eine Situation des Vertrauens zu schaffen. Die eigentliche psychotherapeutische Arbeit konzentrierte sich in erster Linie auf ungelöste Fragen zwischen dem Kranken und wichtigen Personen in seinem Leben; auf die Schwierigkeiten, die er damit hatte, sich der Diagnose und Prognose seiner Krankheit zu stellen, dem Tod ins Auge zu sehen und seine Situation zu akzeptieren; und schließlich auf signifikante innerpsychische Konflikte, die im Laufe der Entwicklung der therapeutischen Beziehung sichtbar wurden. Obwohl das Problem des Sterbens und des Todes gewöhnlich sehr ausführlich diskutiert wurde, stellten wir doch nicht die Frage des Todes in den Mittelpunkt, sondern das Thema, so erfüllt wie möglich zu leben.

In keinem Fall wurde die psychedelische Behandlung als eine mögliche Heilmethode für Krebs dargestellt. Wurden wir darüber befragt, so wiesen wir auf die Bedeutung psychologischer Faktoren für den Ablauf des Krankheitsprozesses und die Fähigkeit des Organismus hin, sich gegen die Krankheit zu wehren. Gelegentlich diskutierten wir einige der Hypothesen, die psychogene Faktoren mit der Ätiologie des Krebses in Zusammenhang bringen. Dies ließ die Möglichkeit offen, die psychosomatischen Aspekte des Krebses zu erörtern, wenn diese in den Sitzungen auftauchten, bewahrte aber zugleich die Patienten vor Enttäuschung, wenn ihre Bemühungen, sich selbst zu heilen, nur begrenzten Erfolg hatten.

Viele der Gespräche, die wir mit Todkranken führten, konzentrierten sich auf philosophische, religiöse und metaphysische Fragen. Es gibt mehrere Gründe dafür, daß solche Diskussionen im Kontext der psychedelischen Behandlung Sterbender wichtig sind. Die Konfrontation mit der eigenen physischen Vergänglichkeit kann das Interesse für die spirituellen und philosophischen Dimensionen der Existenz wecken oder verstärken. Die Vorstellung vom Tod, die Einstellung zum Sterben und die Qualität der einem Todkranken noch verbleibenden Tage werden durch seine persönliche Weltanschauung und seine religiösen Überzeugungen zutiefst beeinflußt. Darüber hinaus haben psychedelische Erfahrungen häufig bedeutsame religiöse oder mystische Dimensionen, und die Erkundung dieses Bereichs während der Vorbereitungsperiode kann viele Konfusionen während der Sitzung selbst verhindern.

Es ist unerläßlich, die Grundkonflikte offen zu erörtern, die bei Sterbenden auf Grund ihrer religiösen Prägung in der Kindheit, ihrer Kirchenzugehörigkeit und ihrer täglichen religiösen Praxis vorhanden sein mögen. Häufig ist eine Klärung erforderlich hinsichtlich der Vorstellung des Patienten von der Rolle der Religion und der Spiritualität im menschlichen Leben, und manchmal bedürfen verworrene Vorstellungen über den Konflikt zwischen verschiedenen Glaubensbekenntnissen einer Erörterung. Denen gegenüber, die den religiösen Aspekten der psychedelischen Therapie mit stark negativen Gefühlen gegenüberstehen, ist zu betonen, daß spirituelle Erfahrungen in psychedelischen Sitzungen gewöhnlich nicht die Gestalt eines orthodoxen religiösen Bekenntnisses annehmen. Häufiger ähneln sie dem, was Einstein als kosmische Religion bezeichnete. Bei dieser Form der Spiritualität gibt es keine personifizierte Gottheit, kein Pantheon vermittelnder Heiliger und keine formalisierten rituellen Prozeduren. Im Mittelpunkt stehen Ehrfurcht und Staunen, die man erlebt, wenn man den schöpferischen Kräften der Natur und den vielen Geheimnissen des universalen Planes gegenübersteht. Spirituelle Gefühle kreisen um das Dilemma von Zeit und Raum, den Ursprung der Materie, um Leben und Bewußtsein, die Dimensionen und die Komplexität des Alls und der menschlichen Existenz sowie die Frage nach dem letzten Zweck, der dem Schöpfungsprozeß zugrunde liegt. Wenn die psychedelische Erfahrung einem der formell etablierten Sakralsysteme folgt, deckt sie sich gewöhnlich eher mit den Lehren der mystischen Zweige der verschiedenen Religionen als mit denen der orthodoxen Hauptströme. Sie ist also der christlichen Mystik näher als dem traditionellen Christentum, der Kabbala und dem Chassidismus näher als dem orthodoxen Judentum, dem Sufismus näher als dem orthodoxen Islam. Häufig enthält die psychedelische Erfahrung Elemente, die der eigenen religiösen Tradition des Erlebenden völlig fremd sind, oder sie wird im Rahmen eines anderen kulturellen Bereiches erlebt. So kann es sein, daß ein Christ oder ein Moslem das Gesetz des Karma entdeckt und einen Glauben an die Zyklen der Wiedergeburt entwickelt oder daß ein Rabbi eine Bekehrung zum Zen-Buddhismus erlebt.

Vor der Drogensitzung mußten wir die gegenwärtigen zwischenmenschlichen Beziehungen des Patienten erforschen, insbesondere die Beziehungen zu seinen Familienangehörigen und zu den Mitgliedern des Krankenhauspersonals. In vielen Fällen enthüllt schon die oberflächliche Erforschung des unmittelbaren sozialen Netzwerks eines Patienten ein erstaunliches Maß an Verzerrung und Verworrenheit in der zwischenmenschlichen Kommunikation mit Verwandten, Freunden, behandelnden Ärzten und Schwestern. Verleugnung, Ausweichen, Projektion, mechanisches Rollenspiel, Einflößen falscher Hoffnungen und wohlgemeinte Heuchelei können zerstörerische Ausmaße erreichen. Häufig begegneten wir der Situation, daß behandelnde Ärzte und Schwestern, die Familienmitglieder und der Patient selbst die Diagnose und Prognose der Krankheit kannten und daß sie doch alle fortfuhren, Versteck zu spielen, um sich gegenseitig zu »schonen«. Unter solchen Bedingungen ließ der Tod die Verwandten und oft genug auch das Krankenhauspersonal voller Frustrations- und Schuldgefühle zurück.

Eine wichtige Aufgabe des Therapeuten bestand darin, das soziale Netzwerk des Patienten zu erforschen und herauszufinden, ob es stärkere Blockierungen in der Kommunikation mit seiner Umgebung gab. Nicht selten war es möglich, unglaublich verkrampfte und verzerrte zwischenmenschliche Interaktionen durch einige einfache, katalysatorisch wirkenden Interventionen zu klären und direkt und offen zu machen. Es gibt keine Einheitsmethode für die Arbeit mit der Familie, da jede Situation ihre eigenen Charakteristika hat. Je nach der Art der jeweiligen Probleme sprachen wir mit den Familienmitgliedern in verschiedenen Kombinationen, mit oder ohne den Patienten selbst. Die Verwandten erhielten Gelegenheit, über ihre eigenen Gefühle in bezug auf den Patienten, seine Krankheit und die Tatsache seines bevorstehenden Todes zu sprechen. Wir unternahmen große Anstrengungen, um eine offene, ehrliche Interaktion zu erleichtern, zwischenmenschliche Konflikte zu lösen und Übereinstimmung in wichtigen Fragen zu erreichen. Wir spornten die Familienangehörigen an, ihre Interaktion auf so vielen Ebenen wie möglich zu verstärken, um die psychologische Isolierung abzubauen, die Sterbende so häufig erfahren. Wenn die Kommunikationswege auf diese Weise offengelegt waren, entdeckten die Familienmitglieder oft ihre eigene Angst vor dem Tod, die durch Ausweichmanöver im Umgang mit ihrem sterbenden Verwandten getarnt wurde. Ähnliche Verzerrungen in der Kommunikation fanden sich häufig auch in der Interaktion zwischen dem ärztlichen Personal, dem Sterbenden und den Angehörigen. In den meisten Fällen waren die Ärzte erleichtert, wenn ihnen mitgeteilt wurde, daß der Patient die Diagnose kannte und akzeptierte.

Wir konfrontierten die Patienten nicht etwa unterschiedslos mit dem Wesen ihrer Krankheit und ihrem wahrscheinlich tödlichen Ausgang, aber die Bereitschaft, über diese Fragen dann offen zu reden, wenn der Patient um Auskunft bat oder zu solchen Diskussionen bereit war, war für uns sehr wichtig. Im Laufe der Arbeit wurde deutlich, daß unsere eigenen Gefühlsreaktionen ein wichtiger Faktor waren. Angst vor dem Tod oder mangelnde Vertrautheit mit diesem Themenkomplex beim Therapeuten kann den Kommunikationsprozeß stark behindern und für den Sterbenden eine Situation angstvoller Entfremdung schaffen. Wir sind der Überzeugung, daß unsere eigenen, persönlichen Erfahrungen von Tod und Wiedergeburt in psychedelischen Trainings es uns ermöglichten, uns umfassender und ehrlicher mit Menschen zu beschäftigen, die ihren Tod in naher Zukunft vor Augen hatten.

Wenn wir die Hauptprobleme des Patienten mit ihm durchgesprochen hatten und eine vertrauensvolle Beziehung hergestellt war, besprachen wir die eigentliche psychedelische Sitzung. In einem besonderen Gespräch unmittelbar vor der Drogensitzung erhielt der Patient spezielle Informationen über das Wesen der psychedelischen Erfahrung, über die Skala ungewöhnlicher Bewußtseinszustände, die durch LSD oder DPT hervorgerufen werden können, und über die

Methoden, an den verschiedenen Aspekten des psychedelischen Zustandes zu arbeiten. Andere wichtige Fragen, die in diesem Gespräch behandelt wurden, waren die Formen der Kommunikation mit uns während der Wirkungszeit der Droge und verschiedene andere technische Aspekte der Sitzung.

Wir legten dar, daß die psychedelischen Drogen unspezifische Verstärker oder Katalysatoren sind, die es einem Menschen ermöglichen, in sonst unzugängliche Bereiche des Unbewußten vorzustoßen und eine Reise in die eigene Psyche zu unternehmen. Bei der Beschreibung des LSD- oder DPT-Zustandes erwies es sich als hilfreich, bildhafte Vergleiche zu gebrauchen, insbesondere den eines »Wachtraumes« oder eines lebhaften innerpsychischen Filmes. Wir forderten den Patienten auf, während der Sitzung zurückgelehnt sitzen oder liegen zu bleiben, die Augen mit einem Schirm bedeckt, und der Musik zuzuhören. Wir spornten ihn dazu an, sich allem, was in der Sitzung auftauchte, zu öffnen, es voll zu erleben und auszudrücken; mit besonderem Nachdruck wiesen wir darauf hin, daß zu einer produktiven Sitzung in der Regel völlige psychische Hingabe an die Erfahrung gehört.

Mindestens eine Woche vor der Drogensitzung wurden alle phenothiazinhaltigen Medikamente (Beruhigungssubstanzen) abgesetzt, damit sie die Wirkung des Psychedelikums nicht beeinflussen konnten. Die Behandlung mit Narkotika, Antibiotika, cytostatischen oder hormonalen Medikamenten wurde nicht unterbrochen. Am Tag vor der Sitzung wurde der Patient in ein Privatzimmer verlegt. Wir versuchten, diese Umgebung so behaglich und warm zu gestalten, wie es in einem Krankenhaus möglich ist. Den Verwandten wurde nahegelegt, frische Blumen und Obst zu bringen, ferner auch Photographien oder Kunstgegenstände, die für den Kranken eine besondere Bedeutung hatten. Eine Stereo-Anlage wurde aufgebaut, damit der Patient sich an Kopfhörer und Augenschirm gewöhnen konnte, die während der Stunden der Drogenwirkung am folgenden Tag zur Verwendung kommen würden. Gewöhnlich hatten wir eine Zusammenkunft mit der Familie des Patienten, um den Angehörigen zu helfen, das Grundprinzip, das Verfahren und die Ziele der LSD-Behandlung zu verstehen. Im allgemeinen baten wir darum, daß

Familienmitglieder, die am Abend nach der Sitzung mit dem Patienten zusammensein wollten, an dieser vorbereitenden Zusammenkunft teilnahmen.

Am Morgen des Sitzungstages erfolgte die notwendige Routinebetreuung des Patienten durch das Krankenhauspersonal früher als gewöhnlich, so daß die Sitzung beginnen konnte, sobald wir eintrafen. Nach einem kurzen Gespräch mit dem Patienten, das sich auf seinen emotionellen Zustand und seine gefühlsmäßige Einstellung zu der Sitzung konzentrierte, verabreichten wir die Droge. Wurde bei der Sitzung als Psychedelikum DPT verwendet, so wurde es stets intramuskulär gegeben, da diese Droge bei oraler Einnahme unwirksam ist. Die Dosis variiert zwischen 90 und 150 Milligramm, je nach dem körperlichen Zustand des Patienten, seiner psychischen Abwehrhaltung und seinem Körpergewicht. Da die Wirkung des DPT fast sofort und häufig dramatisch einsetzt, wurden die DPT-Patienten gebeten, sich sofort nach der Injektion hinzulegen und Augenschirm und Kopfhörer aufzusetzen.

LSD kann im allgemeinen oral gegeben werden, bei dem Krebsprojekt zogen wir jedoch bei einigen Patienten intramuskuläre Verabreichung vor, wenn wir ungenügende Resorption oder das Auftreten von Übelkeit und Erbrechen befürchteten. Die Dosierung des LSD reichte von 200 bis 600 Mikrogramm, was der Mengenbreite der DPT-Gaben entsprach. Bei LSD-Sitzungen gibt es eine Latenzperiode von zwanzig bis vierzig Minuten zwischen der Verabreichung der Droge und dem Einsetzen der Wirkung. Diese Zeit verbrachten wir gewöhnlich mit entspannenden Gesprächen, mit dem Anschauen von Bildern oder indem wir ruhiger Musik zuhörten. Wenn der Patient die Wirkung der Droge zu spüren begann, wurde er aufgefordert, sich hinzulegen und den Augenschirm aufzusetzen. Das half dem Patienten, sich auf die inneren Phänomene zu konzentrieren, die sich zu entfalten begannen, und schirmte ihn vor äußeren Ablenkungen ab. Dann wurden die Kopfhörer aufgesetzt, es wurde fast den ganzen Sitzungstag hindurch Musik gespielt. Von diesem Augenblick an gab es keinen Unterschied mehr zwischen der Behandlung der LSD-Patienten und der Patienten, die DPT erhalten hatten.

Die Auswahl der Musik für die Sitzungen wurde in Beratung mit Helen Bonny getroffen, einer am Center tätigen Musiktherapeutin, die über umfangreiche Erfahrungen mit psychedelischer Behandlung verfügte. Der ganz nach innen gerichtete Ablauf der Sitzung vermittels der liegenden Position, des Augenschirms und der Kopfhörer intensiviert und vertieft die LSD-Erfahrung in starkem Maße.[1] Die Musik hat mehrere wichtige Funktionen und erweitert die psychedelische Erfahrung um neue Dimensionen. Sie aktiviert eine Reihe tiefliegender Emotionen, hilft den einzelnen, psychische Abwehrhaltungen aufzugeben, und sorgt für ein verstärktes Gefühl der Kontinuität während der verschiedenen Bewußtseinszustände, die in der Sitzung auftreten. Es ist häufig möglich, Inhalt und Ablauf der Drogenerfahrung durch eine spezifische Auswahl der Musik zu beeinflussen. Zwei Mitglieder unseres Teams, Helen Bonny und Walter Pahnke, haben die Funktion der Musik in psychedelischen Sitzungen in einem besonderen Artikel behandelt.

Nichtverbaler Beistand wurde wo immer möglich gegeben, von einfacher Berührung oder Handhalten bis zu Wiegen, Streicheln und Schaukeln. Die verbale Interaktion wurde in dieser Zeit gewöhnlich auf ein Minimum reduziert; sie erfolgte in der Form, daß der Patient dazu ermuntert wurde, sich allem auftauchenden Material zu stellen und alles zu äußern, was er fühlte. Ab und zu im Verlauf der Sitzung entfernten wir die Kopfhörer und den Augenschirm und nahmen kurz verbalen Kontakt mit dem Patienten auf, der Gelegenheit erhielt, Einsichten oder Gefühle mitzuteilen, wenn er das wollte. Im allgemeinen jedoch lag das Hauptgewicht auf dem Erleben und Fühlen; Erörterungen über die aufgetretenen Phänomene wurden bis zum Abend oder auf den folgenden Tag verschoben. Gelegentlich, besonders in den späteren Stunden der Sitzung, benützten wir Familien-

---

[1] Nach innen gerichtete LSD-Sitzungen, die in einer vereinfachten und Schutz gewährenden äußeren Umgebung durchgeführt werden, sind etwas völlig anderes als »tripping out« (auf einen »Drogen-Trip« gehen, Anm. d. Übers.). Für den, der LSD in einer komplizierten sozialen Situation einnimmt, bilden die äußeren Reize und das auftauchende unbewußte Material ein unentwirrbares Gemisch. Die unter solchen Umständen zustande kommende LSD-Erfahrung ist in der Regel eine undurchschaubare Mischung von äußeren Wahrnehmungen und Erfahrung der eigenen inneren Welt; das hat zur Folge, daß solche Situationen gewöhnlich nicht zu einer tiefreichenden Selbsterforschung führen.

photos als Hilfsmittel, um Gefühle oder Erinnerungen heraufzurufen, die sich auf bestimmte Personen oder Ereignisse bezogen, welche sich im Laufe der Sitzung als relevant herausgestellt hatten.

Die Wirkung von DPT hält wesentlich kürzer an als die von LSD; die DPT-Sitzungen endeten gewöhnlich nach vier oder fünf Stunden mit einer relativ schnellen Rückkehr zu einem gewöhnlichen Bewußtseinszustand. Die Hauptwirkungen von LSD dauerten in den meisten Fällen zwischen acht und zwölf Stunden; gelegentlich blieben wir bei einem Patienten bis zu vierzehn oder mehr Stunden während eines Sitzungstages. Wenn der Patient wieder zu einem gewöhnlichen Bewußtseinszustand zurückkehrte, wurden Familienangehörige oder gute Freunde zu einer »Wiedervereinigung« in den Behandlungsraum eingeladen. Der besondere Zustand des Patienten erleichterte eine offenere und aufrichtigere Kommunikation und führte zu ungewöhnlich positiven, ergiebigen Interaktionen. Nach dem zwanglosen Ende des Besuchs verbrachten wir noch einige Zeit im Gedankenaustausch mit dem Patienten allein. Am folgenden Tag und während der nächsten Woche halfen wir dem Patienten, die während der Sitzung erlebten Erfahrungen zu integrieren und die neuen Einsichten in die Perspektive des Alltagslebens einzubringen. Die Grundlage für unsere Arbeit in dieser Phase war der ausführliche schriftliche oder mündliche Bericht des Patienten über die Drogensitzung.

Wenn das Ergebnis der psychedelischen Sitzung erfolgreich war, wurden keine weiteren Drogenerfahrungen eingeplant. War das Ergebnis nicht befriedigend oder verschlechterte sich zu einem späteren Zeitpunkt mit dem Fortschreiten der Krankheit der seelische Zustand des Patienten wieder, so wurde die psychedelische Sitzung wiederholt. Die Entscheidung über eine Fortsetzung der Behandlung wurde stets durch den Patienten und den Therapeuten gemeinsam getroffen.

Bisher haben wir das psychedelische Behandlungsverfahren beschrieben, wie es im Verlauf des systematischen Forschungsprogramms mit LSD und DPT praktiziert wurde, wo die Therapeuten sich an die Erfordernisse des Forschungsplanes zu halten hatten. Die klinische Arbeit mit jenen Krebspatienten, die sich selbst zu dieser Behandlung gemeldet hatten, unterschied sich beträchtlich von der therapeutischen Situation in den Pionieruntersuchungen und in den Forschungsprojekten mit LSD und DPT. Das Hauptziel der Pionieruntersuchungen war, die ersten klinischen Eindrücke über die Möglichkeiten der psychedelischen Therapie für Krebspatienten zu sammeln. Als wir dann mit Patienten arbeiteten, die sich selbst gemeldet hatten, verfügten wir schon über beträchtliche klinische Erfahrungen mit diesem Behandlungsverfahren, und das Ziel unserer Forschungen war nun, herauszufinden, was die psychedelische Therapie unter Bedingungen leisten konnte, die nicht den Einschränkungen einer strikten Methodik unterworfen waren. Mit anderen Worten, wir versuchten herauszufinden, in welcher Weise diese Therapie am besten entwikkelt werden konnte, um ihre Möglichkeiten voll auszuschöpfen.

Es gab mehrere wichtige Unterschiede zwischen der therapeutischen Arbeit mit Patienten, die sich freiwillig zur Verfügung gestellt hatten, und den beiden Hauptprogrammen. Bei den letzteren wurden Patienten, die dem Tod entgegengingen, von Chirurgen und anderen Ärzten aus dem Sinai Hospital überwiesen. Die meisten dieser Patienten kamen in den letzten Stadien ihrer Krankheit in das Programm, gewöhnlich nachdem alle konventionellen medizinischen Methoden versucht worden waren und keinen Erfolg gehabt hatten. Die meisten Patienten in der Kategorie derer, welche von sich aus gekommen waren, hatten diesen routinemäßigen Auswahlprozeß völlig umgangen. Sie kamen gewöhnlich nicht aus Baltimore, sondern von anderen Orten und setzten sich mit uns in Verbindung, nachdem die ersten Resultate des Spring-Grove-Programms auf Konferenzen vorgelegt, in wissenschaftlichen Zeitschriften publiziert und in den Medien diskutiert worden waren. Mehrere dieser Personen befanden sich in viel früheren Stadien ihrer Krankheit, und die Arbeit mit ihnen war im allgemeinen leichter und befriedigender. Die übrigen Patienten in dieser Kategorie kamen über die üblichen Verbindungen zu uns. Sie waren ursprünglich in das DPT-Programm aufgenommen worden, wurden dann aber der Kontrollgruppe zugewiesen, welche nicht die Drogenbehandlung erhielt. Nach Ablauf der für die Nachfolgeuntersuchungen erforderlichen Zeit wurde ihnen die Möglichkeit gegeben, eine psychedelische Sitzung außerhalb des Forschungsrahmens zu erhalten.

In den Hauptprogrammen war die Zeit, die wir mit Patienten und Familienmitgliedern   verbrachten,   durch   den   Forschungsplan beschränkt. In der Gruppe der Patienten, die sich selbst gemeldet hatten, konnten wir frei darüber bestimmen, wieviel Zeit wir mit dem Patienten und seinen Angehörigen in der Vorbereitungsperiode und in den Gesprächen nach der psychedelischen Sitzung verbrachten. Ferner arbeiteten ein Therapeut und eine Therapeutin aus unserem Team vom ersten Kontakt bis zur letzten Zusammenkunft mit dem Patienten und seiner Familie. Dies unterschied sich erheblich von der Situation in den Forschungsprojekten mit LSD und DPT, wo der Ko-Therapeut bzw. die Ko-Therapeutin (oder Krankenschwester) erst einen oder zwei Tage vor der psychedelischen Sitzung in den Behandlungsprozeß eintrat.

Die Gespräche ohne Drogenanwendung und die psychedelischen Sitzungen selbst fanden in einem von zwei speziellen Behandlungsräumen im Maryland Psychiatric Research Center statt. War der Patient aus Baltimore, so versuchten wir, den größten Teil der Arbeit in der behaglichen und vertrauten Umgebung seines Zuhause zu tun. In einem späteren Stadium unserer Arbeit hatten wir dieses Glück, psychedelische Sitzungen in der Wohnung der Betroffenen durchführen zu können. In dieser Situation war die therapeutische Arbeit für uns wie auch für den Patienten und seine Familie eine noch viel tiefere persönliche Erfahrung; sie wurde zu einer unschätzbaren Quelle intensiven Lernens und tiefer Einsichten in die Psychologie und Metapsychologie des Sterbens wie in den Wert der psychedelischen Erfahrung in der Begegnung mit dem Tod.

Die Veränderungen, die sich nach einer psychedelischen Behandlung an Krebspatienten beobachten lassen, sind äußerst vielfältig, komplex und vieldimensional. Einige von ihnen sind uns wohlbekannt, wie zum Beispiel die Reduzierung von Depression, Spannung, Angst, Schlafstörungen und psychischer Abkapselung. Bei anderen treten Phänomene auf, die für die westliche Psychiatrie und Psychologie ganz neu sind; dazu gehören insbesondere spezifische Veränderungen der grundlegenden Lebensanschauung, der spirituellen Orientierung und der Werthierarchie. Neben ihrem Einfluß auf die emotionellen, weltanschaulichen und spirituellen Aspekte der Existenz können LSD und DPT auch die Erfahrung physischen Schmerzes auf vielerlei Weise stark modifizieren. Wegen der Komplexität dieser Veränderungen und des Fehlens spezifischer, hochempfindlicher psychologischer

Meßinstrumente für einige von ihnen ist die objektive Bewertung und Quantifizierung der Ergebnisse eine schwierige Aufgabe. Sie wird noch weiter kompliziert durch den körperlichen und seelischen Zustand vieler Krebspatienten und ihre häufig negative Einstellung zu psychologischen Prozeduren allgemein, was die Anwendung der vorhandenen Instrumente einschränkt. Bei den Spring-Grove-Programmen experimentierten wir mit verschiedenen Bewertungsmethoden und fanden keine befriedigende Lösung für die dabei auftretenden Probleme.

Eine Untersuchung der LSD-Psychotherapie, die 31 Krebspatienten einbezog, kann hier als Beispiel für diese Bemühungen dienen.[2] Nach dem ursprünglichen Forschungsplan war vorgesehen, daß jeder Patient mehrere psychologische Tests vor und nach der Behandlung absolvierte. Es stellte sich jedoch heraus, daß das eine ziemlich unrealistische Erwartung war; diese Tests verlangen ein Maß an Konzentration und Ausdauer, das für viele dieser schwerkranken Menschen wegen körperlicher Schmerzen und Erschöpfung nicht möglich war. Wegen der Unvollständigkeit der Testdaten mußte der Schwerpunkt auf die Bewertung durch außenstehende Beobachter gelegt werden. Pahnke und Richards entwickelten zu diesem Zweck einen speziellen Maßstab: die Skala für die Bewertung emotioneller Zustände (Emotional Condition Rating Scale — ECRS). Diese Skala macht es möglich, Werte von -6 bis +6 zu erhalten, die den Grad der Depression des Patienten widerspiegeln, den Grad seiner psychischen Isolation, seiner Angst, der Schwierigkeiten im Umgang mit ihm, seiner Furcht vor dem Tod und seiner Präokkupation mit Schmerzen und physischem Leiden. Bewertungen an Hand dieses Maßstabes wurden einen Tag vor und drei Tage nach der Behandlung von behandelnden Ärzten, Krankenschwestern, Familienmitgliedern, LSD-Therapeuten und Ko-Therapeuten vorgenommen, in späteren Stadien unserer Arbeit zusätzlich noch von einem in der Psychiatrie

---

[2] Wir bringen hier nur eine skizzenhafte Darstellung der Methode zur Bewertung des Behandlungsergebnisses sowie unseres Vorgehens bei der Analyse der Daten. Der interessierte Leser findet eine detaillierte Darstellung der Forschungsmethodik, quantitative Daten, Tabellen mit Einzelaufschlüsselungen und Ergebnisse der statistischen Analyse in den Originalaufsätzen.

tätigen Sozialarbeiter, der als selbständiger Bewerter fungierte. Die Dosis an Betäubungsmitteln, die zur Beruhigung des Patienten benötigt wurde, diente als zusätzliches Kriterium für die Messung der physischen Schmerzen.

Die Wirksamkeit der psychedelischen Behandlung wurde mit Hilfe von statistisch signifikanten Tests an den Bewertungen des klinischen Zustandes vor und nach der Sitzung gemessen. Die Berechnungen wurden für jede der einzelnen Unter-Skalen getrennt durchgeführt (Depression, psychische Isolation, Angst, Schwierigkeiten im Umgang mit dem Patienten, Furcht vor dem Tod, Präokkupation mit Schmerzen und physischem Leiden), außerdem für die Repräsentanten jeder der sechs Kategorien von Bewertern (LSD-Therapeut, Ko-Therapeut, behandelnder Arzt, Schwester, nächste(r) Familienangehörige(r), selbständiger Bewerter).

Außerdem wurde ein *kombinierter Index* für jede der Leidenskategorien durch Zusammenfassung der Werte sämtlicher Bewerter gewonnen. Die therapeutischen Resultate in jeder der Kategorien wurden dann durch Vergleich der einzelnen kombinierten Indizes vor der Behandlung mit den Indizes nach der Behandlung gemessen. Für die Gesamtbewertung des Grades der Besserung wurde ein *Globalindex* des klinischen Gesamtzustandes für jeden Patienten gewonnen, indem die Daten sämtlicher einzelnen Bewerter für sämtliche gemessenen klinischen Kategorien zusammengefaßt wurden. Dieses Verfahren ermöglichte es, den Zustand des Patienten mit einer einzigen Meßzahl zu beschreiben. Diese Methode verbarg zwar die Spezifika der klinischen Probleme und die oft überraschenden Meinungsunterschiede zwischen den einzelnen Bewertern, war aber nützlich für den Vergleich der Resultate bei den einzelnen Patienten und um den Grad der Besserung in Prozentsätzen der Gesamtgruppe auszudrücken.

Die klinischen Eindrücke von den oft dramatischen Wirkungen der LSD-Psychotherapie auf den seelischen Zustand von Krebspatienten wurden durch die Ergebnisse der numerischen Bewertungen bestätigt. Die ausgeprägtesten therapeutischen Veränderungen wurden in den Bereichen Depression, Angst und Schmerz beobachtet, dicht gefolgt von den mit der Angst vor dem Tod zusammenhängenden Symptomen. Am wenigsten eindrucksvoll waren die Resultate im Hinblick auf den Umgang mit dem Patienten.

»Dramatische Besserung« wurde willkürlich definiert als Erhöhung des Globalindexes um vier oder mehr Punkte und »mäßige Besserung« als Erhöhung um zwei bis vier Punkte. Patienten, die eine Erhöhung um weniger als zwei Punkte oder eine ebenso geringe Abnahme aufwiesen, wurden als »im wesentlichen unverändert« eingestuft. Nach dieser Definition zeigten neun der Patienten (29%) nach der LSD-Psychotherapie eine dramatische Besserung, dreizehn Patienten (42%) eine mäßige Besserung, und die restlichen neun (29%) waren im wesentlichen unverändert. Nur zwei Patienten hatten einen niedrigeren Globalindex in der Zeit nach der Behandlung als davor; bei beiden war die Abnahme geringfügig ($-0,21$ und $-0,51$ Punkte).

Was das Verlangen nach Narkotika angeht, so zeigte die durchschnittliche Tagesdosis für die ganze Gruppe einen deutlich positiven Trend; die Abnahme der verabreichten Narkotika erreichte jedoch keinen hinreichenden Grad, um statistisch signifikant zu sein. Da dieses Resultat mit den Skalenwerten im Widerspruch zu stehen scheint, die ein hochsignifikantes Abnehmen der Schmerzen anzeigen, werden wir es in einem späteren Kapitel noch analysieren.

Die Ergebnisse der DPT-Studie hat William A. Richards,[3] ein Psychologe und Therapeut am Maryland Psychiatric Research Center, der seit 1967 an dem Krebsprogramm mitarbeitete, beschrieben und kritisch bewertet. Dieses Projekt erfaßte 45 Patienten, die nach dem Zufallsprinzip der Experimentalgruppe oder der Kontrollgruppe zugeteilt wurden. Zwei unabhängige Bewerter taxierten die Patienten und ihre Familienangehörigen auf Grund psychologischer Skalen. Obwohl die DPT-Psychotherapie in einzelnen Fällen recht dramatische postitive Resultate erbrachte, zeigte doch das klinische Ergebnis für die gesamte Experimentalgruppe keine genügend statistische Signifikanz. Signifikante Resultate und wichtige Trends wurden in bezug auf bestimmte einzelne Skalenwerte festgestellt, aber allgemein erbrachte diese Untersuchung keine Beweise dafür, daß DPT in der psychedelischen Behandlung von Krebspatienten das LSD erfolgreich

---

[3] Eine ausführliche Analyse der Daten und eine Erörterung der Resultate der Spring-Grove-DPT-Studie findet sich in der Dissertation von W. A. Richards (siehe Bibliographie, S. 263).

ersetzen könnte. Das scheint mit den klinischen Eindrücken und der Meinung der mit Psychedelika arbeitenden Therapeuten im Maryland Psychiatric Research Center übereinzustimmen, die fast ausnahmslos der Arbeit mit LSD den Vorzug gaben, wenn sie danach gefragt wurden oder zwischen den beiden Drogen zu wählen hatten. Interessanter als die Gesamtresultate der Untersuchung war Richards' Versuch, den therapeutischen Wert des psychedelischen Gipfelerlebnisses herauszufinden. In diesem Teil des Projekts wurde das Auftreten dieser Gipfelerlebnisse an Hand eines von Pahnke und Richards entwickelten Fragebogens (»Psychedelic Experience Questionnaire« — PEQ) gemessen. Der Schwerpunkt in diesem Fragebogen liegt auf den Grundkategorien der Gipfelerfahrung, wie sie von Pahnke und Richards beschrieben wurden: Einheit, Transzendenz von Zeit und Raum, Objektivität und Realität, Gefühle der Heiligkeit, tief empfundene positive Stimmung und Unbeschreibbarkeit. Die einzelnen Punkte auf dem Fragebogen, die sich auf diese Kategorien beziehen, werden nach einer von Null bis Fünf reichenden Intensitätsskala gemessen. Eine weitere Datenquelle ist die Bewertung der psychedelischen Erfahrung des Patienten durch den Therapeuten. Nach Angabe von Richards zeigen die in der DPT-Studie gesammelten Daten bessere therapeutische Resultate bei den Patienten, die eine psychedelische Gipfelerfahrung hatten, als bei jenen, die keine solche Erfahrung erlebten.

Ein wichtiger Aspekt dieser Arbeit wird sich auch der raffiniertesten Methodik in allen künftigen ähnlichen Untersuchungen entziehen. Es ist die Tiefe der persönlichen Erfahrung jener Menschen, die das Privileg haben, die Situation des Sterbens mit einem anderen Menschen zu teilen und zu sehen, wie die psychische Krisis, die so häufig die Begegnung mit dem Tod begleitet, als Folge einer psychedelischen Erfahrung gemildert oder sogar ins Gegenteil verkehrt wird. Die wiederholte Teilnahme an diesem besonderen Ereignis ist überzeugender als numerische Daten und läßt keinen Zweifel daran, daß die Arbeit mit den Sterbenden alle Mühen wert ist.

Um zu verstehen, warum die psychedelische Psychotherapie einen so mächtigen Einfluß auf Todkranke ausüben kann, müssen wir uns das Wesen und die besonderen Charakteristika der durch LSD hervorgerufenen Erfahrungen vor Augen führen. Klinische Untersuchungen über LSD in den beiden letzten Jahrzehnten haben uns gezeigt, daß diese Droge geistige Prozesse verstärkt und erweitert

4
Dimensionen des Bewußtseins: Eine Kartographie der menschlichen Psyche

und es denen, die sie einnehmen, ermöglicht, Bereiche des Unbewußten zu erforschen, die normalerweise unzugänglich sind. Eine LSD-Sitzung stellt also eine Reise in die verborgenen Winkel der Seele dar. Die Beschreibungen verschiedener Arten von LSD-Erfahrungen können in diesem Sinne als Landkarten der Psyche oder »Kartographien des inneren Raumes« betrachtet werden. Die Muster und Erlebnisabfolgen, die das Auftauchen unbewußten Materials in LSD-Sitzungen charakterisieren, werden durch eine Reihe äußerer Faktoren bestimmt, wie zum Beispiel die gegenwärtige Lebenssituation des Probanden bzw. des Patienten, die Persönlichkeit des Therapeuten, die Natur der therapeutischen Beziehung und durch Elemente der äußeren und inneren Rahmensituation.

Der Inhalt von LSD-Sitzungen schließt die gleichzeitige Wahrnehmung vieler Dimensionen und Ebenen symbolischer Bedeutung ein. Wenn auch jeder Versuch, einen solchen mehrdimensionalen Komplex linear zu beschreiben, mit einer starken Vereinfachung verbunden ist, so können wir doch vier Hauptbereiche oder Typen von LSD-Erfahrungen unterscheiden: a) abstrakte und ästhetische Erfahrungen; b) psychodynamische Erfahrungen; c) perinatale Erfahrungen[1] und d) transpersonale Erfahrungen. In der folgenden Darstellung

---

[1] *Perinatale Erfahrung* ist ein neuer psychiatrischer Terminus, den Stanislav Grof geprägt hat. Etymologisch ist der Begriff *perinatal* eine griechisch-lateinische Wortverbindung; die griechische Vorsilbe *peri* bedeutet »um herum« oder »nahe«, die Wurzelsilbe *natal* ist vom lateinischen *natalis*, d.h. »auf die Geburt bezüglich«, abgeleitet. Der Terminus *perinatal* reflektiert die Tatsache, daß die zu dieser Kategorie gehörenden LSD-Phänomene offenbar

wollen wir jede dieser Kategorien und ihre Relevanz für den sterbenden Menschen beschreiben.[2]

Abstrakte und ästhetische Erfahrungen in LSD-Sitzungen

Die zu dieser Kategorie gehörenden Erfahrungen sind in LSD-Sitzungen mit niedriger oder mittlerer Dosierung sehr häufig. In Sitzungen mit hoher Dosierung im Rahmen einer psychedelischen Behandlung sind sie gewöhnlich auf die frühen Phasen der Sitzungen beschränkt, bevor die LSD-Wirkung ihren Höhepunkt erreicht. Nur selten kommt es vor, daß abstrakte Phänomene über längere Zeiträume hinweg auftreten oder den gesamten Verlauf von LSD-Sitzungen mit hoher Dosierung beherrschen. Abstrakte und ästhetische Erfahrungen sind durch dramatische Wahrnehmungsveränderungen charakterisiert, die keinen oder nur einen minimalen psychodynamischen Inhalt aufweisen. Der auffallendste Aspekt dieser Phänomene ist die Beteiligung des Seh-Systems. Die Veränderungen in der Wahrnehmung von Formen und Farben sind von einer solchen Fülle und Dramatik, daß sie gelegentlich als »Orgien des Schauens« oder als »Netzhaut-Zirkus« bezeichnet wurden. Manchmal ist die eigentliche perzeptuelle Verzerrung der Umwelt nur geringfügig, aber die Umwelt wird emotionell auf ungewöhnliche Weise gedeutet. Sie kann unglaublich schön, sinnlich oder komisch erscheinen; häufig heißt es in den Schilderungen, die Umwelt habe etwas Magisches oder Märchenhaftes.

Ästhetische Erfahrungen stellen offenbar den oberflächlichsten Aspekt des LSD-Zustandes dar. Sie vermitteln keine wichtigen psychologischen Einsichten, und sie enthüllen auch keine tiefen Schichten des Unbewußten. Die wichtigsten Aspekte dieser Erscheinungen lassen sich physiologisch erklären, als Ergebnis chemischer Stimulierung der Sinnesorgane, deren innere Struktur und Funktionscharakteristika sie widerspiegeln. Ähnliche Veränderungen lassen sich durch eine Reihe von Mitteln hervorrufen, wie Druck auf den Augapfel,

---

eng mit den Ereignissen zusammenhängen, die der biologischen Geburt unmittelbar vorangehen, sie begleiten und ihr nachfolgen.

[2] Eine detailliertere und umfassendere Erörterung der Erfahrungskategorien findet sich in Stanislav Grof: *Topographie des Unbewußten — LSD im Dienst der tiefenpsychologischen Forschung.* Stuttgart (Klett-Cotta) 1978.

stroboskopisches Licht, Reduzierung der Sauerstoffaufnahme, Einatmen von Kohlendioxyd oder elektrische Stimulierung des Sehnervs. Die meisten der todkranken Patienten, in deren LSD-Sitzungen ästhetische Erfahrungen eine wichtige Rolle spielten, fühlten keine tiefgehenden Veränderungen als Folge dieses Ereignisses. Sie waren gewöhnlich fasziniert von der außerordentlichen Schönheit der ästhetischen Sequenzen und empfanden Dankbarkeit für diese Ablenkung in der Monotonie ihrer von seelischem und physischem Leiden erfüllten Tage. Nur selten hatten solche Erfahrungen eine dauerhafte wohltuende Wirkung. In einigen wenigen Fällen jedoch beobachteten wir eine unerwartete Linderung starker physischer Schmerzen nach einer vorwiegend durch ästhetische Wahnehmung charakterisierten Sitzung.

Psychodynamische Erfahrungen in LSD-Sitzungen

Die Erfahrungen in dieser Kategorie gehen auf biographisches Material zurück, das emotionell bedeutsame Situationen im früheren und im gegenwärtigen Leben des Betroffenen widerspiegelt. Ihr Ursprung liegt in verschiedenen Bezirken des individuellen Unbewußten und in jenen Bereichen der Persönlichkeit, die auch in gewöhnlichen Bewußtseinszuständen zugänglich sind. Die am wenigsten komplizierten psychodynamischen Erfahrungen treten in Gestalt eines realistischen Wiedererlebens hochbedeutsamer seelischer Ereignisse auf; es handelt sich dabei offenbar um lebendige Neudarstellungen traumatischer oder ungewöhnlich angenehmer Erinnerungen aus dem Säuglingsalter, der Kindheit oder auch aus späteren Lebensabschnitten. Kompliziertere Erscheinungen in dieser Gruppe stellen bildliche Konkretisierungen von Phantasien dar, Dramatisierungen von Wunsch- und Tagträumen, Deckerinnerungen und komplexen Mischungen aus Phantasie und Wirklichkeit.

Psychodynamische Sitzungen können sehr bedeutsame therapeutische Folgen haben. Der Patient kann die verschiedensten traumatischen Erfahrungen aus prägenden Perioden seines Lebens wiedererleben und integrieren — Erfahrungen, die einen entscheidenden Einfluß auf die Entwicklung seiner Persönlichkeit hatten. Die Gelegenheit, spezifische Erinnerungen aus verschiedenen Perioden des eigenen Lebens realistisch wiederzuerleben, macht es möglich, ihre Verflechtungen zu erkennen und Ketten unbewußter neurotischer Muster zu entdecken, die bestimmten seelischen Problemen zugrunde liegen. Dies kann eine wichtige, umwandelnde Erfahrung sein, die tiefgehende Veränderungen in der Persönlichkeitsstruktur, der seelischen Dynamik und dem Verhalten des Individuums zur Folge hat. Pschodynamische Erfahrungen sind in psychedelischen Sitzungen Todkranker sehr häufig. Sie vermitteln zwar in der Regel keine tiefreichende philosophische und spirituelle Neubewertung der Todesvorstellung selbst, aber sie können schwerkranken Menschen helfen, zu einer sinnvollen Synthese früherer Teile ihres Lebens zu gelangen und dem bevorstehenden Tod mit größerer Gelassenheit gegenüberzutreten. In diesen Sitzungen können Patienten peinliche Ereignisse wiedererleben und Versöhnung und Vergebung erlangen. Sie können frühere Konflikte noch einmal durchspielen, sie durcharbeiten und eine seelische Lösung finden. In Fällen, wo das Bewußtsein unvollendeter Pläne und Wünsche, unerfüllter Träume und enttäuschter Ambitionen den Seelenfrieden eines Patienten störte und Bitterkeit und Groll erzeugte, kann der Patient zu einer seelischen Lösung und Beendigung seiner Konflikte finden oder das Bedürfnis aufgeben, frühere Ziele weiterzuverfolgen. Es ist unter diesen Umständen nicht ungewöhnlich, daß der Kranke eine verdichtete Wiederholung seines gesamten Lebens durchlebt und dann ein positives Werturteil über dieses sein Leben den Übergang bildet zu der endgültigen seelischen Ablösung vom Lebensprozeß.[3] Die DPT-Erfahrung von Sylvia, einer 71jährigen Frau, die an Brustkrebs mit multiplen Metastasen starb, kann hier als Beispiel für eine psychedelische Sitzung mit vorherrschend psychodynamischem Material autobiographischer Natur dienen.

Am Tag ihrer Sitzung erhielt Sylvia in den frühen Nachmittagsstunden 105 Milligramm DPT intramuskulär; ihre Erfahrung begann

---

[3] Eine solche vollständige Lebensüberschau kann innerhalb einer sehr kurzen Spanne objektiver Zeit in der Sitzung ablaufen; manchmal ist es eine Sache von nur wenigen Minuten oder gar Sekunden. Dieses Phänomen zeigt eine auffallende Ähnlichkeit mit den subjektiven Erfahrungen, die Unfälle oder andere Situationen akuter Lebensgefahr begleiten, sowie mit dem subjektiven Erleben beim klinischen Tod.

einige Minuten nach der Injektion. Obwohl sie ruhig und bewegungslos auf dem Bett lag, die Augen von einem Schirm bedeckt, war ihre innere Welt überaus reich und dramatisch. Aufgefordert, zu schildern, was geschah, klagte sie über Müdigkeit, und ihr Körper schauderte; sie beschrieb dann eine Reihe lebhafter Bilder aus ihrer Kindheit, die vor ihren Augen vorüberzogen.

Dreißig Minuten später baten wir sie um weitere Mitteilungen. Obwohl Sylvia sich körperlich immer noch unbehaglich fühlte, zeigte sie sich sehr bewegt und erregt von den Kindheitserlebnissen, die weiterhin in rascher Folge vor ihren Augen vorbeizogen. »Es war so viel, ich kann es nicht alles zusammenbringen . . . Damals war ich glücklich, jetzt bin ich krank und sterbe . . . Ich will sterben, ich will heute Nacht sterben . . . Bitte, Gott, nimm mich zu dir. Es macht mir nichts aus zu sterben, ich will es so sehr . . . Warum muß ich leiden? Ich war gut im Leben . . . Ich dachte, nur schlechte Menschen leiden . . . Ich war gut zu meinen Kindern, zu meinem Mann . . .« In diesem Zusammenhang erlebte Sylvia die Geburt ihrer Kinder wieder und überdachte deren Leben sowie ihr eigenes Verhältnis zu ihnen. Einmal sah sie plötzlich einen schönen Engel, der einen Sopranpart in einem Chor sang. »Ich sehe einen Engel . . . Als Jüdin darf ich eigentlich keinen Engel sehen, es ist gegen meine Religion, aber er ist sehr, sehr schön . . . Ach, alles in Ordnung, es ist gar kein Engel, es ist Carol Burnett! . . .« Wir mußten alle lachen, als sie uns diese Mitteilung machte; das war so typisch für Sylvia, deren herzhafter Humor alle unsere Gespräche durchzog.

Gegen sechs Uhr begann die Wirkung der Droge nachzulassen, aber die Erinnerungsreihen entfalteten sich noch weiter. »Alles, was mein Leben war, wird mir gezeigt . . . Erinnerungen, Tausende von Erinnerungen . . . Zeiten des Traurigseins und Zeiten angenehmer, glücklicher Gefühle . . . Bei den schönen Erinnerungen wird alles ganz sonnig, überall ist eine Menge Licht; bei den traurigen wird alles dunkler . . . Ich weiß nicht, warum all diese Dinge in mir aufsteigen — manche davon sind fünfzig, sechzig Jahre her . . . Es ist interessant, alle meine Schmerzen sind weg, ich denke überhaupt nicht an Schmerzen . . .« Darauf folgte eine Phase, in der Sylvia ständig zitterte; sie schilderte uns die Gefühle und Erlebnisse, die sie dabei hatte: »Ich habe das Bedürfnis, mich zu schütteln, und ich weiß nicht warum. Ich wußte nicht, daß ich solche Spannungen hatte. Ich muß sie unbewußt gehabt haben. Vermutlich gehen wir alle mit gewissen Spannungen durchs Leben . . . Es war so ein schönes Leben; niemand würde glauben, was für ein schönes Leben ich gehabt habe . . .« Nach dieser Episode kehrte Sylvia schnell zu ihrem gewöhnlichen Bewußtsein zurück. Ihr abschließendes Urteil über die Sitzung war, daß sie eine ganz besondere, seltene Gelegenheit gehabt hatte, ihr Leben zu überschauen, und sie sagte, sie sei jetzt zufrieden. Diese Erfahrung machte es ihr leichter, dem Tod entgegenzusehen, da sie jetzt fähig war, zu erkennen und zu würdigen, wie erfüllt und lohnend ihr Leben gewesen war. Auch die tief gefühlte Erkenntnis, daß sie eine Schar wohlgeratener Kinder und Enkel zurückließ, die das Leben weitertragen würden, half ihr, ihr eigenes Fortgehen zu akzeptieren. Als wir sie vor ihrem Tod zum letzten Mal sahen, sagte sie mit einem Augenzwinkern:»Auf Wiedersehen also, irgendwo da draußen.«

Obwohl die Erforschung von Kindheitsträumen und tiefliegenden psychischen Konflikten in den LSD-Sitzungen von Krebskranken im Endstadium nicht selten ist, liegt doch der Hauptakzent ihrer psychodynamischen Erfahrungen gewöhnlich auf den dringlichen Aspekten ihrer gegenwärtigen schwierigen Situation. Häufig konzentrieren sich lange Erfahrungssequenzen in psychodynamischen Sitzungen auf Probleme wie die folgenden: die bevorstehende Trennung von Kindern, Ehegatten und anderen Angehörigen zu akzeptieren; der unausweichlichen eigenen Schwäche und der daraus resultierenden Abhängigkeit ins Auge zu sehen; mit den physischen Schmerzen, mit Gewichtsverlust und manchmal auch mit der starken Entstellung infolge der Krebskrankheit oder lebensrettender chirurgischer Eingriffe fertigzuwerden. Ein weiteres häufig auftretendes Problem dieser Art ist das Sichabfinden mit dem fortschreitenden Verlust der Libido und der Abnahme der sexuellen Anziehungskraft. Bei Patienten, die vor ihrer Krankheit in ihrer beruflichen Tätigkeit stark engagiert waren, kann der Verlust der Produktivität und die drastische Beendigung einer Karriere ein weiterer Bereich quälender Konflikte sein, die in den psychodynamischen Teilen der Sitzungen durchgearbeitet werden müssen. Gelegentlich kam es vor, daß Krebspatienten, die sich vor der LSD-Sitzung der Diagnose und Prognose ihrer Krankheit nicht klar bewußt gewesen waren oder ihr ausgewichen waren und sie nicht akzeptiert hatten, in den Sitzungen verschiedene Einzelfaktoren und Beobachtungen bezüglich ihrer Krankheit zusammenfügten und zu einem realistischen Bild ihrer Lage gelangten.

Recht häufig sind Erinnerungen, bei denen schwere physische Traumata im Mittelpunkt stehen; sie stellen einen Übergang zwischen den psychodynamischen Erfahrungen und dem perinatalen Bereich dar. Typischerweise handeln solche Erinnerungen von Situationen, in denen das Leben oder die körperliche Unversehrheit des Patienten bedroht waren; sie umfassen ein breites Spektrum von Ereignissen von schweren Operationen, schmerzhaften und gefährlichen Verletzungen, schweren Krankheiten und Erfahrungen des Beinahe-Ertrinkens bis zu Episoden grausamer körperlicher Mißhandlung. Das Wiedererleben solcher Erinnerungen kommt in den Sitzungen todkranker Patienten sehr häufig vor. Oft treten diese Patienten dem Problem der Diagnose und Prognose ihrer Krankheit, ihrer Schmerzen und ihres Elends sowie ihres bevorstehenden Todes im Kontext früherer physischer Leiden und ernsthafter Lebensbedrohungen gegenüber.

Episoden psychodynamischer Natur, die bei der psychedelischen Behandlung von Krebskranken erlebt werden, können eine sehr günstige Wirkung auf eine Reihe emotioneller Symptome haben, die mit dieser Krankheit verknüpft sind. Die zeitweilige oder dauerhafte Besserung nach solchen Sitzungen erstreckt sich auf die Linderung von Depression, Spannung, freiflottierender Angst, Schlaflosigkeit und psychischer Abkapselung. Große physische Schmerzen, die auf starke Betäubungsmittel nicht angesprochen hatten, wurden in manchen Fällen gemildert oder verschwanden sogar ganz als Folge einer vorwiegend psychodynamischen Sitzung.

Perinatale Erfahrungen in LSD-Sitzungen

Der wichtigste gemeinsame Nenner perinataler Erfahrungen ist ihr Zentriertsein auf Probleme der biologischen Geburt, auf physische Schmerzen und Leiden, Krankheit, Gebrechlichkeit, Alter, Sterben und Tod. Die Begegnung mit Leiden und Tod auf der perinatalen Ebene vollzieht sich in Gestalt einer tiefen, unmittelbaren Erfahrung des Todeskampfes. Das Bewußtsein des Todes in dieser Situation wird nicht allein symbolisch vermittelt. Spezifisch eschatologische Gedanken und Visionen von sterbenden Menschen, verwesenden Leichen, Särgen, Friedhöfen, Bahren und Trauerzügen treten als charakteristische Begleiterscheinungen der Todeserfahrung auf. Die eigentliche Grundlage dieser Erfahrung jedoch ist eine äußerst realistische Empfindung der extremen biologischen Krise, in der sich die Patienten befinden, die häufig mit dem tatsächlichen Sterben verwechselt wird. In dieser Situation verliert der Patient nicht selten die Einsicht, daß eine psychedelische Sitzung eine symbolische Erfahrung ist, und gewinnt die Überzeugung, daß sein Tod unmittelbar bevorsteht. Erfahrungen von Tod und Wiedergeburt auf der perinatalen Ebene sind sehr komplex und haben sowohl biologische, emotionelle und verstandesmäßige als auch weltanschauliche und spirituelle Aspekte.

Die aufwühlende Begegnung mit diesen entscheidenden Aspekten der menschlichen Erfahrung und die tiefe Erkenntnis der Verwundbarkeit und Vergänglichkeit des Menschen als eines biologischen Geschöpfes haben zwei wichtige Folgen. Die erste dieser Folgen ist eine tiefgreifende existentielle Krise, die das Individuum zwingt, den Sinn der Existenz und aller Werte im Leben in Zweifel zu ziehen. Die Betroffenen erkennen durch diese Erfahrungen, daß es kein Entrinnen gibt vor dem physischen Tod, ganz gleich, was man im Leben tut; alle Menschen werden diese Welt verlassen müssen, all dessen beraubt, was sie erreicht oder an materiellen Gütern angehäuft haben. Diese tiefe Seinskrise führt gewöhnlich dazu, daß sich grundlegende Werte herauskristallisieren. Weltliche Ambitionen, Konkurrenzstreben und die Begierde nach Rang, Macht, Ruhm, Ansehen und Besitz verblassen und vergehen, wenn man sie vor dem Hintergrund der Tatsache betrachtet, daß jedes Menschenschicksal mit der physischen Vernichtung endet.

Eine andere wichtige Folge der oft schmerzhaften seelischen und physischen Begegnung mit dem Phänomen des Todes ist die Aufschließung religiöser und spiritueller Bereiche, die offenbar ein wesensmäßiger Bestandteil der menschlichen Persönlichkeit und von dem kulturellen und religiösen Hintergrund des einzelnen unabhängig sind. Der einzige Weg zur Überwindung dieses existentiellen Dilemmas führt über die Transzendenz; die Krise löst sich, wenn die

Menschen Bezugspunkte jenseits der engen Grenzen des physischen Organismus und ihrer eigenen Lebensspanne finden. Es scheint, daß jeder, der diese Ebenen des Bewußtseins *wirklich erfährt*, auch überzeugende Einsichten in die umfassende Bedeutung der spirituellen Dimension für das Gesamtsystem aller Dinge gewinnt.

Auf irgendeine, nach dem gegenwärtigen Stand der Forschung noch nicht ganz faßbare Weise scheinen die obigen Erfahrungen mit den Bedingungen der biologischen Geburt zusammenzuhängen. Personen, die eine LSD-Sitzung mit perinatalen Erfahrungen hinter sich haben, bezeichnen die Erlebnisabfolgen von Todespein, Tod und Geburt (oder Wiedergeburt), die für diesen Bereich so charakteristisch sind, häufig als ein Wiedererleben ihres wirklichen biologischen Geburtstraumas. Andere stellen diese ausdrückliche Verbindung nicht her und interpretieren ihre Begegnung mit dem Tod und die Erfahrung von Tod und Wiedergeburt in rein philosophischen und spirituellen Begriffen. Selbst bei dieser letzteren Gruppe sind perinatale Erfahrungen ganz regelmäßig von einem Komplex physischer Phänomene begleitet, die sich am besten als mit dem Wiedererleben der biologischen Geburt zusammenhängend deuten lassen. Dieser Komplex umfaßt vielerlei physische Schmerzen in verschiedenen Körperteilen, Gefühle des äußeren Drucks, des Erstickens, drastische Veränderungen der Hautfarbe, Zittern, anfallartige Muskelzuckungen, Herzbeklemmung und Herzflattern, heftiges Schwitzen, übermäßigen Schleim- und Speichelfluß und Übelkeit. Die LSD-Patienten nehmen auch Körperstellungen ein und führen Bewegungen aus, die auffallende Ähnlichkeit mit denen eines Kindes in den verschiedenen Phasen der Geburt zeigen. Außerdem berichten sie häufig von Bildern von Föten, Embryos und neugeborenen Kindern oder von der Identifikation mit diesen. Ebenso häufig kommen Empfindungen und Verhaltensweisen Neugeborener vor sowie Visionen weiblicher Genitalien und Brüste.

Das reichhaltige und komplexe Material aus der perinatalen Schicht des Unbewußten tritt in LSD-Sitzungen in verschiedenen typischen Bündeln, Matrizen oder Erfahrungsmustern auf. Es hat sich didaktisch, theoretisch und für die Praxis der LSD-Psychotherapie als sehr nützlich erwiesen, diese Erscheinungskategorien zu den aufeinanderfolgenden Phasen des biologischen Geburtsvorganges und zu den

Erfahrungen des Kindes in der perinatalen Periode in Verbindung zu setzen. Wir schildern diese Erfahrungen kurz in der Reihenfolge, in der die korrespondierenden Phasen beim realen Geburtsvorgang ablaufen. Diese chronologische Reihenfolge wird in den psychedelischen Sitzungen nicht unbedingt eingehalten, individuelle Erfahrungsmatrizen können in vielen verschiedenen Abfolgemustern auftreten.

Die Erfahrung der kosmischen Einheit

Diese wichtige perinatale Erfahrung ist offenbar mit der Ur-Einheit mit der Mutter verknüpft, also mit dem ursprünglichen Zustand der intrauterinen Existenz, in der Kind und Mutter eine symbiotische Einheit bilden. Wenn keine schädlichen Einflüsse störend einwirken, sind die Bedingungen des Embryos nahezu ideal — sie bieten Schutz, Sicherheit und fortlaufende Befriedigung aller Bedürfnisse. Die Grundmerkmale dieser Erfahrung sind: Transzendenz der Dichotomie von Subjekt und Objekt, ein außergewöhnlich starker positiver Affekt (Friede, Ruhe, Heiterkeit, Seligkeit), Gefühle der Heiligkeit, der Transzendenz von Zeit und Raum, Unaussprechlichkeit (die Unbeschreibbarkeit des Erlebnisses) und eine Fülle von Einsichten kosmischer Relevanz.

Die Erfahrung des kosmischen Verschlungenwerdens

Personen im LSD-Zustand, die mit diesem Erfahrungsmuster konfrontiert werden, stellen häufig einen Bezug zum Einsetzen des biologischen Geburtsvorganges her, wo das ursprüngliche Gleichgewicht der intrauterinen Existenz durch chemische Signale und später durch Muskelkontraktionen gestört wird. Die Erfahrung des kosmischen Verschlungenwerdens wird gewöhnlich eingeleitet durch ein überwältigendes Gefühl zunehmender Angst und das Bewußtsein einer unmittelbar bevorstehenden Lebensbedrohung. Der Ursprung dieser näher kommenden Gefahr läßt sich nicht eindeutig bestimmen, und der Patient neigt dazu, die unmittelbare Umgebung oder die ganze Welt paranoid zu deuten. Nicht selten berichten Personen in diesem Zustand, sie spürten böse Einflüsse, die von Mitgliedern von Geheimorganisationen ausgehen, von Bewohnern anderer Planeten, von bösen Zauberern und von Apparaten, die schädliche Strahlen aussenden. Eine weitere Steigerung der Angst führt zum Erlebnis eines Mahlstroms, der den Patienten und seine ganze Welt in das Strudelzentrum einsaugt. Eine häufige Variante dieses universalen Verschlungenwerdens ist die Vorstellung, von einem schrecklichen Ungeheuer verschluckt und aufgefressen zu werden. Eine weitere Form der gleichen Erfahrung ist das Thema des Abstiegs in die Unterwelt und der Begegnung mit allerlei gefährlichen Geschöpfen oder Wesenheiten.

Die Erfahrung des Eingeschlossenseins

Diese Erfahrung steht in Beziehung zur ersten klinischen Phase der Geburt, wenn die Kontraktionen der Gebärmutter den Fötus bedrängen und ihn völlig einschnüren. In diesem Stadium ist der Gebärmuttermund noch geschlossen und der Weg nach außen noch versperrt. In LSD-Sitzungen ist diese Erfahrung durch eine auffallende Dunkelheit des Gesichtsfeldes charakterisiert. Die Patienten fühlen sich gefangen, in einer bedrückenden Welt eingesperrt, die ihnen klaustrophobische Ängste verursacht, und sie empfinden unglaubliche psychische und physische Qualen. Die Existenz in dieser Welt erscheint vollkommen sinnlos; das Individuum ist für alle positiven Aspekte des Lebens blind. Die Symbolik, die dieses Erfahrungsmuster am häufigsten begleitet, umfaßt Höllenbilder aus verschiedenen Kulturen. Das wichtigste Merkmal, das dieses Muster von dem darauffolgenden unterscheidet, ist die ausschließliche Betonung der Rolle des Opfers und die Tatsache, daß die Situation als unentrinnbar und ewig empfunden wird — es scheint in Zeit und Raum keinerlei Ausweg zu geben.

Die Erfahrung des Ringens mit Tod und Wiedergeburt

Viele Aspekte dieses Musters lassen sich verstehen, wenn wir es zu der zweiten klinischen Phase der Geburt in Beziehung setzen. In dieser Phase gehen die Kontraktionen des Uterus weiter, aber der Gebärmuttermund ist weit offen; dies ist die Zeit des ruckweisen Vorangetriebenwerdens durch den Geburtskanal, überwältigenden mechanischen Drucks, des Kampfes ums Überleben und oft auch hochgradiger Atemnot. In den Endphasen der Geburt kann der Fötus unmittelbaren Kontakt mit vielerlei biologischem Material haben, wie Blut, Schleim, Fruchtwasser, Urin und sogar Fäzes. Erfahrungsmäßig ist dieses Muster recht komplex und hat mehrere wichtige Aspekte; dazu gehören die Atmosphäre eines titanischen Kampfes, sadomasochistische Szenen, hochgradige sexuelle Erregung, skatologische Verwicklung und das Element des Feuers.

LSD-Patienten in diesem Zustand erleben mächtige Energieströme, die ihren Körper durchfließen, und die Ansammlung enormer Spannungen im Wechsel mit explosiven Entladungen. Typischerweise ist diese Erfahrung von Bildern rasender Naturgewalten begleitet, von apokalyptischen Kriegsszenen und von Bildern furchterregender technischer Apparaturen. Eine ungeheure Menge aggressiver Energie wird in intensiven Erlebnissen der Zerstörung und Selbstzerstörung entladen und verbraucht. Diese Erlebnisse schließen bestialische Morde, Folterungen aller Art, Verstümmelungen, Hinrichtungen, Vergewaltigungen und Blutopfer ein.

Die sexuelle Erregung kann eine außergewöhnliche Intensität erreichen und sich in orgiastischen Szenen, sexuellen Perversionen oder rhythmischen sinnlichen Tänzen äußern. Viele der Probanden bzw. Patienten entdeckten in diesem Stadium eine psychophysiologische Verknüpfung zwischen Aggression und Pein auf der einen Seite und sexueller Ekstase auf der anderen Seite. Sie erkannten, daß intensive, orgiastische Erregung an Leiden grenzen und daß gemilderte Qual als sexuelle Lust erlebt werden kann.

Der skatologische Aspekt des Ringens mit Tod und Wiedergeburt schließt die nahe Begegnung mit abstoßenden Stoffen ein. So kann es sein, daß Patienten sich selbst erleben, wie sie sich in Exkrementen wälzen, in Abwassergruben ertrinken, in Abfall herumkriechen, Kot essen, Schleim hinunterwürgen und Blut oder Urin trinken. Darauf folgt oft das Erlebnis, durch ein reinigendes Feuer zu gehen; seine Flammen vernichten alles, was schlecht ist am Menschen, und bereiten ihn für die Erfahrung der geistigen Wiedergeburt vor.

Mehrere wichtige Merkmale dieses Erfahrungsmusters unterscheiden es von der vorher beschriebenen Konstellation des Eingeschlossenseins. Die Situation erscheint hier nicht hoffnungslos, und der Erfahrende ist nicht hilflos. Der einzelne ist aktiv beteiligt und hat das Gefühl, daß sein Leiden eine bestimmte Richtung und ein festes Ziel habe. In religiösen Begriffen käme diese Situation der Idee des Fegefeuers näher als der der Hölle. Außerdem spielen die Patienten nicht ausschließlich die Rolle hilfloser Opfer. Sie sind Beobachter und können sich mit beiden Seiten gleichzeitig so weit identifizieren, daß sie kaum noch unterscheiden können, ob sie die Angreifer oder die Opfer sind. Während für die Situation der Ausweglosigkeit ungemildertes Leiden charakteristisch ist, stellt die Erfahrung des Ringens mit Tod und Wiedergeburt die Grenzlinie dar zwischen Qual und Ekstase bzw. die Vermischung von beidem.

Die Erfahrung von Tod und Wiedergeburt

Dieses Erfahrungsmuster steht in Beziehung zur dritten klinischen Phase der Geburt. Der qualvolle Prozeß der Geburt erreicht seinen Höhepunkt, die Vorwärtsbewegung durch den Geburtskanal kommt zum Abschluß, und ihr folgt explosive Erleichterung und Entspannung. Nach der Durchtrennung der Nabelschur ist die physische Loslösung von der Mutter vollendet, und das Kind beginnt seine neue Existenz als anatomisch unabhängiges Individuum.

Die Erfahrung von Tod und Wiedergeburt stellt die Beendigung und Lösung des Ringens mit Tod und Wiedergeburt dar. Leiden und Qual kulminieren in einer Erfahrung der ·totalen Vernichtung auf allen Ebenen — der physischen, der emotionellen, der intellektuellen, der moralischen und der transzendentalen. Dies wird gewöhnlich als »Ichtod« bezeichnet; er scheint die augenblickliche Auslöschung aller bisherigen Bezugspunkte des Individuums einzuschließen. Der Erfahrung der totalen Vernichtung folgen oft Visionen eines blendenden, weißen oder goldenen Lichtes und das Gefühl einer Befreiung von äußerem Druck, Ausweitung und Ausdehnung. Das All wird als unbeschreiblich schön und strahlend wahrgenommen; die Menschen fühlen sich gereinigt und geläutert und sprechen von Erlösung, Errettung oder der Vereinigung mit Gott.

Perinatale Erfahrungen spielen eine sehr wichtige Rolle in der psychedelischen Therapie todkranker Menschen. In der Regel treten Szenen des Themas Tod-Wiedergeburt während der Stunden auf, in denen die Sitzungen mit hoher Dosierung ihren Höhepunkt erreichen. Unter diesen Bedingungen kommen nur ausnahmsweise Sitzungen ganz ohne perinatale Elemente vor, in denen die gesamte LSD-Erfahrung sich im psychodynamischen Bereich entfaltet oder ausschließlich aus transpersonalen Erscheinungen besteht.

Die Konfrontation mit der Erfahrung von Tod und Wiedergeburt in einer psychedelischen Sitzung hat einen sehr tiefen Einfluß auf die Vorstellung des einzelnen vom Tod und Sterben. Diese Erfahrung wird gewöhnlich so realistisch erlebt, daß sie im subjektiven Erleben als identisch mit dem tatsächlichen biologischen Ende wahrgenommen wird. Die Patienten gehen aus perinatalen Sitzungen mit der festen Gewißheit hervor, daß sie der letzten, äußersten Krise gegenüberstanden und einen tiefen Einblick in das Wesen von Sterben und Tod gewonnen haben. Diese Erfahrung dient dann als neues Modell für ihre spätere tatsächliche Begegnung mit dem Tod. Sie haben in ihren psychedelischen Erfahrungen entdeckt, wie wichtig es ist, zu akzeptieren, zu verzichten und sich zu ergeben. Da die Erfahrung des Ichtods stets von Gefühlen der Wiedergeburt gefolgt ist, bedeutet jeder Widerstand gegen die natürliche Entfaltung dieser Erfahrung notwendigerweise eine Verlängerung des Leidens. Zugleich werden Personen, die das Phänomen Tod-Wiedergeburt durchlitten haben, gewöhnlich aufgeschlossen gegenüber der Möglichkeit, daß das Bewußtsein vom physischen Leib unabhängig sein und über den Augenblick des klinischen Todes hinaus weiterdauern könnte. Diese Einsicht kann von den bisherigen religiösen und weltanschaulichen Überzeugungen der Betroffenen stark abweichen, ja ihnen direkt zuwiderlaufen. Menschen, die bis dahin überzeugt waren, daß der Tod die äußerste Niederlage ist und das Ende jeglicher Form der Existenz bedeutet, entdeckten verschiedene Alternativen zu dieser materialistischen und pragmatischen Anschauung. Sie erkannten, wie wenig schlüssige Beweise es in dieser Sache gibt, gleich welche Meinung man nun vertritt, und begannen oft, Tod und Sterben als eine kosmische Reise in das Unbekannte zu betrachten.

Die charakteristische Wandlung in der Hierarchie der Werte und in der Zeitorientierung als Folge der Erfahrungsabläufe von Tod und Wiedergeburt und des Erlebens der kosmischen Einheit kann zu einem wichtigen Faktor im Hinblick auf eine Veränderung des Lebens der Betroffenen werden. Es ist nicht schwer zu verstehen, daß die Geringschätzung weltlicher Errungenschaften und Besitztümer einem Menschen, dessen Pläne und Ambitionen von einer tödlichen Krankheit abrupt unterbrochen wurden, von Nutzen sein kann. Und die verstärkte Aufmerksamkeit für das Hier und Jetzt, verbunden mit dem Zurücktreten von Vergangenheit und Zukunft, machen es dem Sterbenden möglich, in relativer Freiheit von Sorgen um nicht zu Ende geführte Aufgaben und von angstvoller Erwartung des Kommenden jeden der ihm noch verbleibenden Tage so intensiv wie möglich zu leben.

Auszüge aus einer LSD-Sitzung von Gabrielle, einer 42jährigen Sozialarbeiterin, die ein großes, inoperables Unterleibskarzinom hatte, können als Beispiel für eine psychedelische Erfahrung mit überwiegend perinatalen Phänomenen dienen. Gabrielle litt seit vielen Jahren an schweren neurotischen und borderline-psychotischen Symptomen und war mehrere Jahre lang bei einem psychoanalytisch ausgebildeten Hypnotherapeuten in intensiver psychotherapeutischer Behandlung gewesen. Ihr Analytiker brachte Gabrielle in erster Linie wegen ihrer Reaktion auf die Krebserkrankung, die sich während ihrer psychotherapeutischen Behandlung entwickelt hatte, in das Maryland Psychiatric Research Center. Es gab jedoch noch ein zusätzliches Problem: mangelnder Fortschritt in der Behandlung selbst und Schwierigkeiten in der Übertragungsbeziehung.

Am Morgen vor ihrer Sitzung fühlte Gabrielle große Angst und Besorgnis. Ungefähr 30 Minuten nach der Verabreichung von 300 Mikrogramm LSD stellten sich bei ihr starke, über den ganzen Körper verteilte sexuelle Empfindungen ein, und sie begann, sich sanft im Rhythmus der orientalischen Musik, die gerade gespielt wurde, zu wiegen. Sie hatte das starke Verlangen, sich auszuruhen, und fing an, verschiedene Stellen ihres Körpers zu streicheln. Mit fortschreitender Intensivierung ihrer sinnlichen Gefühle wurden ihre Bewegungen immer schlangenähnlicher, bis sie sich selbst schließlich mit einer großen Pythonschlange identifizierte, die sich langsam nach der Musik hin und her wiegte. Als die Musik nach und nach weniger sinnlich wurde, trat das Todesmotiv in ihre Erfahrung ein und beherrschte sie allmählich ganz. Gabrielle sah zahlreiche Bilder von Kranken und Sterbenden, Begräbnisfeierlichkeiten, Trauerzügen und

Friedhöfen. Die Gegenwart des Todes im Menschenleben wurde ihr schmerzhaft bewußt, und sie brach in stoßartiges Weinen aus. Dann erschien das Gesicht ihres Analytikers vor ihren Augen; verzerrt und grotesk, verwandelte sich dieses Bild langsam in das Gesicht von Gabrielles Mutter.

Als dies geschah, begann Gabrielle heftige Geburtswehen zu spüren; sie zog die Knie an und begann zu drücken wie beim Gebären. Gefühle von Qual und Tod verknüpften sich aufs engste mit dem Kampf, geboren zu werden und zu gebären. An einem bestimmten Punkt schien es eine Verbindung zwischen dieser Anstrengung, zu gebären und geboren zu werden, und ihrer Krankheit zu geben; Gabrielle hatte das Gefühl, den Tumor aus ihrem Leib auszustoßen. Es schien ihr, die Vollendung des Geburtsprozesses werde tatsächlich einen heilenden Einfluß auf ihre Krankheit haben.

Dann erkannte Gabrielle, daß sie geboren worden war; aber die Situation war alles andere als befriedigend. Sie befand sich zwischen zwei großen weiblichen Schenkeln, bedeckt von übelriechendem Schleim. Lange Zeit hindurch erlebte sie sich, wie sie sich im Kot wälzte und wiederholte Versuche machte, ihren Mund zu säubern, der ihr voller Exkremente zu sein schien. Sie empfand eine überwältigende Übelkeit und versuchte verzweifelt zu erbrechen. Der Kampf, nachzugeben und loszulassen, ging weiter; er drückte sich in einem verzweifelten Bedürfnis, zu urinieren und zu defäkieren, und dem gleichzeitigen Widerstand dagegen aus. Dann erlebte Gabrielle gewalttätige Kriegsszenen, vermischt mit Geburtsszenen. Sie spürte mächtige Aggressionsströme durch sich hindurchjagen; einmal klammerte sie sich an Stan fest, der ihr beizustehen suchte, und riß ihm das Hemd von den Schultern.

Am folgenden Tag fühlte sie sich ermattet und körperlich unwohl. Erst am dritten Tag nach der Sitzung erreichte sie einen Zustand des Friedens und der Ruhe und hatte jetzt ein positives Gefühl in bezug auf das Erlebnis. »Manchmal war es schwierig und schrecklich, aber es hat sich gelohnt; ich habe eine Menge über mich selbst gelernt. Ich fühle mich nicht gerade sehr übermütig oder voller Freude, aber ich scheine ein neues Gefühl des Friedens zu haben. Was in der Sitzung auch geschah, ich empfinde es durchaus als einen Teil von mir.«

Wegen der schweren seelischen Probleme, die dem Beginn der Krebserkrankung vorangegangen waren, war Gabrielles Fortschritt nicht so dramatisch wie bei einigen anderen Patienten. Sie hatte insgesamt sechs LSD-Sitzungen innerhalb von einigen Monaten. Die Schwierigkeiten in ihrer Beziehung zu ihrem Analytiker wurden erfolgreich überwunden und viele ihrer neurotischen Symptome erheblich gemildert. Ganz allgemein jedoch waren ihr klinischer Zustand und ihre Einstellung zum Tod keineswegs ideal. Eine Zeitlang schien ihr riesiger Tumor zwar zu schrumpfen, aber einige Monate später starb Gabrielle, nachdem ein Darmverschluß durch Kotimpaktion eingetreten war.

Transpersonale Erfahrungen in LSD-Sitzungen

Der gemeinsame Nenner dieser im übrigen inhaltsreichen und verzweigten Gruppe ist das Gefühl des Individuums, daß sein Bewußtsein sich über die gewöhnlichen Ichgrenzen hinaus ausgedehnt und die Grenzen von Zeit und Raum überschritten hat. In»normalen« oder gewöhnlichen Bewußtseinszuständen erfahren die Menschen sich als innerhalb der Grenzen ihres physischen Leibes (des Körperbilds) existierend, und ihre Wahrnehmung der Umwelt ist durch die physisch bestimmte Reichweite der Exterozeptoren begrenzt. Sowohl die innere Wahrnehmung (Propriozeption) als auch die Wahrnehmung der Außenwelt (Exterozeption) ist durch die Raum-Zeit-Grenzen beschränkt. Unter gewöhnlichen Umständen nimmt der Mensch seine gegenwärtige Situation und seine unmittelbare Umgebung deutlich wahr; er erinnert sich an vergangene Ereignisse und antizipiert die Zukunft oder phantasiert über sie. In transpersonalen Erfahrungen, wie sie in psychedelischen Sitzungen auftreten, wird eine oder werden mehrere der oben genannten Grenzen transzendiert. In manchen Fällen erleben die Patienten eine Lockerung ihrer gewöhnlichen Ichgrenzen; ihr Bewußtsein und ihr Selbstgewahrsein scheinen sich auszudehnen, so daß auch andere Menschen und Elemente der äußeren Welt einbezogen und mit umfaßt werden. In wenigen Fällen erleben sie zwar weiterhin ihre eigene Identität, aber in einer anderen Zeit, an einem anderen Ort oder in einem anderen Kontext. In anderen Fällen wiederum erfahren die Patienten den totalen Verlust der eigenen Identität und erleben eine völlige Identifikation mit dem

Bewußtsein eines anderen Menschen, eines Tieres oder sogar eines unbelebten Gegenstandes. Schließlich gibt es eine ziemlich große Gruppe transpersonaler Erfahrungen, bei denen das Bewußtsein Elemente zu umfassen scheint, die keinerlei Kontinuität mit ihrer gewöhnlichen Ichidentität haben und nicht als einfache Abkömmlinge von Erfahrungen in der dreidimensionalen Welt angesehen werden können.

Viele der zu dieser Kategorie gehörenden Erfahrungen lassen sich als Regressionen in der historischen Zeit und Erkundungen der eigenen biologischen oder geistigen Vergangenheit deuten. Nicht selten werden in psychedelischen Sitzungen ganz konkrete, realistische Episoden erlebt, die als fötale und embryonale Erinnerungen identifiziert werden können. Viele Patienten teilten lebendige Szenenfolgen mit, die auf der Ebene des Zellenbewußtseins erfahren wurden und die ihre Existenz in der Gestalt des Spermas oder des Eis im Augenblick der Empfängnis widerzuspiegeln schienen. Manchmal scheint die Regression sogar noch weiter zurückzugehen, und der Patient hat das überzeugende Gefühl, daß er Erinnerungen aus dem Leben seiner Ahnen wiedererlebt oder sogar aus dem rassischen und kollektiven Unbewußten schöpft. Gelegentlich berichteten LSD-Patienten von Erfahrungen, in denen sie sich mit Tieren verschiedener Art in der stammesgeschichtlichen Entwicklung identifizierten oder das deutliche Gefühl hatten, Erinnerungen an ihre Existenz in einer früheren Inkarnation wiederzuerleben.

Bei einigen anderen transpersonalen Phänomenen werden nicht die Zeitgrenzen, sondern die Raumgrenzen überschritten. Die Erfahrung des Bewußtseins einer anderen Person (duale Einheit), einer Gruppe von Personen oder der gesamten Menschheit gehört hierher. Ähnlich können auch die Grenzen der spezifisch menschlichen Erfahrung transzendiert werden, und Probanden bzw. Patienten entwickeln das Bewußtsein von Tieren, Pflanzen und sogar von unbelebten Dingen. Im Extremfällen wird auch das Bewußtsein der gesamten Schöpfung, des ganzen Erdballs oder des gesamten materiellen Universums erfahren.

Ein anderes, mit der Transzendenz der gewöhnlichen Raumgrenzen verknüpftes Phänomen ist das Bewußtsein bestimmter Teile des Körpers, wie zum Beispiel verschiedener Organe und Gewebe oder sogar einzelner Zellen. Eine wichtige Kategorie transpersonaler Erfahrungen, bei denen die Zeit und/oder der Raum transzendiert werden, sind verschiedene Phänomene der außersinnlichen Wahrnehmung, wie Out-of-Body-Erfahrungen, Telepathie, Präkognition, Hellsehen und Hellhören sowie Zeit- oder Raumreisen.

Bei einer großen Gruppe transpersonaler Erfahrungen geht die Ausweitung des Bewußtseins über die Erscheinungswelt und das Zeit-Raum-Kontinuum, wie wir es normalerweise wahrnehmen, hinaus. Recht häufig sind zum Beispiel Erfahrungen der Begegnung mit den Geistern Verstorbener oder übermenschlichen spirituellen Wesenheiten. LSD-Patienten berichten von zahlreichen Visionen archetypischer Gestalten, individueller Gottheiten und Dämonen oder sogar von komplexen mythologischen Szenenfolgen. Das intuitive Verstehen universaler Symbole oder die Erweckung der Schlangenmacht (Kundalini) und die Aktivierung verschiedener *Chakras* sind weitere Beispiele für Erfahrungen aus dieser Kategorie. Im Extremfall scheint das individuelle Bewußtsein die Totalität des Seins zu umfassen und sich mit dem Bewußtsein des universalen Geistes zu identifizieren. Die äußerste aller Erfahrungen scheint das große »Vakuum« zu sein, die geheimnisvolle Ur-Leere, das Ur-Nichts, das alles Sein in Keimgestalt enthält.

Die Aktivierung und Erschließung des transpersonalen Bereichs im Unbewußten todkranker Menschen kann einen weitreichenden Einfluß auf ihre Vorstellung vom Tod haben, auf ihre Einstellung zu der Situation, in der sie sich befinden, und auf ihre Fähigkeit, ihre physische Sterblichkeit zu akzeptieren. Verschiedene Arten transpersonaler Erfahrungen sind von besonderer Bedeutung für den einzelnen, der sich dem Tod gegenübersieht. Wenn transpersonale Erfahrungen die Ebene des bewußten Gewahrseins erreichen und in die Psyche des Individuums integriert werden, kommt es in der Regel zu einer dramatischen Neudefinition seiner Vorstellungen über die Dimensionen des menschlichen Geistes, die grundlegenden Charakteristika des Bewußtseins und die Natur des Menschen. Menschen, die sich als ein unbedeutendes und vergängliches Staubflöckchen in einem unermeßlichen All sehen, werden dem Gedanken zugänglich, daß die Dimensionen ihres eigenen Seins möglicherweise im Einklang mit dem Makrokosmos und dem Mikrokosmos stehen. Das Bewußtsein erscheint hier als ein primäres Charakteristikum der Existenz, der Materie vorangehend und ihr übergeordnet, nicht als ein Produkt physiologischer Prozesse im Gehirn. Es erscheint dann durchaus einleuchtend, daß Bewußtsein und Bewußtheit letztlich unabhängig sind von der groben Materie des Körpers und des Gehirns und über die Grenze des physischen Endes hinaus weiterdauern. Diese neue, andersartige Erfahrung wird auf eine Art und Weise erlebt, die zumindest ebenso komplex, lebendig und selbstverständlich ist wie die Wahrnehmung der Wirklichkeit in gewöhnlichen Bewußtseinszuständen. Die Einwirkung dieser transzendentalen Erfahrungen ist gewöhnlich bei jenen Personen stärker, die vor dem Eintritt in die transpersonalen Bereiche die Erfahrung des Ichtodes und der Wiedergeburt durchlaufen haben. Die Erinnerung daran, daß das Bewußtsein aus dieser scheinbar endgültigen Vernichtung unversehrt hervorging, stellt ein wirkungsmächtiges emotionelles und kognitives Modell für das Verständnis des realen Sterbens dar.

Die Möglichkeit des vollen, bewußten Nachvollzugs von Episoden aus dem Leben ferner menschlicher und sogar tierischer Vorfahren und das plastische Wiederaufleben komplexer rassischer und kollektiver Erinnerungen können die starke Überzeugung vermitteln, daß die Zeit eine relative und willkürliche Vorstellung ist, die transzendiert werden kann. Die Existenz der Erfahrungen von dualer Einheit und Gruppenbewußtsein sowie der Identifikation mit Pflanzen und Tieren oder das Bewußtsein anorganischer Materie läßt vermuten, daß die räumlichen Begrenzungen, die das Individuum auf den Bereich seines physischen Körpers beschränken, im Bereich des Geistes nicht wirksam sind. In psychedelischen Sitzungen können sämtliche Elemente des Universums in seiner gegenwärtigen Gestalt und in seiner gesamten geschichtlichen Entwicklung vom einzelnen bewußt erfahren werden.

Es ist nicht überraschend, daß LSD-Patienten auf Grund solcher Beobachtungen oft zu dem Schluß kommen, daß es keine wirklichen Grenzen zwischen ihnen und dem übrigen Universum gibt. Alles scheint Teil eines einheitlichen Feldes kosmischer Energie zu sein, und die Grenzen des Individuums sind identisch mit den Grenzen des Seins selbst. In dieser Perspektive verschwindet die Unterscheidung zwischen dem Gewöhnlichen und dem Heiligen, und das Individuum

— das essentiell das Universum *ist* — wird sakralisiert. Das Universum wird als ein unaufhörlich sich entfaltendes Drama endloser Bewußtseinsabenteuer gesehen, ganz im Sinne des göttlichen Spieles *Lila* im Hinduismus. Vor dem Hintergrund dieses unendlich komplexen und ewigen kosmischen Dramas verliert die Tatsache der bevorstehenden individuellen Auslöschung ihre tragische Bedeutung.

In dieser Situation hört der Tod, so wie wir ihn häufig sehen — als Ende und äußerste Katastrophe —, auf zu existieren. Er wird jetzt als ein Übergang des Bewußtseins verstanden, ein Hinüberwechseln zu einer anderen Ebene oder Seinsform. Für Menschen, die die »suprakosmische und metakosmische Leere« erlebt haben, kann die Existenz selbst relativ werden. Wie es im Buddhismus geschieht, können sie die Form als leer und die Leere als Form betrachten. Sie können die Entfaltung ihres persönlichen Dramas zugleich zutiefst beteiligt und mit philosophischer und spiritueller Distanziertheit beobachten. LSD-Patienten, die diese Einstellung zu den Ereignissen in der Erscheinungswelt gewonnen hatten, sagten, es sei, wie wenn man an einem ungewöhnlichen Schauspiel teilnehme oder einen Film anschaue. Eine solche Haltung macht es dem einzelnen möglich, all die Erfahrungsqualitäten des Lebensdramas mit seinen unendlich vielen Nuancen voll zu erleben. Wird jedoch der emotionelle Ansturm der Situation zu überwältigend, so hat man die Möglichkeit, sich auf ein Bezugssystem des »als ob« zurückzuziehen, auf eine höhere Abstraktionsebene, auf der die Abfolge und die Elemente der Ereignisse letztlich nicht mehr real sind. Es bestehen auffallende Übereinstimmungen zwischen dieser Betrachtungsweise der Erscheinungswelt und der hinduistischen *Maya*-Idee, wonach die objektive Wirklichkeit eine spezielle Form metaphysischer Illusion oder sogar Wahnvorstellung ist.

Eine andere Kategorie transpersonaler Einsicht von äußerster Bedeutsamkeit für Menschen, die den Tod vor Augen haben, ist die Aufschließung des karmischen Bereichs und der Erfahrungen einer früheren Inkarnation. Dies kann manchmal in der sehr allgemeinen Form geschehen, daß der Patient die Evolution des Lebens als eine endlose Folge von Todes- und Wiedergeburtszyklen sieht, die vom Gesetz des Karma beherrscht werden. In anderen Fällen sind die Erfahrungen spezifischer und schildern die Kontinuität aufeinanderfolgender Inkarnationen. Die Patienten erkennen die Möglichkeit, daß sie vor ihrer gegenwärtigen Lebenszeit vielleicht schon viele Male existiert haben und daß ihr Karma weitere Inkarnationen in der Zukunft verlangen wird. Manchmal sind diese beiden Möglichkeiten in einer einzigen komplexen, vieldimensionalen Erfahrung kombiniert, und die Patienten können die Entfaltung der eigenen karmischen Monade innerhalb des viel weiteren Rahmens der Zyklen von Tod und Wiedergeburt sehen.

Gleich welche konkrete Gestalt die Einblicke in Inkarnation und Karma auch annehmen, sie haben offenbar eine tiefgehende Wirkung auf den Schwerkranken. Sie führen in der Regel nicht zu der unerschütterlichen Überzeugung von der Existenz des karmischen Gesetzes und der Tatsache der Reinkarnation, sondern vielmehr dazu, daß diese Möglichkeit als eine sehr einleuchtende Alternative zu den nihilistischen und pessimistischen westlichen Ideen akzeptiert wird. Selbst diese Perspektive hat eine sehr befreiende Wirkung auf den einzelnen und kann zu einer beträchtlichen Reduzierung von Verzweiflung und Todesangst führen.

Ein weiteres der im Bereich der transpersonalen Erfahrungen geschilderten Phänomene verdient in diesem Zusammenhang Beachtung. Das Phänomen des Verlassens des eigenen Körpers und die Erfahrung des Reisens außerhalb des Körpers kann erheblich zu der Überzeugung des Patienten beitragen, daß das Bewußtsein unabhängig vom physischen Leib existieren und über den Zeitpunkt des physischen Todes hinaus fortdauern kann. Solche Erfahrungen können von großer Bedeutung für Sterbende sein. In mehreren Fällen erlebten Patienten, die psychedelische Sitzungen gehabt hatten, später Situationen schwerer realer Todesqual, des Komas oder selbst des klinischen Todes und kehrten dann wieder ins Leben zurück. Sie schilderten nicht nur deutliche Parallelen zwischen den realen Sterbeerfahrungen und den LSD-Sitzungen, sondern berichteten auch, daß die Lektion, die sie unter der Wirkung von LSD gelernt hatten — das Sichaufgeben und das Verlassen des eigenen Köpers —, sich in dieser Situation als äußerst wertvoll erwiesen und ihnen das Erleben sehr viel erträglicher gemacht habe.

Die Häufigkeit transpersonaler Phänomene in den LSD-Sitzungen nahm mit der Zahl der Drogensitzungen zu. Bei den Experimenten mit psycholytischer Therapie in Prag, wo wir die Droge immer mehrfach, in einer Reihe von Sitzungen, verabreichten, beobachteten wir ziemlich häufig Sitzungen, die ausschließlich transpersonaler Natur waren. Im Spring-Grove-Programm war die Anzahl der Sitzungen klein; transpersonale Sequenzen traten zwar regelmäßig auf, aber sie waren gewöhnlich mit psychodynamischen und perinatalen Elementen kombiniert. Die folgenden Protokollauszüge stammen aus einer LSD-Sitzung von Catherine, einer 60jährigen Geschäftsfrau, die an Brustkrebs und Darmkarzinomen mit Metastasen in der Leber litt. Die angewandte Dosis betrug 400 Mikrogramm.

Catherine verspürte zunächst ein heftiges Ekelgefühl, aber die Empfindung schien keine physische Qualität zu haben; sie hatte einen deutlich spirituellen Unterton. Dann flaute das ab, und nach einer kurzen Periode der Ruhe begann Catherine, prächtige Smaragde und Opale in sanften Grün- und Blautönen zu sehen, die wie ein Wasserfall aus der Höhe herabwirbelten und -plätscherten. Sie wurden von einem gleißend hellen Lichtstrahl beschienen, der aus ihrem eigenen Innern zu kommen schien. Die Edelsteine und Juwelen waren offensichtlich nicht einfach schöne Dinge, sondern sie schienen eine viel tiefere Bedeutung zu haben. Das von ihnen ausstrahlende grüne Licht war spiritueller Natur und befreite Catherine von ihrem physischen Elend und ihren physischen Schmerzen.

Dann verschwand all diese Schönheit, und Catherine begann verschiedene Aspekte ihres Lebens rückblickend noch einmal zu erleben. Tränen liefen ihr übers Gesicht, als sie die Enttäuschungen ihrer Kindheit wiedererlebte, die Verwirrungen ihrer sexuellen Vergangenheit, die Schiffbrüche ihrer Ehe und die Demütigungen, die sie als Jüdin erlebt hatte. Im Verlauf dieser reinigenden und läuternden Lebensüberschau verwandelte sich ein großer Teil ihres ätzenden Selbsthasses in bissigen Humor. Sie begann sogar zum ersten Mal in ihrem Leben Gefühle zu erfahren, die sie als echte Liebesgefühle empfand.

Später in der Sitzung erschien ihr die Musik lauter und lauter, wie ein Wirbelwind, der sich mit unglaublicher Geschwindigkeit drehte, wie ein Sturm, der ihr die Eingeweide zerriß. Die Musik schwoll immer stärker an und wurde schließlich wild und zornig. Sie riß Catherine hoch und drohte sie in den Weltraum hinauszuschleudern, wobei sie das Gefühl hatte, daß nichts von ihr übrigbleiben würde. Sie kämpfte gegen die saugende Kraft dieses Strudels an; sie wußte, wenn sie sich in die Mitte dieses Wirbels hineinziehen ließ, würden Fleisch, Knochen, alles von ihr abgerissen, so daß nichts von ihr übrigblieb. Dann erlebte sie einen erbitterten Kampf, der mit sehr primitiven Waffen ausgetragen wurde, mit Schwertern, Dolchen, Hellebarden und Armbrüsten. Catherine war zutiefst in diesen primitiven Kampf verwikkelt, sie schlug wütend drauflos, und auch auf sie prasselten die Hiebe ein. Währenddessen fühlte sie, daß sie von der Musik emporgetragen und gehalten wurde. Zwei Räder aus Musik hoben sie hoch und stießen sie vorwärts; der Druck war unerträglich, und sie hatte Angst, daß sie jeden Augenblick zerbersten und explodieren könnte. Es schien, als ob jede Sekunde eine riesige Atombombe losgehen könnte, viel größer als alles, was man sich auf Erden vorstellen konnte, eine Bombe, die das ganze Weltall zerstören würde, nicht nur ein begrenztes Gebiet. Sie fühlte, daß ihr Gesicht sehr zerbrechlich war, wie das dünnste Porzellan, und konnte hören, wie winzige Knochen in ihren Backen und in ihrem Kopf zerbrachen. Es schien ihr, als ob ihr Schädel zerbarst, und Blut strömte von der Stelle aus, wo er in tausend Stücke zersprungen war, und überflutete ihr Gesicht. Sie fühlte sich wie ein kleines, hilfloses Baby, das ums Geborenwerden ringt und im Prozeß der Geburt an etwas würgt. Die Erfahrung schien etwas zu besitzen, das Catherine »schimmerndes, zukünftiges Zusammengehören« nannte. Das Erlebnis gipfelte in der Vision eines gigantischen Rades, das in die Unendlichkeit hinausragte. An der Kante des Rades, auf seinem endlosen Rand, waren alle Religionen der Welt aufgereiht und warfen ihre Strahlen zum Mittelpunkt hin und nach draußen ins Weltall. Sie waren durch vielerlei Symbole und rätselhafte Inschriften repräsentiert. Catherine stand in der Mitte dieses Rades, genau im Zentrum, angezogen, verlockt und hin- und hergezogen von all diesen Religionen. Alle Religionen wollten Catherine haben, konkurrierten um sie und zeigten das Beste vor, was sie zu bieten hatten. Jedesmal, wenn Catherine drauf und dran war, der einen oder anderen Religion zu erliegen, entdeckte sie ihre Mängel und Schwächen und besann sich eines anderen. Dann drehte sich das Rad immer schneller, bis Catherine nichts mehr unterscheiden konnte. Sie war keiner Bewegung mehr fähig, stand völlig still im

Mittelpunkt von Zeit und Raum, und das Rad, das viele Religionen enthielt, verschmolz schließlich zu einer einzigen Religion. Alles war von einem warmen und sanften, goldenen Licht überflutet; sie schwebte und badete in ihm und fühlte sich gewiegt und getröstet. Diese einheitliche göttliche Vision schien das zu sein, wonach sie sich ihr Leben lang gesehnt und worauf sie gewartet hatte. Sie war nur noch einen einzigen kleinen Schritt von der völligen Verschmelzung und dem gänzlichen Einssein entfernt; im letzten Augenblick jedoch, bevor sie imstande war, mit dem göttlichen Licht zu verschmelzen, wurde ihr klar, daß die Gottheit immer männlich ist, und sie konnte sich nicht völlig aufgeben und hingeben.

Nach diesem Höhepunkt geschah nichts Dramatisches mehr in der Sitzung. Catherine fühlte sich eingetaucht in ein warmes, goldenes Glühen und erlebte sich als Liebende und Geliebte. Als wir ihr dann Erdbeeren mit frisch geschlagener Sahne zu essen gaben, war dies ein ausgesprochen ekstatisches Erleben für sie: »Das war die phantastischste Mahlzeit, die ich je in meinem ganzen Leben gegessen habe. Es war einfach eine Wollust, der Geschmack war unglaublich intensiv. Joan, manchmal weiß ich nicht, ob du meine Mutter, meine Schwester oder meine Tochter bist. Du bist so vieles für mich!«

Später am Abend fühlte Catherine eine ungeheure Dankbarkeit für diese Erfahrung und die kosmischen Einsichten, die sie gewonnen hatte; sie betrachtete sie als eine besondere Gnade und als Privileg. Dies schien mit zwei Erfahrungen zusammenzuhängen, die die Qualität von Erinnerungen an eine frühere Inkarnation hatten. In einer von ihnen identifizierte sie sich mit einem griechischen Gelehrten, der Leibeigener eines wohlhabenden Römers und Erzieher von dessen Kindern war. Obwohl er wußte, daß er in Knechtschaft lebte, empfand er sich als über der Situation stehend und fühlte sich geistig frei. In der zweiten Erfahrung war Catherine sie selbst, sie hatte einen geschorenen Kopf und war in safrangelbe Gewänder gekleidet wie ein orientalischer Mönch.

Catherine betrachtete die Sitzung als ein sehr wichtiges Ereignis in ihrem Leben. Vor dieser Erfahrung war sie schwer depressiv gewesen und hatte ernsthaft versucht, sich ein wirksames Gift zu beschaffen. Ihre Selbstmordgedanken verschwanden jetzt vollständig. Sie fühlte sich, als habe sie ein völlig neues Kapitel begonnen. »All diese Jahre habe ich nur *existiert;* letzten Freitag habe ich zu *leben* begonnen. Ich bin aufrichtig überzeugt, daß ich ein neuer Mensch bin, mit einem völlig neuen Geist. Selbst mein Körper fühlt sich anders; ich bin schmerzfrei.«

In den vorangehenden Kapiteln haben wir die Prinzipien der psychedelischen Therapie beschrieben und eine Zusammenfassung unserer Beobachtungen auf diesem Gebiet gegeben. Es erscheint uns wichtig, diese allgemeinen Informationen durch individuelle Falldarstellungen zu ergänzen, die konkretere und genauere Einblicke in das Wesen der psychedelischen Methode liefern.

5
Die Begegnung des Menschen mit dem Tod: Psychedelische Biographien

Wir haben Patienten ausgewählt, bei denen die Behandlung entweder zu einem vollen Erfolg führte oder wenigstens teilweise erfolgreich war; jede dieser Fallgeschichten illustriert bestimmte wichtige Aspekte der psychedelischen Behandlung von Krebspatienten.

Die Situation von Matthew erforderte nur sehr wenig Arbeit mit der Familie. Da er Arzt war, kannte er die Probleme genau, denen er gegenüberstand, und das gleiche galt für seine nächsten Angehörigen. Die Kommunikation in der Familie war offen und aufrichtig. Matthews Hauptproblem bei der Aufgabe, dem Tod gegenüberzutreten und ihn zu akzeptieren, war seine pragmatische und atheistische Grundeinstellung. Seine Erfahrungen zeigen, daß Elemente eines mystischen Bewußtseins auch in psychedelischen Sitzungen hochgebildeter, skeptischer und naturwissenschaftlich orientierter Personen auftreten können.

Ted stand in vieler Hinsicht am anderen Ende des Spektrums. Seine Vorbildung war sehr begrenzt, und er neigte eher zu einem religiösen Weltbild. Die Kommunikation in seiner Familie war verworren und kompliziert und verlangte viel psychologische Arbeit.

Jesse, nahezu Analphabet, war ein Mann, der in seiner psychedelischen Sitzung ein komplexes metaphysisches System, das den Glauben an Reinkarnation einschloß, entdeckte und annahm. Die psychologische Kraft dieser neuen geistigen Schau war so groß, daß sie ihm half, seine übermäßige Todesangst zu überwinden und sein verzweifeltes Sichfestklammern am Leben aufzugeben.

Für Susanne war die psychedelische Behandlung zwar in mancherlei wichtiger Hinsicht hilfreich, bei ihrem Hauptproblem jedoch — ihren qualvollen Schmerzen — trat keine Besserung ein. Sie war aber in der Lage, ihre Angst vor einem palliativen chirurgischen Eingriff durchzuarbeiten; die Operation verschaffte ihr dann die ersehnte Linderung. Im Gegensatz dazu kann John als Beispiel dafür dienen, wie unberechenbar die psychedelische Behandlung in ihrer Wirkung auf Schmerzen ist. Nach einer Sitzung, die zuerst erfolglos zu verlaufen schien, verschwanden Johns quälende Schmerzen auf mehrere Monate hinaus vollständig.

Der Fall Joans zeigt die Möglichkeiten der psychedelischen Therapie in besonders günstig gelagerten Fällen. Als Folge ihrer drei LSD-Sitzungen erfuhr Joan eine grundlegende spirituelle Wandlung, die die Qualität der ihr verbleibenden Lebenstage völlig veränderte. Die Art und Weise, wie sie sowohl mit Alltagssituationen als auch mit den praktischen Umständen ihres Todes fertigwurde, war für ihre Verwandten und Freunde eine ständige Quelle des Staunens und der Bewunderung. Außerdem hatte ihr Mann, der Pädagoge war, die Möglichkeit, psychedelische Sitzungen im Rahmen unseres LSD-Schulungsprogramms zu haben. Das half ihm, nicht nur den Prozeß des Sterbens von Joan besser zu verstehen, sondern auch einige seiner eigenen Gefühle in bezug auf Krebs und Tod durchzuarbeiten.

Matthew

Matthew war ein zweiundvierzigjähriger Internist, der an inoperablem Krebs der Bauchspeicheldrüse litt. Er kannte unser Programm gut; einige Jahre zuvor hatte er uns einen seiner Krebspatienten zur psychedelischen Behandlung überwiesen, die sich als sehr erfolgreich erwies. Da Matthews Frau seinen Zustand am Telefon als kritisch beschrieb, reagierten wir auf ihre Bitte um eine LSD-Behandlung unverzüglich und suchten sie noch am gleichen Tag zu Hause auf. Wir trafen Matthew äußerst schwach und voll Angst und Verzweiflung an. Er hatte viele unangenehme körperliche Symptome, wie Schmerzen, Übelkeit, Völlegefühl, Aufstoßen, Blähungen und fortschreitenden Appetit- und Gewichtsverlust. Matthew war sich über seine Lage völlig im klaren, nicht nur hinsichtlich der Diagnose und Prognose, sondern auch was das Stadium und das Fortschreiten seiner Krankheit betraf. Er erhielt regelmäßig seine Laboratoriumsbefunde, verfolgte seinen eigenen Fall laufend und registrierte die fortschreitende Verschlechterung seiner physiologischen Funktionen. Er hatte sogar eine kleine Lungenembolie diagnostiziert, die der ihn behandelnde Arzt übersehen hatte.

Matthew war völlig überwältigt von dem, was ihm widerfuhr. Er war immer vollkommen gesund gewesen und hatte ein erfülltes und erfolgreiches Leben geführt. Als die Krankheit ihn traf, hatte er eine schöne Frau, drei Kinder und eine gutgehende Praxis, und seine Ehe war gut. Er war emotionell, weltanschaulich und spirituell unvorbereitet auf diese unerwartete Schicksalswendung. Die Religion hatte ihm nie viel bedeutet, und seine ganze Lebenseinstellung war ausgesprochen rational und pragmatisch gewesen.

Als sein Leiden sich verschlimmerte, machte Matthew sich quälende Gedanken über die Sinnlosigkeit seiner Krankheit und fragte sich, warum und wie ihm so etwas zustoßen konnte. Seine Einstellung zu der Krankheit war zunächst viel besser gewesen, bis er ungefähr zwei Wochen vor unserem ersten Besuch von einer mehrere Tage dauernden Periode sehr starker Schmerzen überrascht wurde. Obwohl die Schmerzen schließlich durch Morphium eingedämmt werden konnten, hielten die schwere Depression und die Angst, die durch die Schmerzen ausgelöst worden waren, weiter an. Ein Versuch, ihn durch Chlorpromazin ruhigzustellen, war völlig erfolglos; die Medikation verstärkte eher noch seine Gefühle der Depression und Verzweiflung. Matthews physisches und seelisches Elend war so groß, daß er jeden Tag als eine unerträgliche Qual empfand. Er bat uns, die Vorbereitung auf das absolute Minimum zu verkürzen und die Sitzung so bald als nur möglich durchzuführen. Wir entschlossen uns, die vorbereitenden Arbeiten auf zwei Tage zusammenzudrängen; an beiden Tagen verbrachten wir viele Stunden in Gesprächen mit Matthew, seiner Frau, seinen Kindern und seinen Eltern. Obwohl diese Zeit relativ kurz war, gelang es uns glücklicherweise, mit allen betroffenen Personen eine enge Beziehung herzustellen, und wir erhielten alle notwendigen Informationen über Matthews frühere und jetzige Situation.

Trotz Matthews ernstem Zustand war die Interaktion zwischen ihm und seiner Frau sehr gut; es war eines der seltenen Beispiele einer aufrichtigen, offenen Kommunikation, denen wir bei unserer Arbeit begegneten. Die einzige Komplikation, die den beiden zu dem Zeitpunkt, als wir sie kennenlernten, zu schaffen machte, hing damit zusammen, daß Matthew Probleme mit der Intimität hatte. Seine Frau Deborah hatte das impulsive Bedürfnis, sich ihm zuzuwenden und ihm körperlich liebevoll nahezusein. Auf Grund mangelnder Kontakte in seiner Kindheit bereitete dies Matthew Unbehagen. Er betrachtete körperliche Nähe immer als Vorspiel zu sexuellem Verkehr. Infolge seines stark geschwächten Zustandes war er zu keinem Geschlechtsverkehr mehr fähig; Deborahs Nähe gemahnte ihn schmerzlich an sein Unvermögen, und er neigte deshalb dazu, sich zurückzuziehen. Außerdem glaubte er, er müsse mit seiner Situation selber fertigwerden, und betrachtete diese Art von Beistand als Infantilisierung, die eines Erwachsenen unwürdig war. Matthews wichtigster Trost war die Musik. Er spielte selbst ein Instrument oder mehrere und hatte früher auch zu komponieren versucht. Wenn er klassische Musik hörte, konnte er manchmal auch jetzt noch so darin aufgehen, daß er seinen ernsten Zustand vergaß.

Trotz unseres relativ kurzen Kontaktes erschienen uns unsere Beziehung zu Matthew und die Situation in der Familie hinreichend geklärt, so daß wir beschlossen, die Sitzung unverzüglich in Angriff zu nehmen. Auf Matthews Verlangen erbaten und erhielten wir die Sondergenehmigung, die Sitzung bei ihm daheim anstatt im Krankenhaus durchzuführen. Als wir über die breite Skala von Erfahrungen sprachen, die in LSD-Sitzungen auftreten können, zeigte Matthew sich sehr neugierig, war jedoch in bezug auf die religiösen Dimensionen des Verfahrens ungläubig und skeptisch. Wir schlugen ihm vor, er solle die psychedelische Erfahrung als ein wissenschaftliches Experiment betrachten, versuchen, so unvoreingenommen wie möglich zu sein, und nach der Sitzung seine eigenen Schlüsse daraus zu ziehen.

Am Tag seiner Sitzung erhielt Matthew 200 Mikrogramm LSD; die Droge wurde intramuskulär verabreicht, weil wir Bedenken in bezug auf das Resorptionsvermögen seines Magen-Darm-Systems hatten. Die Latenzperiode schien länger als üblich zu sein. Über eine Stunde lang zeigte Matthew keinerlei Reaktionen; später wurde sein Verhalten dann ungewöhnlich, aber er bestritt immer noch, daß irgend etwas geschah. Er lag auf der Matratze, hatte Kopfhörer auf und hörte klassische Musik; gelegentlich warf er sich hin und her, und zeitweise atmete er mühsam. Die Tatsache, daß die visuelle Dimension in Matthews Sitzung fast völlig fehlte, machte es für ihn schwieriger, das Einsetzen der LSD-Wirkung klar zu bestimmen. Bald bestand jedoch kein Zweifel mehr, daß er sich in einem veränderten Bewußtseinszustand befand. Er äußerte sich ekstatisch über die Qualität der Musik; immer wieder forderte er uns auf, aufmerksam zuzuhören und ihm zu sagen, ob wir je etwas so Phantastisches gehört hätten. Die Musik klang himmlisch für ihn; er verlor seine Grenzen und verschmolz mit dem Strom der Musik.

Schon ganz früh in der Sitzung fühlte Matthew ein starkes Bedürfnis nach Wärme und streckte die Arme nach Joan aus. Sie reagierte sofort und hielt und wiegte ihn mehr als vier Stunden lang. Er fuhr fort, der Musik mit dem gleichen ekstatischen Gesichtsausdruck zuzuhören; seine Gesichtszüge zeigten eine ungewöhnliche Mischung von kindlicher Seligkeit und mystischer Verzückung. Er äußerte scheinbar unzusammenhängende Sätze, die abwechselnd wie Auszüge aus buddhistischen Texten und aus Berichten jüdischer und christlicher Mystiker klangen: »*Eine* Welt und *ein* Universum . . . alles ist eines . . . nichts und alles . . . alles und nichts . . . nichts ist alles . . . laß es fahren, wenn es Zeit ist . . . es macht keinen Unterschied . . . Krankheit . . . Verletzung . . . es ist entweder das Wirkliche oder es ist nicht . . . niedrigere Formen und höhere Formen . . . die funkelnden Formen von Seiner Majestät Besitz . . . ich bin also unsterblich . . . es ist wahr!«

Deborah, die gelegentlich an die Tür des Wohnzimmers kam, wo die Sitzung stattfand, konnte kaum fassen, daß diese Äußerungen von ihrem nüchternen Mann kamen. In der sechsten Stunde kam sie herein und übernahm Joans Platz; jetzt wiegte sie Matthew hin und her; er hatte noch den Augenschirm und die Kopfhörer auf und bemerkte den Wechsel kaum. Sie verbrachten lange Zeit in stiller Umarmung. Dann nahm Matthew den Augenschirm ab und trank genußvoll ein Glas Orangensaft. Seine Augen ruhten auf Deborah, und er fühlte sich überwältigt von dem Gefühl großer Liebe und Nähe.

Als Matthew aus der Sitzung langsam wieder zurückkam, plagte ihn starkes körperliches Unwohlsein. Er litt an Verstopfung und bemühte

87

sich verzweifelt, seine Darmtätigkeit in Gang zu bringen. Er war der Überzeugung, dies sei das einzige Hindernis, das er überwinden müsse, um zu einem glückseligen Zustand zurückzukehren. Er meinte, wenn er seinen Darm entleeren könne, würde er »die ganze Welt umfangen«. Die Verstopfung war jedoch so schwer, daß er durch ein Klistier erleichtert werden mußte. Später am Tag wollte Matthew baden. Er saß fast eine Stunde lang in der Wanne, hörte Musik und genoß es, gebadet zu werden. Dann verbrachte er den Abend wieder mit Musikhören und entdeckte dabei völlig neue Dimensionen in Stücken, die er gut kannte. Schmerzen im Darmbereich waren das einzig Störende in seinem sonst angenehmen Zustand.

Zu unserer Überraschung war Matthew nicht in der Lage, die Szenenfolgen seiner LSD-Erfahrung zu rekonstruieren, von deren Inhalt ihm nur wenig in Erinnerung geblieben war. Das Ausmaß seines Gedächtnisausfalles war ganz außergewöhnlich; die meisten Menschen erinnern sich ganz deutlich an die Hauptereignisse ihrer Sitzung. Alles, was Matthew mitteilen konnte, war sein Gesamteindruck von diesem Tag. Er wußte, daß die Erfahrung unglaublich schön war; er habe in seinem ganzen Leben nie etwas Ähnliches erlebt, sagte er, und er habe sich »in einem warmen Kokon, umgeben von nicht endender Liebe« befunden; er fühlte sich »hilflos, aber glücklich und sicher«. Das stärkere Erlebnis war, wie er mit Deborah auf der Matratze lag, sie umarmte und fühlte, daß er mit ihr verschmolz, in ihr aufging. Als Matthew das erzählte, waren sie beide sehr bewegt und weinten gemeinsam. Bevor wir an diesem Abend weggingen, faßte Matthew seine Gefühle in bezug auf die Sitzung so zusammen: »Ob dies nun hilft oder nicht, Sie sollen jedenfalls wissen, daß ich für das, was heute geschah, sehr dankbar bin. Es war wahrhaftig der schönste und erfüllteste Tag meines Lebens. Ich kann mir nicht vorstellen, daß das irgendwie schädlich sein könnte . . .«

Zwei Tage nach der Sitzung mußte Matthew wegen einer Darmlähmung wieder ins Krankenhaus. Das war eine bittere Mahnung an das schnelle Fortschreiten seiner Krankheit, und Matthew begann wieder in seine Depression zurückzufallen. Da er in der Klinik ein Privatzimmer hatte, installierten wir einen Plattenspieler, um ihm die wohltuende Wirkung der Musik zu verschaffen. Wir brachten ihm auch die Platten, die während der Sitzung gespielt worden waren. Nach unse-

rer Erfahrung ist Musik, die mit ungewöhnlichen Bewußtseinszuständen assoziiert ist, besonders geeignet, ebendiesen Geisteszustand zu reaktivieren. In einer besonderen Sitzung wandte Joan bei
Matthew eine Entspannungsmethode in Verbindung mit Suggestion
an. Sie erinnerte ihn daran, daß er die Wahl habe, sich auf seine
Krankheit und sein körperliches Leiden zu konzentrieren oder aber
wieder in Verbindung mit der Erfahrung in seiner LSD-Sitzung zu
treten. Nach ungefähr zwanzig Minuten gelangte Matthew wieder in
seinen friedlichen Seelenzustand; mit Hilfe Deborahs und der Musik
vermochte er diesen Zustand während der paar Tage, die ihm noch
verblieben, zu bewahren. Deborah blieb jeden Tag viele Stunden bei
ihm; Matthews Blockierung gegen körperliche Intimität war offenbar
durch seine LSD-Sitzung endgültig behoben worden, und er genoß
körperliche Nähe sehr stark. Matthew und Deborah sagten uns beide,
unabhängig voneinander, dies sei die erfüllteste Zeit in ihrer Ehe.
Wir hatten geplant, für zwei Tage nach Hartford zu gehen, und
besuchten Matthew in der Klinik, bevor wir Baltimore verließen. Sein
physischer Zustand hatte sich rasch verschlechtert, und wir glaubten,
daß wir ihn jetzt vielleicht zum letzten Mal sahen. Er war offensichtlich der gleichen Meinung. Am Ende unseres Besuchs sagte er zu uns:
»Es hat keinen Sinn, länger dagegen anzukämpfen, es ist Zeit zu
gehen . . . Machen Sie sich keine Sorgen, es ist alles in Ordnung . . .«
Während unseres Aufenthalts in einem Hotel in Hartford wachte Joan
um drei Uhr morgens aus einem Traum auf, in dem Matthew ihr
erschienen war und lächelnd seine letzten Worte wiederholt hatte: »Es
ist alles in Ordnung.« Sie hatte das deutliche Gefühl, daß Matthew
eben jetzt gestorben war. Als wir am nächsten Morgen die Klinik
anriefen, sagte uns der behandelnde Arzt, daß Matthew in der Nacht
um drei Uhr gestorben war.
Wir nahmen an Matthews Begräbnis und dem in Anschluß daran
stattfindenden *Minyan*-Gottesdienst für ihn teil; mit der Familie blieben wir während ihrer Trauerzeit in Verbindung. Angesichts der
engen Bindungen in der Familie war es überraschend, wie leicht die
Angehörigen ihr inneres Gleichgewicht wiedergewannen. Wir schlossen daraus, daß die Schwere eines Verlusts nicht unbedingt der
wichtigste bestimmende Faktor für das Wesen der Trauer ist. Die
Vorgänge, deren Zeugen wir gewesen waren, zeigten deutlich, daß

das Gefühl, in echter, bedeutungsvoller Weise am Sterben eines Menschen teilgenommen zu haben, ein gut Teil der Verzweiflung bei den Hinterbliebenen wegnehmen kann.

Ted

Ted, ein 26jähriger Afroamerikaner, litt an einem inoperablen Karzinom des Dickdarms; er war verheiratet und hatte drei Kinder. Unser Forschungsteam nahm gegen Ende 1971 in der Poliklinik des Sinai-Hospitals Kontakt mit ihm auf, als einem eventuellen Kandidaten für das DPT-Projekt. Seine Hauptbeschwerden zu jener Zeit waren fast pausenlose, unerträgliche Schmerzen im Unterleib. Außerdem war er schwer depressiv, reizbar und voller Angst und hatte erhebliche Schwierigkeiten in seinen zwischenmenschlichen Beziehungen, insbesondere in seiner Ehe. Die Interaktion zwischen ihm und seiner Frau Lilly war sehr unbefriedigend und kompliziert. Zwischen den beiden Ehepartnern herrschte eine tiefe Entfremdung; Perioden hartnäckigen Schweigens wechselten mit heftigen Auseinandersetzungen, in denen sie einander alles Mögliche vorwarfen, am häufigsten Mangel an Interesse und Zuneigung.

Ted hatte sich sechs Jahre zuvor, als seine Krankheit zum ersten Mal festgestellt wurde, einer Kolostomie unterziehen müssen. Der behandelnde Arzt hatte Lilly gesagt, Teds Zustand sei sehr ernst, und er habe nur noch wenige Wochen zu leben. Er riet ihr nachdrücklich, ihrem Mann die Diagnose und Prognose nicht mitzuteilen, da es sonst zu einer Verzweiflungsreaktion, vielleicht sogar zum Selbstmord kommen könne. Teds Lebenswille und seine körperliche Widerstandskraft waren enorm, und seine Überlebenszeit übertraf alle Erwartungen. Während der Monate und Jahre, in denen er seiner Krankheit trotzte, vermied Lilly ängstlich jede Anspielung auf seine Krankheit. Das hatte zur Folge, daß die Interaktion zwischen ihnen mechanisch, oberflächlich, verzerrt und immer quälender wurde. Lilly hatte außereheliche Beziehungen, wurde von einem anderen Mann schwanger und mußte eine Abtreibung vornehmen lassen. Ted hatte trotz seines schweren klinischen Zustandes und der Behinderung durch seine Operation eine Affäre mit einer anderen Frau, die von ihm schwanger wurde.

Nach einem kurzen Informationsgespräch wurde Ted in das Programm aufgenommen, kam aber durch die Zufallsauswahl, wie sie der Forschungsplan vorsah, in die Kontrollgruppe. Nachdem die Auswertungsperiode vorüber war, wurde den Patienten in der Kontrollgruppe die Möglichkeit gegeben, eine psychedelische Behandlung außerhalb des Forschungsprogrammes zu erhalten. Ted und Lilly äußerten ihr Interesse an einer psychotherapeutischen Behandlung, die auch LSD-Sitzungen mit hoher Dosierung einschloß. In einem privaten Gespräch teilte Lilly mit, unter welcher Bedingung sie bereit war, ihre Zustimmung zu geben. Sie bestand darauf, daß Diagnose und Prognose seiner Krankheit Ted nicht mitgeteilt und im Verlauf der Behandlung mit ihm nicht besprochen werden dürften. Nach unseren Erfahrungen entdeckten Patienten, mit denen die Situation nicht offen diskutiert werden konnte, im Lauf der psychedelischen Behandlung die Wahrheit manchmal selbst. Angesichts der unnachgiebigen Haltung Lillys in diesem Punkt beschlossen wir, Ted mit dieser Einschränkung anzunehmen, und begannen mit der therapeutischen Arbeit.

In der Vorbereitungsperiode sprachen wir Teds stürmische persönliche Vorgeschichte kurz durch. Seine ganze Kindheit war durch schwere Deprivation und direkte physische Mißhandlung charakterisiert. Er verlor beide Eltern, als er drei Jahre alt war, und verbrachte mehrere Jahre in verschiedenen Waisenhäusern. Schließlich kam er ins Haus seines Onkels und seiner Tante, die seine Pflegeeltern wurden. Bei ihnen litt er unter Ablehnung und Zurückweisung und mußte grausame seelische und körperliche Mißhandlungen erdulden. Während seiner Kindheit und Adoleszenz war Ted in alle möglichen halb kriminellen Aktivitäten kleineren Umfangs verwickelt, er nahm häufig an Prügeleien zwischen Straßenbanden teil und liebte grobschlächtige Späße und Unterhaltungen. Später genoß er seine Teilnahme am Krieg, wo seine Aggressionsneigungen eine sozial gebilligte Abfuhrmöglichkeit fanden. In der Ehe war er Lilly gegenüber äußerst eifersüchtig, hatte aber selber eine starke Neigung zu außerehelichen Affären.

Die erste LSD-Sitzung

Am Tag der Sitzung erhielt Ted 300 Mikrogramm LSD. Schon gleich, als die Drogenwirkung einsetzte, wurde er verwirrt. Da es seine erste Sitzung war, war er mit den Wirkungen der Droge noch nicht vertraut. Er hatte das Gefühl, die Orientierung zu verlieren, und wußte nicht, was geschah; er verglich seinen Zustand mit dem Schweben auf einer Wolke. Er begann an seine Familie und sein jetziges Leben zu denken und sah die Gesichter seiner drei Kinder vor sich. Dann wechselte die Szene, und Ted und Lilly wirkten an einer Fernseh-Show mit, in der Art wie die Sendung »Das ist Ihr Leben«; die Kinder waren gleichfalls an der Show beteiligt. Später vertiefte sich die Erfahrung unter dem Einfluß der Droge, und Ted befand sich nun in einem großen Krankenhaus; er lag in einem Operationssaal, umgeben von chirurgischen Instrumenten, Infusionsflaschen, Injektionsspritzen, allerlei Apparaturen zur Durchführung lebensrettender Maßnahmen, Röntgenapparaten, Pflegern und Schwestern. Er war ein Patient, der von einem Chirurgenteam operiert wurde; er war nicht sicher, ob dies das Wiedererleben einer seiner wirklichen Operationen war oder eine Situation, die er einfach phantasierte. Er fühlte, daß er dem Tode nah war, und sah viele Menschen in ähnlichen Situationen: Soldaten, die im Krieg starben, Erwachsene und Kinder, die Seuchen erlagen, und eine Reihe von Personen, die bei Unfällen umkamen. Irgendwie konnte er jedoch über den Tod hinaussehen; keiner der in diese Situationen verwickelten Menschen starb wirklich; es war nur ein Übergang in eine andere Art des Seins. Er erlebte ewige Zyklen von Leben und Tod, die vor seinen Augen abliefen. Nichts wurde wirklich vernichtet; alles war in ewigem Fluß, in ewiger Verwandlung.

Dann fühlte er sich in seine Kindheit zurückversetzt und begann, verschiedene Episoden physischer und psychischer Mißhandlung wiederzuerleben, die ihm im Hause seiner Tante und seines Onkels widerfahren waren. Das Gefühl war so tief und real, daß er die kritische Distanz, in einer LSD-Sitzung zu sein, verlor. Stan verwandelte sich in seinen Onkel und Ilse (die Ko-Therapeutin) in seine Tante. Ted empfand tiefes Mißtrauen gegen beide; er fühlte sich wie in einer Falle gefangen, in die Enge getrieben und dem Ersticken nahe. In einem Zustand der Angst und der Panik machte er mehrmals den Versuch, aufzustehen und den Raum zu verlassen, einige Male sehr entschlossen und aggressiv. Ilse befand sich zur Zeit der Sitzung in der zweiten Hälfte ihrer Schwangerschaft, und ihr Zustand schien Ted wie ein Magnet anzuziehen; ein großer Teil seiner Aggressionen richtete sich auf Ilses gewölbten Leib. Mehrmals versuchte er, sie aus dem Zimmer zu weisen: »Lady, machen Sie, daß Sie rauskommen, es ist zu gefährlich für Sie hier!« Ilse, die ungefähr ein Jahr vor dieser Sitzung ein Kind im sechsten Schwangerschaftsmonat verloren hatte, war von diesen Drohungen natürlich betroffen und zog sich in eine Ecke des Behandlungszimmers zurück. Teds Mißtrauen steigerte sich bis zu einem gefährlichen Grad. Wie wir später entdeckten, spielten noch zwei weitere Faktoren bei dieser Erfahrung eine Rolle. Erinnerungen an das hemmungslose Töten im Krieg kamen an die Oberfläche, und Ted glaubte, wir wollten ihn durch eine Gehirnwäsche zu einem Geständnis bringen. Auf der tiefsten Ebene nahm er Stan als Teufel wahr, der ihn in Versuchung bringen und seine Seele stehlen wollte. Im kritischsten Augenblick der Sitzung, als Teds Paranoia ihren Höhepunkt erreicht hatte, ging eine Sirene los, deren durchdringender, schriller Ton volle drei Minuten anhielt; es war die Ankündigung einer Feuerschutzübung. Der Brandinspektor und sein Assistent erschienen in der Tür und forderten uns resolut auf, sofort das Gebäude zu verlassen. Stan versuchte, den beiden Männern, die entschlossen waren, ihre Pflicht zu tun, das Außergewöhnliche der Situation zu erklären, während er abwechselnd Ted, dessen Mißtrauen durch diese seltsame Szene noch genährt wurde, und Ilse, deren Sicherheit in Gefahr war, im Auge behielt. Dies war bei weitem der schwierigste Zwischenfall, den wir während unserer Arbeit mit psychedelischen Drogen erlebten, und eine Zeitlang schien es so, als ob Teds Sitzung ein totaler Mißerfolg sein würde. Zu unserer Überraschung wurden jedoch in der Schlußphase sämtliche Probleme gelöst und integriert. Ted war fähig, in einen ekstatischen, schwebenden und schmerzfreien Zustand einzutreten. Er war überzeugt, daß er einen großen Teil des Materials losgeworden war, das ihn seit Jahren plagte. Seine Begeisterung über die LSD-Erfahrung war grenzenlos, und noch bevor die Sitzung vorüber war, sprach er schon davon, noch eine weitere LSD-Sitzung zu machen. Das Ergebnis der ersten Sitzung war jedoch so gut, daß es weder notwendig noch wünschenswert erschien, in naher Zukunft eine weitere Sitzung durchzuführen. Teds Schmerzen waren so stark reduziert, daß er keine Schmerz- und Betäubungsmittel mehr nehmen mußte. Obwohl er vor der Sitzung bettlägerig gewesen war, nahm er jetzt freiwillig eine Arbeit an, die er mehrere Monate lang behalten konnte. Außerdem erledigte er eine ganze Reihe von kleineren Arbeiten im und ums Haus. Um die Zeit des Thanksgiving Days, fünf Monate nach der ersten LSD-Sitzung, verschlechterte sich der klinische Zustand Teds rapid. Er wurde depressiv und zunehmend schwächer; seine Schmerzen kehrten zurück und wurden unerträglich stark. Lilly telefonierte mit uns und bat um Hilfe. Ilse, die Ko-Therapeutin in der ersten Sitzung, hatte mit ihrer Arbeit im Center aufgehört; sie hatte inzwischen ihr Kind geboren und blieb daheim, um das Kleine zu betreuen. Joan erklärte sich bereit, ihren Platz in der Arbeit mit Ted zu übernehmen. Als Vorbereitung für die zweite Sitzung hatten wir mehrere ausgedehnte Zusammenkünfte; außerdem hatten Joan, Lilly und Ted telefonisch zahlreiche Gespräche miteinander geführt. Wir verwandten viel Zeit darauf, die aktuelle Situation, Teds Zustand und die Interaktionsmuster zwischen ihm und den anderen Familienmitgliedern zu erforschen; bei diesen Gesprächen wurde Lillys Liebe zu Ted und ihre aufrichtige Sorge um ihn sehr schnell deutlich. Und doch bestand eine starke Entfremdung zwischen ihnen. Es schien, daß ihre verkümmerte und chaotische Interaktion die direkte Folge ihrer Unfähigkeit war, über Teds Krankheit zu sprechen. Lilly begann jedoch jetzt, den Gedanken zu akzeptieren, daß diese Situation geklärt werden mußte; das Versteckspielen war zu einer fast unerträglichen Last für sie geworden.

In einem Gespräch mit Ted allein fanden wir heraus, daß er die Diagnose schon von Anfang an vermutet hatte, weil er zufällig mitangehört hatte, wie zwei Ärzte vor der Tür seines Krankenzimmers darüber sprachen. Später fand er seine Vermutung bestätigt, als er in einem medizinischen Buch feststellte, daß die einzige Indikation für eines der Medikamente, die er einnahm, Krebs war. Da Lilly über die Diagnose nicht mit ihm sprach, nahm er an, daß man sie ihr nicht mitgeteilt habe. Er beschloß, ihr die Wahrheit zu verheimlichen, überzeugt, daß sie ihn verlassen würde, wenn sie wüßte, daß er Krebs hatte. Er sagte zu uns:»Wer will schon mit einem Mann leben, der

Krebs hat?« In einem ziemlich stürmischen Gespräch brachten wir die beiden soweit, daß sie ihr »Geheimnis« austauschten. Nach anfänglichen aggressiven Ausbrüchen und gegenseitigen Vorwürfen der Unaufrichtigkeit waren Lilly und Ted dann beide außerordentlich glücklich über die neue, offene Situation: Lilly, weil sie nicht mehr lügen und heucheln mußte, Ted, weil er zu seiner Überraschung entdeckte, daß Lilly sechs Jahre lang bei ihm geblieben war, obwohl sie wußte, daß er Krebs hatte.

Ein weiteres wichtiges Thema unserer Gespräche waren die intimen und sexuellen Beziehungen zwischen den beiden Ehepartnern. Während der letzten paar Monate war Ted zum Geschlechtsverkehr nicht fähig gewesen und fühlte sich dadurch entmutigt und gedemütigt. Einmal klagte er voller Bitterkeit: »Wozu bin ich noch gut? Ich kann nicht mehr herumlaufen, nicht mehr zur Arbeit gehen, nicht mehr für meine Familie Geld verdienen oder Lilly sexuell befriedigen.« Seit er nicht mehr zum Geschlechtsverkehr fähig war, hatte er jede körperliche Nähe vermieden. Wir diskutierten seine Impotenz als eine natürliche Folge des Krankheitsprozesses, die nichts mit seinem Wert als Mann und Mensch zu tun habe. Wir ermutigten die beiden ferner zu nichtgenitalem intimen körperlichen Ausdruck der Zuneigung, die sie füreinander empfanden.

Einige Zeit verbrachten wir auch mit den Kindern und arbeiteten die Blockierungen in Teds Beziehungen zu ihnen durch. Ted wollte ein starker, unabhängiger Vater sein, ein Halt für seine Kinder. Daß er hilflos und von ihnen abhängig war, quälte ihn und war unannehmbar für ihn. Er wollte sie nicht um sich haben und jagte sie häufig aus dem Zimmer, sobald sie auftauchten. Wir versuchten, Ted klarzumachen, wie wichtig die gegenwärtige Situation war im Hinblick darauf, welche Vorstellung vom Tod seine Kinder entwickeln und welche Einstellung sie später dazu haben würden. Er begriff schließlich, welche unschätzbaren Erfahrungen ein Mensch vermitteln kann, der den Tod vor Augen hat, und er sah ein, daß er seinen Kindern ein Lehrmeister sein und ihnen eine ganz einzigartige Botschaft vermitteln konnte. Er war dann auch in der Lage, ihre Hilfe anzunehmen, ohne sich dadurch gedemütigt zu fühlen; er betrachtete ihre Hilfeleistungen vielmehr als eine wichtige Gelegenheit für sie, Selbstsicherheit zu gewinnen.

Kurz vor der zweiten LSD-Sitzung sprachen wir mit ihm über mehrere Fragen, die wir für besonders wichtig hielten — insbesondere über die Notwendigkeit, an der Erfahrung, die er während der Sitzung machen würde, festzuhalten, welcher Art sie auch sein mochte, und schließlich über all die mit der Frage des Vertrauens zusammenhängenden Probleme. Letzteres war, angesichts seiner paranoiden Episode in der ersten Sitzung, besonders wichtig.

Die zweite LSD-Sitzung

In dieser Sitzung wandten wir die gleiche Dosis an wie in der ersten Sitzung: 300 Mikrogramm LSD. Die Erfahrung verlief außerordentlich glatt, sie war fast das Gegenteil der ersten. Ted war in der Lage, die Augenblende und die Kopfhörer die ganze Sitzung hindurch aufzubehalten, und hatte sehr wenige schwierige Erfahrungen. Im allgemeinen machte ihm diese Sitzung viel mehr Freude, er erinnerte sich jedoch weniger lebhaft an die einzelnen Szenenfolgen. Einer der möglichen Gründe dafür war, daß diese Sitzung weniger konkrete visuelle Inhalte hatte und der Akzent mehr auf Gefühlszuständen und Gedankenprozessen lag.

Die ersten Wirkungen der Droge traten ungefähr 25 Minuten nach der Verabreichung ein. Wir verbrachten diese Zeit in Anwesenheit Lillys und hörten einer Bandaufnahme zu, die Ted am Abend vor der Sitzung gemacht hatte. Seine erste Erfahrung in der Sitzung war das Bild der Überquerung eines Flusses, die irgendeine tiefere symbolische Bedeutung zu haben schien, wie die Reise in eine andere Welt. Danach gab sich Ted kurze Zeit der Musik hin, wobei er sich als Vibraphonspieler in einem Orchester erlebte. Dann wurde alles viel dramatischer; Ted gewahrte wieder die sich wiederholenden Lebenszyklen, wie er sie in seiner ersten Sitzung gesehen hatte. Diesmal standen jedoch Menschen, die einander halfen, im Vordergrund. Ted sah wieder Bilderfolgen von Sterbeszenen, manche davon unter Menschen, andere in der Welt der Tiere, wie zum Beispiel im Inneren eines Schlachthauses, wo Hunderte von Schweinen getötet wurden. Es gab Anspielungen auf seine Krankheit und Verbindungen mit ihr; er wurde sich seines Körpers auf der Gewebe- und Zellenebene bewußt, und er spürte, daß sein Körper im Inneren verfaulte und starb. Ein andermal sah er seine Familie als schöne Äpfel in einem Korb; er war der einzige faulige unter diesen vollendet schönen Exemplaren.

In diesem Kontext begann Ted Szenen aus vielen verschiedenen Nationen, Rassen und Religionen zu sehen. Eine Zeitlang war er wütend, weil er so verzweifelt nach Gott suchte, und diese endlose Vielfalt der Welt erschien ihm ablenkend und irreführend. Im weiteren Fortgang jedoch begann alles sich zusammenzufügen, und er fing an, die allem zugrundeliegende Einheit zu erkennen. Er gewann die Überzeugung, daß er gestorben war, und Gott erschien ihm als ein strahlend helles Licht und sagte ihm, er solle sich nicht fürchten, alles werde gut sein. Die Erkenntnis, daß hinter dem scheinbaren Chaos und der Komplexität der Schöpfung nur *ein* Gott sei, überwältigte ihn. Er fragte nach dem Sinn seiner Krankheit und seines Leidens. Warum fügte Gott ihm diese scheinbar sinnlose, vernunftwidrige Qual zu? Es gab einen Zeitpunkt, wo er glaubte, daß er fast zu einem Verständnis gelangt war.

Der Rest der Sitzung verlief mit schönen Erfahrungen. Ted hatte Visionen von Kristallen, Diamanten, Juwelen, reich verzierten Bechern und Kelchen in schönen Farben und von übernatürlichem Glanz. Er spürte ein Aufwallen liebevoller Gefühle für Lilly und seine Kinder, aber auch für uns beide. An einem Punkt sah er eine Szene, in der wir vier (einschließlich Lilly, die zu diesem Zeitpunkt nicht anwesend war) in freundschaftlichem Gespräch an einem Kamin saßen, köstliche Speisen genossen und vergnügt waren. Es kamen keine dramatischen Sequenzen mehr. Ted empfand Gefühle der Wärme und der Ganzheit; er fühlte sich entspannt, und es war ihm, als schwebe er. Seine Schmerzen schienen verschwunden zu sein, und Beweglichkeit und Kontrolle seiner Beine waren erheblich verbessert. Auch sein Appetit war besser, und er verzehrte mit Genuß ein reichliches Mahl in Gesellschaft Lillys. Er schlief erst gegen vier Uhr morgens ein, nachdem er vorher alle seine Erfahrungen und Eindrücke während der Sitzung noch einmal durchgegangen war.

Die Veränderungen, die nach dieser Sitzung mit Ted vorgegangen waren, erschienen so auffällig, daß Lilly ganz verblüfft war. Er war sehr friedlich, gelassen, ausgeglichen und guter Stimmung. Lilly äußerte sich folgendermaßen über die neue Situation: »Ich kann es nicht verstehen; er ist doch derjenige, der stirbt, und ich habe all die Probleme. Es ist, als habe er etwas abgeschlossen und die Lage akzeptiert . . . Als ob er die Antwort gefunden habe, ich aber habe sie nicht gefunden; für mich ist es noch ebenso schwierig und quälend wie vorher.« Ted selber faßte seine Gefühle nach der Sitzung so zusammen: »Etwas hat sich verändert . . . Ich spüre mehr Frieden in mir . . . Ich habe das Gefühl, vielleicht komme ich in den Himmel, wenn ich sterbe . . . Ich bin dort gewesen . . .«

Obwohl Teds psychischer Zustand relativ stabil war, verschlechterte sich doch sein körperlicher Zustand unaufhaltsam. Wegen seiner Schwierigkeiten beim Wasserlassen mußte ein Dauerkatheter in seine Blase eingeführt werden, mit einem kleinen Plastikbeutel, der am Schenkel befestigt wurde. Das vergrößerte die Beschwerlichkeiten, die er infolge der Kolostomie ohnehin schon zu ertragen hatte, und machte sein tägliches Leben noch komplizierter. Er verbrachte die meiste Zeit im Bett, und die Besuche in der Klinik erschöpften ihn zunehmend. Durch die Sitzung waren zwar die Schmerzen verringert, aber nicht völlig behoben worden; körperliche Bewegung vor allem löste Schmerzanfälle aus.

Ein weiteres Problem Teds bildeten seine Einsamkeit und Langeweile. Wenn Lilly zur Arbeit gegangen und die Kinder in der Schule waren, verbrachte er viele Stunden allein zu Hause; dann wurde ihm die Sinnlosigkeit seines Lebens besonders bewußt. Wir forderten ihn auf, mit Hilfe eines kleinen Bandgeräts, das wir ihm zur Verfügung stellten, seine Gedanken, Gefühle und Überlegungen für uns aufzuzeichnen. Diese Tätigkeit machte ihm viel Freude, und er übergab uns immer wieder Bänder mit Mitteilungen für Lilly, seine Kinder und für uns beide. Er war sich der Tatsache bewußt und stolz darauf, daß er wegen seiner besonderen Lage anderen Menschen vieles vermitteln konnte über eine Dimension des Lebens von fundamentaler Bedeutung. Es war ihm auch deutlich bewußt, daß er zu den wenigen todkranken Menschen gehörte, die an einem neuen Versuchsprogramm teilhatten, und daß seine Angaben für uns sehr wichtig waren. Zu dieser Zeit trat die Britische Rundfunkgesellschaft (BBC) mit uns in Verbindung, weil sie die psychedelische Therapie eines Krebspatienten filmen wollte. Sie hatte von unseren Forschungen gehört und wollte einen Bericht darüber in eine Sendung über die Probleme des

Sterbens und des Todes aufnehmen. Wegen sehr schlechter Erfahrungen mit den Medien in der Vergangenheit waren wir wenig geneigt, auf dieses Projekt einzugehen. Im Laufe der Verhandlungen mit den BBC-Leuten gewannen wir jedoch die Überzeugung, daß sie mit Rücksicht auf die Beteiligten die Situation mit Takt und Würde behandeln würden. Mit einigem Zögern traten wir an Ted heran, der uns der geeignete Kandidat zu sein schien, und erzählten ihm von dem Angebot. Er war ganz aufgeregt und begeistert und sah darin eine Gelegenheit, seiner sonst so hoffnungslosen Situation einen Sinn zu geben. Die Sache wirkte so belebend auf ihn, daß die Filmleute, die ihn ans Bett gefesselt glaubten, ihn bei ihrer Ankunft angezogen im Hof antrafen, wo er sein Auto auf Hochglanz brachte.

Wir versuchten, Teds dritte Sitzung so unauffällig wie möglich zu arrangieren. Nur die Anwesenheit des Kameramanns und die im Behandlungszimmer installierten Scheinwerfer und Kabel unterschieden diese Sitzung von den andern. Mit Hilfe einer Fernsehmonitor-Anlage konnten die Tonaufnahmen und alle anderen technischen Operationen von außerhalb des Raumes gesteuert werden. Mit dem Filmteam war vereinbart worden, daß Teds Wohlergehen allem anderen vorgehen mußte und daß die Filmarbeiten ohne Rücksicht auf finanzielle Verluste abgebrochen würden, falls sie zu irgendeinem Zeitpunkt den Ablauf der Sitzung ernsthaft beeinträchtigen sollten.

Die dritte LSD-Sitzung

Unter diesen Bedingungen erhielt Ted seine dritte Dosis LSD. Im Charakter dieser Sitzung verbanden sich Elemente seiner ersten und zweiten Erfahrung. Gleich zu Beginn hatte Ted ein sehr stark religiöses Erlebnis. Er befand sich in einer großen Kathedrale mit schönen Glasfenstern. Die Gegenwart Gottes erfüllte die Kirche, und Ted hatte das intensive Erlebnis, mit ihm zu kommunizieren. Wieder sah er das Leben als eine endlose zyklische Abfolge von Werden, Sein und Vergehen. Es handelte sich aber nicht nur um eine Wiederholung dessen, was er in seinen ersten beiden Sitzungen erlebt hatte; er vermochte neue Dimensionen und bestimmte Aspekte zu entdecken, die zuvor unausgedrückt geblieben waren. Dann begann das Element des Mißtrauens seine Erfahrung zu beherrschen — nicht unähnlich den Vorgängen in seiner ersten Sitzung, wenn auch in viel gemäßigterer Form. Er erlebte eine Reihe seiner negativen Erfahrungen mit Frauen wieder und äußerte heftige Feindseligkeit gegen sie — gegen seine Tante, eine Reihe von Freundinnen und vor allem gegen Lilly. Als die Erinnerungen an Lillys außereheliche Affären und ihre Schwangerschaft sowie an ihre Unaufrichtigkeit in bezug auf seine Krankheit sich ihm im Geist noch einmal dramatisch darstellten, empfand er viel Bitterkeit, Groll und Aggression. Er nahm den Augenschirm ab, und als er Joan anschaute, verwandelte sie sich zuerst in Lilly und wurde dann zum Inbegriff und zur Personifizierung aller weiblichen Täuschung. Während dieses Vorgangs hatte Ted Gelegenheit, einen großen Teil seiner tief eingewurzelten Wut in der Übertragung zum Ausdruck zu bringen. Nach dieser dramatischen Episode, als die vertrauensvolle Verbindung zwischen uns wiederhergestellt war, war er in der Lage, zu den positiven Gefühlen zurückzukehren, die den ersten Teil seiner Sitzung charakterisiert hatten. Als Lilly später zu uns kam, war Ted sogar überzeugt, daß nach dem gegen sie gerichteten emotionalen Ausbruch, den er erlebt hatte, seine Gefühle für sie viel tiefer waren als je zuvor. Er fühlte, daß sein Mißtrauen und seine Unsicherheit in der Beziehung schwanden, und spürte ein Aufwallen warmer, liebevoller Gefühle. Wir beschlossen den Tag mit einem gemeinsamen Essen; Ted kehrte in sehr guter Verfassung wieder in die Wirklichkeit zurück und genoß die Mahlzeit ungeheuer. Nach dem Essen fuhren wir Ted und Lilly nach Hause, verbrachten noch einige Zeit an Teds Bett und sprachen mit ihm über seine LSD-Erfahrung und die Ereignisse des Tages.

Die dritte Sitzung verstärkte Teds spirituelle Einstellung zum Leben, zu seiner Krankheit und zum Tod noch weiter. In seinen Bandaufzeichnungen gab es eine Fülle von Äußerungen, die Ähnlichkeit mit der buddhistischen Philosophie und der hinduistischen Kosmologie aufwiesen. Er sprach über die Zyklen von Tod und Wiedergeburt, über die Ursachen des Leidens und das Bedürfnis nach innerer Distanz; er hatte nun viel weniger Angst vor dem Tod, obwohl sich sein Zustand schnell verschlechterte.

Kurz nach der dritten Sitzung trat bei Ted eine Verstopfung des Harnleiters der einzigen Niere, die er noch hatte, ein, und es zeigten sich Symptome einer Urämie. Obwohl dieser Zustand durch eine Palliativoperation behoben wurde (siehe die detaillierte Beschreibung dieses Ereignisses auf S. 216 ff.), zeigte Teds Körper, der durch die chronische Krankheit ausgezehrt und wegen der anhaltenden Vergiftung durch die eigenen Abfallprodukte noch weiter geschwächt war, Anzeichen eines totalen toxischen Verfalls. Ted verlor schnell an Gewicht und schwand vor unseren Augen dahin.

Wir verließen Baltimore einen Monat nach Teds dritter Sitzung. Vor unserer Abreise besuchten wir ihn noch einmal; wir wußten alle, daß wir einander zum letzten Mal sahen. Gegen Ende dieses Besuchs verbrachten wir einige Minuten schweigend und schauten einander nur an. Ted unterbrach die Stille: »Mein Körper ist erledigt, mein Körper ist durch und durch kaputt vom Krebs, es ist Zeit für mich zu gehen . . . Aber mein Geist ist in Ordnung . . . Ich bin jetzt weit über alle Angst hinaus . . . Ich werde es schaffen . . . Danke für alle eure Hilfe . . .«

Wir erfuhren später, daß Ted einige Wochen nach unserem Besuch gestorben war. Die Abflußkanüle in seinem Harnleiter hatte sich verstopft, und er mußte wieder ins Krankenhaus. Lilly verbrachte viel Zeit mit ihm in seinem Krankenzimmer. Am letzten Tag seines Lebens schickte Ted Lilly nach Hause; er wollte unbedingt, daß sie ihm einen frischen Schlafanzug holte. Lilly verließ die Klinik, um seinen Auftrag zu erfüllen; eine Krankenschwester, die einige Minuten später in Teds Zimmer kam, fand ihn friedlich auf seinen Kissen ruhen; als sie näher trat, entdeckte sie, daß er kein Lebenszeichen mehr von sich gab.

Jesse

Als Jesse in unser Programm überwiesen wurde, befand er sich physisch und psychisch in einem ernsten Zustand. Im Alter von 32 Jahren war bei ihm wegen eines squamösen Zellkarzinoms eine Teilresektion der Oberlippe vorgenommen worden. Jetzt, 13 Jahre später, kam er wegen eines nicht einzudämmenden Krebses vom selben Typus wieder in Klinikbehandlung. Große, deutlich sichtbare tumoröse Massen befanden sich auf der linken Seite seines Halses, der rechten Seite seines Gesichts und auf seiner Stirn. Er klagte über heftige Schmerzen, übergroße Müdigkeit und Schwäche, Husten und Schluckbeschwerden. Damit einher gingen schwere Depressionen, emotionale Labilität, häufige Weinkrämpfe, Angstanfälle, Schlafstörungen, Todesahnungen und angstvolles Festklammern ans Leben. Auch die ästhetischen Aspekte seiner Krankheit quälten Jesse — die Entstellung seines Gesichtes und Halses, der Geruch der Verbände, die mit Gewebsflüssigkeit aus seinen Hautschwären vollgesogen waren. Der bösartige Prozeß schritt trotz Bestrahlung und chemotherapeutischer Behandlung ziemlich schnell fort. Da nichts getan werden konnte, um die Tumorbildung zum Stillstand zu bringen, wurde Jesse in das DPT-Programm aufgenommen, mit dem Ziel, seine seelischen Leiden und physischen Schmerzen zu lindern.

Während der Vorbereitung für die psychedelische Sitzung teilte uns Jesse seine komplizierte Lebensgeschichte mit. Er war einer von 16 Geschwistern, die ihre Eltern durch einen Autounfall verloren hatten. Jesse war damals fünf Jahre alt; er wuchs in einem Waisenhaus auf, bis er mit 14 Jahren zu arbeiten begann und unabhängig wurde. Er wechselte mehrmals den Beruf; wegen seiner beschränkten Ausbildung erreichte er in keinem der Berufe eine gehobene Position. Zuerst arbeitete er als ungelernter Landarbeiter auf einer Farm; später zog er nach Baltimore und arbeitete nacheinander als Schreiner, Klempner und Dachdecker.

Jesse hatte stets Schwierigkeiten gehabt, eine befriedigende Beziehung zu Frauen herzustellen. Nach mehreren oberflächlichen Beziehungen heiratete er eine Frau, die streng katholisch erzogen war und die gerade begonnen hatte, sich von ihrer einengenden Vergangenheit zu lösen. Die Ehe war nur von kurzer Dauer; sie endete nach ungefähr einem Jahr, als seine Frau sich mit einem anderen Mann einließ. Jesse erfuhr davon und hatte eine Prügelei mit seinem Rivalen. Seine Frau ließ ihn sitzen, und er sah sie nie wieder.

Während der letzten 15 Jahre vor unserer Begegnung mit ihm hatte er eine ziemlich feste Beziehung zu einer verwitweten Frau gehabt, die erheblich älter war als er. Die Freundschaft zwischen ihnen schloß zunächst auch sexuelle Beziehungen ein, die sie jedoch schon Jahre vor Jesses DPT-Behandlung aufgegeben hatten. Die Frau und ihre Schwester betreuten Jesse auf sehr bemerkenswerte Weise; sie teilten ihre kleine Wohnung mit ihm und fungierten buchstäblich als hauptberufliche Krankenschwestern. Als überzeugter Katholik hatte Jesse schwere Schuldgefühle wegen dieser Beziehung; er glaubte, daß eine kirchlich geschlossene Ehe einen ewigen Bund darstellt, der selbst durch den Tod nicht aufgelöst werden kann, schon gar nicht durch eine Trennung. Für ihn selbst hatte sich an seinen Verpflichtungen gegenüber seiner Frau dadurch, daß sie ihn verließ, nichts geändert. Während der Vorbereitung für seine DPT-Sitzung äußerte Jesse seine überwältigende Todesangst. Wenn er ans Sterben dachte, sah er zwei Möglichkeiten, die beide auf ihre Art erschreckend waren. Der Tod war für ihn entweder das absolute Ende von allem, ein Schritt ins Nichts und in das Dunkel, wo man alles verliert, was existiert. Die zweite ihm zugängliche Vorstellung war der christliche Glaube, der ihm in seiner streng katholischen Erziehung beigebracht worden war: Nach dem Tod dauern Sein und Bewußtsein in Ewigkeit fort, und die Qualität dieses Lebens nach dem Tod hängt davon ab, wie man sich auf Erden verhalten hat. Jesse fand diese zweite Möglichkeit nicht tröstlich. Einerseits war sie nicht ganz überzeugend; war sie andrerseits wahr, dann sah er sich auf ewig verdammt und den Qualen der Hölle ausgeliefert, weil er sein Leben in Sünde verbracht hatte. Die Folge davon war, daß Jesse sich verzweifelt und angsterfüllt ans Leben klammerte.

Am Tag der Sitzung zeigte Jesse eine fast kindliche Furcht und war äußerst besorgt, was wohl geschehen werde. Er erhielt 90 Milligramm DPT intramuskulär; es bedurfte großer Anstrengungen, ihn zum Aufsetzen des Augenschirms und der Kopfhörer zu überreden. Der Anfang der Sitzung war durch einen heftigen Kampf gegen die Wirkung der Droge bestimmt; er schien mit der gleichen angstvollen Hartnäckigkeit an der Realität festzuhalten, mit der er sich in seinem tagtäglichen Kampf an das Leben anklammerte. Dieses Ankämpfen gegen die psychedelische Erfahrung war durch starkes körperliches Unbehagen gekennzeichnet: Husten und Übelkeit, die schließlich zu wiederholtem Erbrechen führte. Jesse wurde durch den Ansturm des Materials überwältigt, das seinem eigenen Innern entströmte; die Musik klang für sein Empfinden grob, laut und verzerrt, er erlebte sie wie einen tätlichen Angriff. Er hatte das Gefühl, daß er sterben werde, wenn er der Erfahrung nachgab. Mehrmals äußerte Jesse, daß er es schwer bereue, die Droge genommen zu haben.

Während dieses heroischen Kampfes zogen unglaublich viele Bilder und Szenen vor seinen Augen vorbei. Er war Beobachter, zugleich aber auch Teilnehmer aller dieser Szenen. Seine Übelkeit war begleitet von Visionen riesiger, grauenerregender Geschöpfe von vielerlei Gestalt, die ihn angriffen und zu vernichten versuchten. Er sah Tausende von Kriegsszenen voller Aggression und Vernichtung und andere Situationen, in denen »Menschen starben und einander umbrachten«. Es gab eine lange Phase, während der Jesse zahlreiche Szenen von Müllplätzen sah, die übersät waren von Leichen, Tierkadavern, Gerippen, verfaulenden Abfällen und Mülleimern, die Gestank verbreiteten. Sein eigener Körper lag da, in stinkende Verbände gewickelt, vom Krebs zerfressen, die Haut rissig, eitrig und von Krebsgeschwüren bedeckt. Dann erschien plötzlich aus dem Nichts ein riesiger Feuerball, und all der Schmutz und Unrat wurde in seine reinigenden Flammen geworfen und von ihnen aufgezehrt. Fleisch und Knochen Jesses wurden vom Feuer vernichtet, aber seine Seele überlebte. Er sah sich in einer Szene des Jüngsten Gerichts, wo Gott (»Jehova«) seine guten und bösen Taten abwog. Zahlreiche Erinnerungen aus seinem Leben zogen ihm durch den Sinn, es war wie eine Art Schlußbilanz. Die positiven Aspekte seines Lebens wurden für gewichtiger befunden als seine Sünden und Übertretungen. Es kam ihm vor, als ob sich ein Gefängnis geöffnet hätte und er in Freiheit gesetzt worden wäre. Dabei hörte er Klänge himmlischer Musik, Engel sangen, und er begann, den Sinn seiner Erfahrung zu begreifen. Auf irgendeine übernatürliche, nichtverbale Weise kam die folgende Botschaft zu ihm und durchdrang sein ganzes Wesen: »Wenn du stirbst, wird dein Leib vernichtet, du aber wirst gerettet; deine Seele wird immer bei dir sein. Du wirst zur Erde zurückkehren, du wirst von neuem leben, aber du weißt nicht, was du auf der nächsten Erde sein wirst.«

Diese Erfahrung hatte zur Folge, daß Jesses Schmerzen nachließen und seine Depressionen und seine Angst verschwanden. Er ging mit dem festen Glauben an die Reinkarnation aus der Sitzung hervor, eine Idee, die seiner eigenen religiösen Überlieferung fremd war und die sein Geist unter diesen ungewöhnlichen Umständen selbständig geschaffen hatte. Es war ein sehr bewegendes Erlebnis, zu sehen, wie Jesse mit den Beschränkungen rang, die ihm seine Erziehung auferlegt hatte, um das Wesen und das Ausmaß seiner Erfahrung mitzuteilen. Er wußte nicht, daß er mit seinen Äußerungen über Reinkarnation eine Idee beschrieb, die im religiösen und philosophischen Denken der östlichen Kulturen eine entscheidende Rolle spielt und auch Teil vieler anderer kultureller Traditionen ist. Er teilte seine neu gewonnene Überzeugung stockend und unter Entschuldigungen mit, weil er befürchtete, die Tatsache, daß er damit allgemein akzeptierte christliche Glaubensüberzeugungen in Frage stellte, könnte als Symptom einer Geisteskrankheit angesehen werden.

Jesse hatte offenbar dazu gefunden, daß er seine Situation akzeptierte, und eine neue Einstellung gegenüber seinem bevorstehenden Tod entwickelt. Die Aussicht auf eine andere Inkarnation befreite ihn von dem krampfhaften Festhalten an seinem vom Krebs zerstörten Körper. Er betrachtete ihn jetzt nur noch als eine Last und außerdem als eine unfaire Zumutung für seine treue Freundin und deren Schwester, die die Pflicht übernommen hatten, für ihn zu sorgen. Jesse starb fünf Tage später friedlich, vielleicht ein wenig früher, als er sonst in seinem Kampf gegen den unausweichlichen Tod aufgegeben hätte, fast als ob er es nun eilig gehabt hätte, einen neuen Leib auf der »nächsten Erde« zu bekommen.

Susanne

Susanne wurde uns von ihrem behandelnden Arzt in der gynäkologischen Klinik des Sinai-Hospitals überwiesen. Sie war eine anziehende, empfindsame und gescheite Frau, geschieden, Mutter von drei Kindern. Zum Zeitpunkt unserer ersten Begegnung war sie 32 Jahre alt und studierte Psychologie. Sie kam ins Krankenhaus wegen eines fortgeschrittenen Unterleibskrebses, der sich trotz einer radikalen Hysterektomie und anschließender intensiver Bestrahlung im ganzen Becken ausgebreitet hatte. Die Tumorbildung hatte die Nervengeflechte längs der Wirbelsäule erfaßt und löste unerträgliche Schmerzen aus, die auf Morphiumgaben nur wenig ansprachen. Ihr Chirurg hatte eine Chordotomie vorgeschlagen, eine Operation am Rückenmark, bei der eine selektive Durchtrennung der Nervenbahnen, die Schmerzreize weiterleiten, vorgenommen wird. Susanne stand vor einem schweren Konflikt; sie wünschte sich verzweifelt eine Linderung ihrer Schmerzen, war aber nicht imstande, die möglichen Risiken dieser Operation zu akzeptieren, nämlich Lähmung der Beine und Inkontinenz. Sie verfiel in eine tiefe Depression, die so weit ging, daß sie ernsthaft erwog, sich das Leben zu nehmen; sie war völlig erschöpft und hatte keinerlei Interessen und Initiative mehr. Susanne nahm das Angebot einer psychedelischen Behandlung dankbar an, insbesondere, als sie erfuhr, daß die Therapie in manchen Fällen dazu beigetragen hatte, bei Krebspatienten Schmerzen zu lindern, die auf andere Behandlungen nicht ansprachen.

Während der Vorbereitungsperiode wurden wir mit Susannes bewegender Lebensgeschichte bekannt, insbesondere auch mit ihrer sehr unglücklichen, entsagungsvollen Kindheit. Ihre Mutter war eine attraktive, aber emotionell labile Frau, die mit verschiedenen, häufig wechselnden Partnern Geschlechtsbeziehungen hatte und zuweilen auch der Prostitution nachging; sie war fünf Mal verheiratet gewesen und hatte zahlreiche Geliebte. Susanne verbrachte ihre Kindheit zumeist allein; die Vernachlässigung durch ihre Mutter erstreckte sich selbst auf die Grundbedürfnisse ihrer Existenz. Sie erinnerte sich, daß sie sehr oft hungerte, manchmal vor der Tür des Nachbarhauses hockte, um eine Mahlzeit zu ergattern, manchmal Speisereste aus Mülltonnen aß. Susannes Erbitterung gegen ihre Mutter war ganz offensichtlich; sie schilderte sie als unaufrichtig, destruktiv und herrschsüchtig. Selbst das streng reglementierte, eingeengte Leben in einer Heimschule, auf die sie geschickt wurde, erschien ihr als eine eindeutige Verbesserung gegenüber der Situation zu Hause. Phasen schwerer Depression mit Selbstmordphantasien, panische Angst vor Dunkelheit und schreckliche Alpträume waren Ausdruck von Susannes schweren seelischen Kämpfen in der Kindheit.

Auch Susannes Jugendzeit und ihr Leben als Erwachsene waren voller Probleme und Konflikte. Sie hatte nur einige wenige oberflächliche Beziehungen gehabt, bevor sie ihrem Mann begegnete. Ihre Beziehung, die anfangs recht anregend und befriedigend gewesen war, verschlechterte sich nach der Heirat rasch. Susanne hatte von ihrem Mann seelische und später auch körperliche Mißhandlungen zu erdulden; zum Zeitpunkt ihrer Scheidung mußte sie in ein psychiatrisches Krankenhaus gebracht werden. Wegen ihrer seelischen Probleme wurden die Kinder ihrem Mann zugesprochen. Susanne sah sie nach der Scheidung nur noch selten und vermißte sie sehr.

Kurz nach der Scheidung begann Susanne mit Michael, einem stellungslosen Künstler, zusammenzuleben. Das Paar wurde finanziell von Susannes Mutter unterstützt, die nach Susannes Meinung auf diese Weise ihre Schuldgefühle über die frühere Vernachlässigung ihrer Tochter zu besänftigen versuchte und außerdem die Geldfrage dazu benützte, sie beide zu manipulieren und zu beherrschen. Susanne machte große Anstrengungen, sich von ihrer starken, ambivalenten Bindung an die Mutter zu lösen und »die Nabelschnur zu durchtrennen«.

Die gynäkologischen Probleme Susannes hatten während einer Reise nach Mexiko begonnen; sie erkrankte an Ruhr, und es traten Vaginalblutungen auf. Nach der Rückkehr unterzog sie sich einem PAP-Test und einer Gebärmutterhalsbiopsie; beide waren positiv. Sie reagierte auf diese Situation mit Angst und Depression und weinte viele Tage lang bitterlich. Gelegentlich hatte sie auch Wutanfälle, aus dem Gefühl heraus, daß das Leben ihr allzu übel mitgespielt hatte. Ihre Selbstmordneigungen waren sehr stark; der einzige stabilisierende Faktor war ihr Gefühl, daß das alles aus einem bestimmten Grund geschah und irgendeine tiefere Bedeutung haben mußte, die ihr nur entging. Susanne führte den Ursprung dieses Gefühls auf ein ungewöhnliches religiöses Erlebnis zurück, das nach ihrer Hysterektomie spontan eingetreten war. Sie hatte das Gefühl, daß sie ihren Körper verlassen hatte und über der Stadt San Francisco schwebte, die von Tausenden von Lichtern erleuchtet war. Alle ihre seelischen und körperlichen Schmerzen waren verschwunden, und sie erlebte einen Zustand der Ekstase und transzendentaler Seligkeit. Nach dieser Episode war sie ungefähr noch eine Woche lang fähig, ihren Körper willentlich zu verlassen und ähnliche Erfahrungen zu erleben, fürchtete sich aber zu sehr, um auf diesem Gebiet noch weitere Experimente zu machen.

Susannes erste Sitzung war sehr dramatisch und schwierig. Kurz nach der Injektion von 120 Milligramm DPT spürte sie, wie alles sich zu drehen begann, und sie geriet in einen erbitterten Kampf, der für sie überwältigend und ihr völlig unbegreiflich war. Sie fühlte sich ungeheuer beengt und rang keuchend nach Atem. Ihr ganzer Körper bebte, und ihre Schenkel zitterten heftig. Die vorherrschenden Gefühle waren starker Schmerz und Übelkeit. Sie versuchte, dem Erlebnis Einhalt zu gebieten, aber alle ihre Anstrengungen schienen aussichtslos. Wellen von Übelkeit durchdrangen ihr ganzes Wesen und führten schließlich zu explosivem Erbrechen, das eine stark reinigende Wirkung hatte.

Wir versuchten während dieser Phase, Susanne beizustehen, aber der Kontakt mit ihr war sehr eingeschränkt; sie war völlig von ihrer Erfahrung absorbiert. Später schilderte sie uns ihre Bemühungen, sich durch eine große, dreieckige Masse glänzender schwarzer Materie durchzukämpfen, die wie ein Berg aus Anthrazitkohle mit zackigen Rändern aussah. Sie fühlte, wie sie sich beißend und kauend ihren Weg freimachte und die schwarze Masse mit den Fingern auseinanderriß. Als sie endlich hindurchgelangt war, erblickte sie fließende Formen in rosaroten und goldenen Farben; sie fühlte, daß Rosa Schmerz und Gold Güte symbolisierte. Dann öffnete sich das Erlebnis in eine Welt von Millionen Farben und schließlich in Bilder von wirbelnden Milchstraßen. Später identifizierte Susanne den schwarzen Berg, aus dem sie befreit wurde, als Symbol des Todes.

Als Folge dieser Sitzung besserte sich der seelische Zustand Susannes beträchtlich. Ihre Depression verschwand vollständig, ihre Ängste ließen nach, und sie spürte ein Aufwallen von Energie und Unternehmungslust. Aber gerade in dem Bereich, wo wir ganz besonders eine Besserung erhofft hatten — nämlich bei ihren unerträglichen Schmerzen —, stellte sich kein Erfolg ein. Da die einzige Alternative ein neurochirurgischer Eingriff war, setzten wir kurz nach der ersten eine zweite DPT-Sitzung an, um Susanne noch eine Chance zu geben.

In der zweiten Sitzung gaben wir die gleiche Dosis DPT, 120 Milligramm, intramuskulär. Einige Minuten nach der Injektion empfand Susanne wieder Übelkeit. Diesmal jedoch assoziierte sie die Übelkeit eindeutig mit Schwangersein; sie erlebte sich als schwangere Mutter, identifizierte sich jedoch gleichzeitig mit dem Kind im Mutterleib. Sie hatte übermäßigen Speichelfluß und empfand das Wasser in ihrem Mund als Fruchtwasser. Plötzlich tauchte in ihrem Gesichtsfeld ein Fleck von verspritztem Blut auf; einen Augenblick später schien alles von Blutspritzern überschwemmt zu sein. Sie begann, Szenenabfolgen des Sterbens und Geborenwerdens in vielen Variationen zu erleben, eine seltsame Mischung von Todesqual und der Ekstase der Geburt. Sie schwankte hin und her zwischen Gefühlen des Eingesperrtseins und verzweifelten Versuchen, zu fliehen und sich zu befreien, zwischen den Qualen metaphysischer Einsamkeit und dem Streben nach Wiedervereinigung, zwischen Zorn, mörderischer Wut und Gefühlen leidenschaftlicher Liebe. Sie empfand eine tiefe Identifikation mit allen Müttern, die je geboren hatten, und allen Kindern, die je geboren wurden; dann wurde sie subjektiv all diese Mütter und all diese Kinder. Durch das Erlebnis von Geburt und Tod schien sie mit der gesamten leidenden Menschheit verbunden zu sein, mit Abermillionen Menschen, die in Schmerzen weinen. Sie weinte mit ihnen und *war* zugleich all diese Menschen, und sie erlebte die Ekstase dieses Einsseins im Todeskampf. Mehrmals blitzten Erfahrungen in ihrem Bewußtsein auf, die ihr wie Szenen aus früheren Leben erschienen. In einer dieser Szenen wurde sie zu einer afrikanischen Eingeborenen, die mit ihren Stammesgenossen über eine sonnenverbrannte Ebene lief. Am Ende dieser Szene wurde sie durch einen Speer getötet, der sie im Rücken traf und sich tief einbohrte. Sie verlor das Bewußtsein und starb. In einer andern Szene brachte sie im mittelalterlichen England ein Kind zur Welt. Später in der Sitzung wurde sie zu einem Vogel, der durch die Lüfte flog; sie wurde von einem Pfeil getroffen und stürzte mit gebrochenem Flügel zur Erde. Schließlich schienen alle diese Erlebnisabfolgen von Sterben und Geborenwerden sich zu einem einzigen gewaltigen Gesamtbild zusammenzuballen; sie wurde zur Mutter aller Menschen, die in allen Kriegen der Menschheitsgeschichte je getötet wurden. Während sie zu all diesen Müttern und zu all diesen Kindern wurde, fühlte sie, wie sie in ihrem eigenen Innern wuchs, und versuchte, sich selbst zu gebären. In einer abschließenden Szene des Geborenwerdens und Sterbens starb ihr erwachsenes Ich, während ein neues kindliches Selbst geboren wurde. Dann wurde sie zu einem winzigen Pünktchen im Raum, in einem grenzenlosen, von prachtvollen Sternen erfüllten All.

Später in der Sitzung, als sie allmählich wieder in die Wirklichkeit zurückkehrte, erinnerte sich Susanne an verschiedene Perioden ihres Lebens. Sie erlebte sich als weinendes Kind in einer Krippe liegend, sie erlebte die Alpträume ihrer Kindheit wieder, deretwegen immer das Licht angelassen werden mußte, wenn sie schlief, und sie sah Mutter und Vater miteinander streiten. Es war ihr möglich, diese Episode wiederzuerleben und sie zugleich vor dem Hintergrund ihrer neuen universalen Einsichten neu zu beurteilen. Dann stieg eine tiefe Liebe zu Michael in ihr auf und das Bedürfnis, daß er zu uns in die Sitzung kam.

Die zweite DPT-Sitzung war eine Enttäuschung, was ihren Einfluß auf Susannes Schmerzen betraf; ihr physisches Leiden war in den folgenden Tagen so qualvoll wie je. In jeder anderen Hinsicht jedoch war die Erfahrung von Nutzen für sie. Ihre Depression war vollständig verschwunden, und sie strahlte Energie und Entschlossenheit aus. Susanne beschloß, ihre Psychologiestudien so intensiv fortzusetzen, wie es ihre Krankheit nur zuließ. Sie rang sich auch zu einem Entschluß bezüglich der bevorstehenden Chordotomie durch und beschloß, Lähmung und Inkontinenz zu riskieren, um die Schmerzen loszuwerden: »Es ist mir egal, ob ich vom Hals abwärts gelähmt bin und ganz Baltimore vollpisse; ich will, daß mein Bewußtsein klar ist und nicht ganz von diesen Schmerzen absorbiert wird!« Die Operation wurde kurz nach der zweiten Sitzung durchgeführt, und der Erfolg war überwältigend. Susannes Schmerzen verschwanden völlig, es war dem Chirurgen gelungen, nur die Empfindungsbahnen zu durchtrennen, ohne die geringste Schädigung der Bewegungsneuronen.

Die auffallendste Folge der Sitzung war die Veränderung von Susannes Vorstellung vom Tod und ihrer Einstellung ihm gegenüber. Sie öffnete sich der Möglichkeit, daß nach dem Tod ein Teil der Energie, die das menschliche Sein bildet, in bewußter Form weiterexistiert.

Anstatt den Tod als absolute Dunkelheit, als Nichts oder Leere zu sehen, wie sie das ursprünglich getan hatte, begann sie nun in Zyklen und Übergängen zu denken. In diesem Zusammenhang erschien ihr nach und nach auch die Idee der Wiedergeburt als etwas durchaus Einleuchtendes.

Sie war nun in der Lage, ihr Leben ohne stetes Grübeln über ihre Krankheit fortzusetzen, nahm einen Tag wie den anderen und setzte sich mit den Sorgen, die er brachte, auseinander, so wie sie der Reihe nach kamen.»So sollten wir es eigentlich alle machen, ob wir nun gesund oder krank sind; keiner von uns kennt den Tag und die Stunde, wo der Tod kommt.« Eine Zeitlang hatte es den Anschein, als ob Susannes neue Einstellung ihre Krankheit bezwingen würde. Eine Probe-Laparotomie, die einige Wochen nach ihrer Chordotomie durchgeführt wurde, ergab tatsächlich, daß der Tumor schrumpfte. Das bestärkte Susanne in ihrem Optimismus, und einige Monate lang lebte sie, als ob sie nie Krebs gehabt hätte:»Ich denke überhaupt nicht mehr daran.« Während dieser Zeit bewarb sie sich um ein Stipendium und war entschlossen, ihr Psychologiestudium abzuschließen. Der vorläufige Titel ihrer Diplomarbeit lautete:»Die Wirkung der psychedelichen Therapie auf Krebskranke«.

Dann kehrten ihre Schmerzen zurück, zuerst ganz allmählich, steigerten sich aber dann plötzlich und wurden immer qualvoller. Sie gingen von dem Resttumor aus und strahlten ins Becken und in die Beine aus. Ein weiterer chirurgischer Eingriff brachte nur vorübergehende Erleichterung. Susanne verlor fortlaufend an Gewicht, und außerdem stellten sich schwere Nebenwirkungen der chemotherapeutischen Behandlung ein, die nur eine minimale Wirkung hatte. Der Tumor breitete sich auf die Nieren aus und verursachte dort Schädigungen, die ein Weiterleben unmöglich machten. Während dieses qualvollen Verfalls vermochte Susanne sich die Einsicht, die sie in ihren DPT-Sitzungen gewonnen hatte, zu bewahren, die Einsicht, daß es eine Form der Existenz jenseits des physischen Todes geben könne, daß »auf der anderen Seite des Anthrazitberges Licht ist«.

Als wir John bei unseren Visiten in der onkologischen Abteilung zum ersten Mal begegneten, war er schwer depressiv und völlig absorbiert von seinen Schmerzen. Er war seit mehreren Wochen ans Bett gefesselt und konnte nicht einmal aufstehen, um auf die Toilette zu gehen. Seine Mahlzeiten aß er nur selten, er wollte kein Radio hören, kein Buch und keine Zeitung lesen und zeigte keinerlei Interesse an dem neuen Farbfernsehgerät, das sein Schwiegervater eigens für ihn gekauft hatte. Das einzige Thema, das ihn genügend zu interessieren schien, um darüber zu reden, waren Eigenart und Grad seines Leidens und seiner physischen Beschwerden. Er klagte darüber, daß er unerträgliche Schmerzen habe, gleich welche Lage er einnehme, und daß diese Schmerzen jeden Augenblick schlimmer würden. Er hatte selbst vor kleinen Lageveränderungen, passiven oder aktiven, Angst und fühlte sich buchstäblich gelähmt durch seine physische Qual, die seine ganze Aufmerksamkeit gefangengenommen und aufgesaugt hatte.

Ein Jahr zuvor hatten die Ärzte im Sinai-Hospital festgestellt, daß er einen bösartigen Tumor in der rechten Niere hatte, der von der Nebennierendrüse ausgegangen war (Hypernephroma). Eine Nephrektomie (radikale chirurgische Entfernung der Niere) wurde angeordnet und unverzüglich durchgeführt. Es war jedoch zu spät; der Tumor hatte bereits Metastasen gebildet, und in den folgenden Monaten zeigten sich bei John von den Tochtergeschwulsten herrührende fortschreitende Symptome. Zu der Zeit, als wir John zum ersten Mal begegneten, hatte sich der Tumor auf seine Wirbelsäule ausgedehnt und verursachte schwere neurologische Störungen.

John war 36 Jahre alt, verheiratet und Vater von drei Kindern. Beide Ehepartner hielten ihre Ehe für überdurchschnittlich gut. Sie hatten gelegentlich Auseinandersetzungen über die Erziehung ihrer Kinder, aber im wesentlichen war die Atmosphäre in der Familie von einem starken Gefühl der Verbundenheit, der Loyalität und Zuneigung bestimmt. Johns Frau Martha kam gegen zehn Uhr vormittags in die Klinik und blieb bis zum Abend. Sie tat das, obwohl ihr Mann zu dieser Zeit ihr gegenüber wenig mitteilsam war und keinerlei Interesse für Familienangelegenheiten zeigte. Entweder klagte er über seine quälenden Schmerzen oder er stand unter schweren Medikamenten und döste unter der Wirkung schmerzstillender Drogen vor sich hin. Martha brachte immer irgendeine Arbeit mit; sie saß still in einem Sessel und war immer zur Hand, wenn John etwas brauchte. Martha war von der Diagnose seiner Krankheit unterrichtet worden, kurz nachdem diese feststand, und sie schien diesem Problem mit großem Mut gegenüberzutreten. Sie verschwieg ihrem Mann die Diagnose viele Monate lang, bis sie es schließlich nicht mehr ertragen konnte. Kurz bevor wir John kennenlernten, hatte sie sich entschlossen, ihm die Wahrheit zu sagen. Er wußte jetzt, daß er Krebs hatte, schwankte jedoch, was seine Zukunft betraf, ständig zwischen Pessimismus und Optimismus. Bei mehreren Gelegenheiten sprach er vom Tod und trug Martha sogar auf, für ein einfaches Begräbnis zu sorgen, um Geld für die Kinder zu sparen. Bei einer anderen Gelegenheit wiederum sprach er von langfristigen Plänen für seinen Beruf und von einer Ferienreise ins Ausland, die sie später, wenn er wieder gesund war, alle zusammen machen würden. Kurz nachdem Martha John die Wahrheit eröffnet hatte, beschloß sie, seine Situation auch mit seiner Mutter offen zu besprechen. Sie hielt es jedoch für besser, John nicht mitzuteilen, daß sie seiner Mutter die Wahrheit gesagt hatte, denn »John würde dadurch völlig aus dem Gleichgewicht geraten, denn er weiß, wie sehr diese Mitteilung seine Mutter bestürzen würde«.

John schien ein recht problematischer Patient für eine psychedelische Therapie zu sein, da wir ja davon ausgingen, daß psychologische Vorbereitung und Kooperation wesentliche Voraussetzungen waren, wenn ein erfolgreiches Ergebnis erzielt werden sollte. Es war aber außerordentlich schwierig, Kontakt mit John herzustellen und ein Gespräch mit ihm in Gang zu bringen. Er war entweder so völlig mit seiner Krankheit beschäftigt oder durch Schmerz- und Schlafmittel psychisch so verändert, daß jede gezielte Diskussion mit ihm eigentlich unmöglich war. Er wollte nicht über seine Lebenssituation, seine Vorgeschichte oder die psychologischen Aspekte der psychedelischen Therapie reden, da er keinen unmittelbaren Zusammenhang zwischen diesen Themen und seinen physischen Schmerzen sah. So mußte die Vorbereitung auf ein Minimum reduziert werden; einige der grundlegenden Fakten erfuhren wir von seiner Frau.

Wir hatten ziemliche Bedenken, die Sitzung unter diesen Umständen durchzuführen, da wir der Meinung waren, daß kein ausreichendes Maß an Kontakt, Vertrauen und Verständnis vorhanden war. Unter dem Einfluß der Bitten Marthas und auch, weil John so verzweifelt darauf bestand, daß wir ihm die versprochene Behandlung geben sollten, sofern irgendeine Chance bestand, seine Schmerzen zu lindern, beschlossen wir endlich, trotz gemischter Gefühle weiterzumachen.

Am Morgen des Sitzungstages erhielt John 60 Milligramm DPT intramuskulär. Als die Droge zu wirken begann, forderten wir ihn auf, den Augenschirm und die Kopfhörer aufzusetzen. Nach einigem Widerstreben tat er das schließlich, wobei er mehrmals betonte, alles, was er ertragen könne, sei leise, sanfte und unaufdringliche Musik; diese Haltung war schon vor der Sitzung offenkundig geworden. John zog es vor, im Dunkeln und in absoluter Stille zu liegen. Visuelle und akustische Reize, wie auch Berührungen jeder Art verstärkten offenbar seine Schmerzen. In den Anfangsphasen der Sitzung klagte John immer wieder über starkes Unwohlsein, Hitzegefühle, sein Unbehagen an der Musik. Es wurde ihm übel, und er erbrach mehrmals. Allgemein schienen seine Erfahrungen ganz uninteressant und ereignislos. Er verbrachte viel Zeit damit, gegen die Wirkungen der Droge anzukämpfen, und machte große Anstrengungen, seine Selbstbeherrschung zu bewahren. Es fiel ihm äußerst schwer, seine Abwehr aufzugeben und dem unbewußten Material, das an die Oberfläche kam, gegenüberzutreten.

Der Inhalt der DPT-Sitzung schien verhältnismäßig oberflächlich und zumeist psychodynamischer Natur zu sein. John erinnerte sich an verschiedene Zeitabschnitte seines Lebens und erlebte mehrere traumatische Ereignisse wieder. Eines davon war die Erinnerung an ein Eisenbahnunglück, das er als kleiner Junge mitangesehen hatte; ein anderes war die Erinnerung an eine Verletzung, die seine dreijährige Schwester erlitten hatte; ihr Schlitten war gegen einen Baum gefahren, und sie hatte sich das Bein gebrochen. Ferner gab es eine Phase aggressiver Kriegsszenen und im Anschluß daran das Wiederaufleben einiger Erinnerungen aus Johns Militärdienst. In einer anderen Phase der Sitzung sah John Bilder eines stürmischen Ozeans, sinkende Schiffe und ertrinkende Menschen. Daran anschließend tauchte die

Erinnerung an einen gefährlichen Vorfall in der Chesapeake-Bucht auf, den er erlebt hatte, als er und einige nahe Verwandte einmal eine Spazierfahrt mit dem Boot machten und fast mit einem japanischen Frachter zusammengestoßen wären. In der zweiten Hälfte der Sitzung wurde John zunehmend müder und bestand schließlich darauf, den Augenschirm und die Kopfhörer abzunehmen. Es kam nicht zu irgendeiner bemerkenswerten Lösung oder zu einem Durchbruch; die Wirkung der Droge verflüchtigte sich, und wir waren alle enttäuscht und hatten den Eindruck, daß dieser Versuch gescheitert war.

Der einzige positive Aspekt der Sitzung für John war die Erinnerung an eine kurze Episode, in der er eine große Schale oder eine Art Krug gesehen hatte, der mit geeistem Tee gefüllt war; das schien von großer Bedeutung zu sein und hing mit irgendeiner bedeutsamen Situation oder einem Problem aus seiner Kindheit zusammen. In unseren Diskussionen nach der Sitzung kam er immer wieder auf dieses Bild zurück. Er konnte zwar den Sinn dieser Vision überhaupt nicht verstehen, aber die Erinnerung daran erfüllte ihn mit Erregung. Als wir John am Tag nach der Sitzung in der Klinik besuchten, lag er im Bett, schwach und außerordentlich müde, fast nicht ansprechbar. Dies bestätigte nur unseren früheren Eindruck, daß die Sitzung unproduktiv und insgesamt ein Mißerfolg gewesen war. Am zweiten Tag nach der Sitzung jedoch änderte sich die Situation völlig. Johns Zustand besserte sich auf dramatische Weise; seine Stimmung wurde besser, er lächelte die Menschen an und begann, sich mit seiner Familie und dem Klinikpersonal zu unterhalten. Wenn er mit seiner Frau sprach, zeigte er Interesse für seine Kinder und für die Familie, was er seit Monaten nicht mehr getan hatte. Er ließ sich einen Radioapparat bringen und hörte leiser Musik zu. Das neue Fernsehgerät war jetzt viele Stunden am Tag eingeschaltet.

Zur Verblüffung aller waren Johns Schmerzen völlig verschwunden; er konnte ohne Hilfe zur Toilette gehen und sogar kurze Spaziergänge im Korridor der Klinik machen. Er redete nicht mehr über seine Krankheit und seine Leiden und unterhielt sich statt dessen gern über politische, soziale und familiäre Angelegenheiten. Martha sagte, John scheine vollkommen verwandelt zu sein, er sei »ein völlig anderer Mensch«. Nicht selten sah man ihn lachen und scherzen, und er interessierte sich für eine Menge Dinge. Er nahm keinerlei Medikamente mehr ein und war mehr als zwei Monate lang, bis kurz vor seinem Tod, völlig schmerzfrei. Eine interessante zusätzliche Einsicht ergab sich zehn Tage nach Johns Sitzung, als wir seine Antworten auf dem von uns erstellten Fragebogen über psychedelische Erfahrungen analysierten. Wir entdeckten, daß er positiv auf den Punkt »Visionen religiöser Persönlichkeiten (Jesus, Buddha, Mohammed, Sri Ramana Maharischi etc.)« reagierte und die Reaktion mit 5 bewertete auf einer Skala von 0 bis 5. Das war überraschend, denn wir hatten ihn nach seiner Sitzung ausdrücklich gefragt, ob es in seiner Erfahrung irgendwelche religiösen Elemente gegeben habe, und er hatte verneint. Als wir ihn baten, uns diese Diskrepanz zu erklären, antwortete er: »Einmal sah ich große bronzene und goldene Statuen dieser orientalischen . . . wie heißen sie doch gleich . . . dieser Buddhas. Unten waren Inschriften dran, aber die waren alle lateinisch. Ich kann kein Latein und konnte sie nicht entziffern. Das ist der Grund, warum ich Ihnen nichts davon gesagt habe.«

Das war die dramatischste Wirkung der psychedelischen Therapie auf behandlungsresistente Schmerzen, die wir im Laufe unseres Forschungsprogramms sahen. Die Inkongruenz zwischen Inhalt und Verlauf der Sitzung und dem therapeutischen Resultat ist eine gute Illustration dafür, wie unberechenbar die Wirkung der psychedelischen Behandlung auf Schmerzen ist.

Joan

Als Joan, die sich von sich aus für unser LSD-Programm meldete, zu uns kam, war sie 42 Jahre alt, Hausfrau und Mutter von vier Kindern. Zwei dieser Kinder, eine 17jährige Tochter und ein achtjähriger Sohn, waren aus ihrer ersten Ehe; sie betreute außerdem einen adoptierten Jungen von neun Jahren und einen ebenfalls neunjährigen Jungen aus der ersten Ehe ihres Mannes. Darüber hinaus engagierte sie sich in einer ganzen Reihe sozialer Aktivitäten, darunter Encounter-Gruppen und eine Ballettschule. Ihr Krebs wurde im August 1971 diagnostiziert, nach einer langen Periode oberflächlicher und vorübergehender Beschwerden im Magen-Darm-Bereich. Der Arzt, den sie konsultierte, entdeckte zuerst ein Magengeschwür; nachdem das Ulcus im Verlauf von sechs Wochen nicht ausheilte, empfahl er einen chirurgischen Eingriff. Der Chirurg fand tumorige Veränderungen im Magen und nahm eine fast totale Magenresektion vor. Er stellte aggressiven örtlichen Befall, aber keine generalisierten Metastasen fest. Die mikroskopische Untersuchung des resezierten Magengewebes brachte infiltrierende, hoch anaplastische Karzinome zum Vorschein.

Joan wurde über ihre Diagnose stufenweise informiert. Zuerst erfuhr sie, daß sie ein Magengeschwür hatte, später wurde ihr mitgeteilt, daß es sich um einen Tumor handelte, jedoch ohne nähere Angabe über dessen Charakter. Dann teilte ihr der Arzt mit, daß der Tumor bösartig war, und schließlich enthüllte er ihr die beunruhigendste Tatsache: daß das maligne Gewebe sich fast über den ganzen Magen erstreckte. So hatte sie Zeit, sich allmählich auf die Diagnose mit all ihren prognostischen Implikationen einzustellen. Sie reagierte zuerst mit schwerer Depression und Angst; später traten Distanzierung und innerer Rückzug an die Stelle ihrer Gefühle der Hoffnungslosigkeit und Hilflosigkeit. Zugleich faßte sie den Entschluß, nicht den Rest ihres Lebens damit zu verbringen, auf den Tod zu warten, sondern etwas dagegen zu unternehmen und selbst zum therapeutischen Prozeß beizutragen, wie gering die Hoffnungen bei diesen Bemühungen auch sein mochten. Nachdem die Ärzte sich dahingehend geäußert hatten, daß unter medizinischen Gesichtspunkten nichts mehr für sie getan werden könne, war sie einige Zeit auf der Suche nach Gesundbetern und anderer unorthodoxer Hilfe. Während dieser Zeit hörte sie von dem Spring-Grove-Programm für Krebskranke und traf eine Verabredung mit uns, um sich an Ort und Stelle umzusehen, die an dem Projekt Beteiligten kennenzulernen und genauere Informationen über das Behandlungsprogramm zu erhalten. Wir erklärten ihr das Wesen der psychedelischen Therapie, welche therapeutischen Möglichkeiten sie bietet und wo ihre Grenzen liegen. Wir sagten ihr, daß nach unseren Erfahrungen diese Therapie eine sehr heilsame Wirkung auf körperliche Schmerzen und auf die seelischen Nöte haben kann, die mit der Krankheit einhergehen. Wir sprachen auch kurz über unsere Beobachtungen, daß sich als Resultat erfolgreicher LSD-Sitzungen die Vorstellung der Betroffenen vom Tod und ihre Einstellung zu ihm oft wandelten. Wir machten ihr klar, daß wir hinsichtlich einer möglichen Wirkung der psychedelischen Therapie auf den

Krebsprozeß selbst über keine schlüssigen Daten verfügten. Wir schlossen jedoch die Möglichkeit nicht grundsätzlich aus, daß eine günstige Veränderung des Allgemeinzustandes des Patienten den Krankheitsprozeß selbst beeinflussen kann. Zu unserem ersten Gespräch kam Joan in Begleitung ihres Mannes Dick. Als Pädagoge war er verständlicherweise sehr besorgt über die möglichen negativen Wirkungen von LSD. Wir mußten einige Zeit darauf verwenden, ihm zu erklären, daß bei wohlüberlegter Anwendung von LSD das Verhältnis Nutzen—Risiko ein völlig anderes ist als bei unüberwachten Selbstexperimenten. Nachdem diese Frage geklärt war, nahmen Joan und Dick begeistert an dem LSD-Programm teil.

Die Vorbereitung für Joans erste LSD-Sitzung bestand aus mehreren Gesprächen (ohne Drogenanwendung) mit ihr allein und aus einem Gespräch mit ihr und Dick gemeinsam. Während dieser Zeit war Joan depressiv und voller Angst. Sie empfand ein drastisches Nachlassen ihrer Energie und ihres Interesses für Themen und Betätigungen, die ihr vor ihrer Krankheit viel Freude gemacht hatten. Im Laufe der Krankheit war sie sehr verkrampft und reizbar geworden; ihre Frustrationstoleranz hatte einen »Rekordtiefpunkt« erreicht. Während unserer vorbereitenden Gespräche war ihr physisches Leiden noch erträglich; sie hatte diffuse Magen-Darm-Beschwerden, aber ihre Schmerzen waren noch nicht so heftig, daß sie schon für sich allein ihr Leben unerträglich gemacht hätten. Ihr Problem zu diesem Zeitpunkt war, wie sie meinte, mehr die Sorge und Angst vor dem, was bevorstand, als das gegenwärtige Leiden. Joan war sich der Situation, der sie entgegenging, in vollem Umfang bewußt. Sie war imstande, offen über ihre Krankheit zu sprechen, wenn sie ausdrücklich dazu aufgefordert wurde. Im täglichen Leben jedoch schien ein erhebliches Maß an Verleugnung vorzuherrschen, der die Angst vor dem Tode und die ständige Sorge um ihr schließliches Schicksal zugrunde lag. Joans Hauptanliegen war, einen würdigen und aufrichtigen Abschluß ihrer Beziehung zu Dick und zu allen Kindern zu finden. Sie wollte sie unverkrampft und mit guten Gefühlen zurücklassen, ohne Schuldgefühle, Zorn, Bitterkeit oder pathologische Trauer, so daß sie ihr eigenes Leben fortsetzen konnten, ohne ständig ihren Tod als seelische Last mit sich herumschleppen zu müssen.

Joan verstand, daß es notwendig für sie war, vor der LSD-Sitzung ihre persönliche Lebensgeschichte zu erforschen und sich so gut wie möglich über die Muster und Konflikte, die ihrer Lebensbahn seit ihrer Geburt bis in die Gegenwart zugrunde lagen, klarzuwerden. An dieser Aufgabe arbeitete sie mit ungewöhnlichem Interesse und außerordentlicher Entschlossenheit. Sie schrieb eine ausführliche Autobiographie, die als Grundlage für unsere weiteren Gespräche über die wichtigsten Aspekte ihres Lebens diente.

Joans Kindheit war sehr stark durch ihre seelisch labile Mutter beeinflußt gewesen, die an schweren Depressionen litt und während ihrer zahlreichen Aufenthalte in psychiatrischen Krankenhäusern mit Elektroschocks behandelt wurde. Joans Beziehung zu ihr war sehr ungleichmäßig und verwirrend und entbehrte jeder Intimität. Ihrem Vater, der fähig war, zärtlichen Gefühlen für sie Ausdruck zu geben und ihr beizustehen, fühlte Joan sich sehr viel näher. In späteren Jahren jedoch wurde ihr bewußt, daß ihre Beziehung ein sinnliches Element enthielt, was angesichts ihrer betont katholischen Erziehung mit den ausdrücklichen Tabus hinsichtlich der Sexualität zu einer Quelle der Angst und des Schuldgefühls für sie wurde. Das Verhältnis zwischen ihren Eltern war unharmonisch, von ständigen Streitigkeiten und Auseinandersetzungen geprägt, und endete schließlich mit einer Scheidung.

Joan beschrieb sich selbst in ihren früheren Lebensjahren als »ein mäßig introvertiertes Kind mit einer reichen Phantasiewelt«. Sie hatte nur wenige Freundinnen und wenig Umgang mit Gleichaltrigen außerhalb dieses kleinen Kreises. Unter ihren vier Geschwistern fühlte sie sich ihrem jüngeren Bruder am nächsten, mit dem sie sich stark verbündete; gegenüber ihrer Schwester hatte sie intensive Rivalitätsgefühle. Zur Zeit ihrer LSD-Behandlung fühlte sie sich allen ihren Geschwistern sehr stark entfremdet.

Der Besuch einer katholischen Schule, die ausschließlich von Nonnen geführt wurde, verstärkte die puritanisch strengen Elemente in Joans Erziehung noch, was zu den Komplikationen in ihrer sexuellen Entwicklung beitrug. Während der Adoleszenz hatte sie wegen ihrer Ängste, ihrer Unsicherheit und ihrer Minderwertigkeitsgefühle ganz allgemein Schwierigkeiten, Zugang zu anderen Menschen zu finden, und in bezug auf potentielle Sexualpartner waren alle diese Probleme noch sehr viel intensiver. Joans reiche, romantische Phantasiewelt stand in scharfem Gegensatz zu ihrem realen Leben. Ihre wenigen Beziehungen waren oberflächlich und nur von kurzer Dauer; bis zu ihrer ersten Ehe hatte sie keinerlei sexuelle Erfahrungen. Ihre Ehe litt unter vielen Problemen und Konflikten, vor allem unter der starken Eifersucht und dem Besitzanspruch beider Ehepartner. Joans Mann, der anfänglich eine strenge Auffassung hinsichtlich der Monogamie und der Verwerflichkeit vorehelicher Sexualbeziehungen hatte, begann sich später für andere Frauen zu interessieren und hatte eine Reihe außerehelicher Affären. Seine Liaison mit einer seiner Schülerinnen, die von ihm schwanger wurde, beschleunigte die Trennung und Scheidung.

Kurz nach der Scheidung von ihrem ersten Mann heiratete Joan ihren zweiten Mann Dick. Die zweite Ehe war sehr viel besser als die erste, jedoch nicht frei von Problemen. In einem gemeinsamen Gespräch mit beiden Partnern versuchten wir, die Ursachen und Schwierigkeiten herauszufinden, die die beiden im Umgang miteinander hatten, und die Kommunikation zwischen ihnen zu verbessern. Auf die Frage, was sie für den störendsten Aspekt ihrer Ehe halte, wies Joan auf die Neigung Dicks zu impulsiven Reaktionen und auf seine Besitzansprüche hin. Dick seinerseits hatte das Gefühl, daß Joan sich in der Beziehung zu ihm und auch im Familienleben allgemein innerlich zu wenig engagiere. Er fand ihre ausgeprägte Selbständigkeit sehr beunruhigend und bedrohlich. Als wir die verschiedenen *circuli vitiosi* in Joans und Dicks tagtäglicher Interaktion untersuchten, entdeckten beide interessante Parallelen und mögliche Ursachen für ihre Befürchtungen, Unsicherheiten und Eigentümlichkeiten in Vorfällen und Erfahrungen aus ihrer Kindheit. Das Ergebnis dieses Gesprächs war der gemeinsame Beschluß, nach neuen Wegen eines effektiveren Gedankenaustausches auf verschiedenen Ebenen zu suchen. Sie kamen zu dem Schluß, daß sie sich bemühen wollten, jeden einzelnen der Joan noch verbleibenden Lebenstage voll zu leben, einen nach dem anderen, und nicht zuzulassen, daß ihre früheren Pläne und Sorgen um die Zukunft ihren täglichen Umgang miteinander beeinträchtigten. Zu diesem Zeitpunkt waren wir alle der Meinung, daß die Situation jetzt für Joans erste psychedelische Sitzung reif war.

Die erste LSD-Sitzung

Um neun Uhr morgens erhielt Joan 300 Mikrogramm LSD, und zwar intramuskulär, da Zweifel über das Resorptionsvermögen ihres Magen-Darm-Systems angebracht waren, das durch die Magenresektion und den Krebsprozeß so schwer belastet war. Joan begann die Sitzung mit erheblicher Besorgnis und hielt deshalb unsere Hände fest. Ungefähr 20 Minuten nach der Injektion begann sie, Empfindungen des Schwebens und Vibrierens zu spüren. Während sie dem zweiten Klavierkonzert von Brahms zuhörte, hatte sie das Erlebnis, in der riesigen Halle eines futuristischen Flughafens zu stehen und auf ihren Flug zu warten. Die Halle war gedrängt voll von äußerst modern gekleideten Passagieren; die ungewöhnliche Menschenmenge schien von einem seltsamen Gefühl der Erregung und Erwartung erfüllt zu sein. Plötzlich vernahm sie aus zahlreichen, überall angebrachten Lautsprechern eine laute Stimme: »Das Ereignis, das Sie erleben werden, sind *Sie selbst* . . . Bei einigen von Ihnen ist es — wie Sie vielleicht bemerken — bereits im Gange . . .« Als sie die Mitreisenden ringsum anblickte, sah sie seltsame Veränderungen auf ihren Gesichtern vorgehen; ihre Körper fingen an zu zucken und sonderbare Haltungen einzunehmen, als sie die Reise in ihre innere Welt begannen. Dann hörte Joan einen intensiven Summton, wie ein Radiosignal — ein Laut, der etwas Tröstliches und Besänftigendes hatte und der sie durch die Erfahrungen hindurch geleitete und sie beruhigte. Es schien, als ob ihr Gehirn ganz langsam verbrenne und dabei seinen Inhalt in einem Bild nach dem anderen preisgebe. Das Bild ihres Vaters erschien, sehr präzis und klar, und das Wesen ihrer beiderseitigen Beziehung wurde mit der Präzision einer chirurgischen Operation analysiert und erforscht. Joan erkannte sein Bedürfnis, daß sie etwas anderes oder jemand anderes war, als sie sein konnte; sie begriff, daß sie sie selber sein mußte, auch wenn es ihn enttäuschte. Sie erkannte ein ganzes Geflecht von Bedürfnissen anderer Menschen — die Bedürfnisse ihres Mannes, ihrer Kinder, ihrer Freunde: »Ich kann einfach nicht all das für all diese Menschen sein — ich *muß* ich selbst sein.« Präziser noch: Joan erkannte, daß die Bedürfnisse anderer Menschen es ihr erschwerten, die Realität ihres bevorstehenden Todes zu akzeptieren und sich diesem Prozeß zu unterwerfen.

Dann vertiefte sich die Reise nach innen, und Joan begegnete einer Reihe schrecklicher Ungeheuer — Dämonen und »hageren, hungrigen Geschöpfen in gespenstischen Farben wie Neon-Grün«. Es war, als ob ganze Schwärme von Dämonen, wie sie in der asiatischen Kunst vorkommen, heraufbeschworen würden und einen wilden Tanz in ihrem Kopf aufführten. Wenn Joan sich auf sie zu- und in sie hineinbewegte, wurden sie immer unbestimmter, und das Bild verwandelte sich in etwas anderes, gewöhnlich in etwas ganz Freundliches. Einmal, während sie einige schleimige, böse Geschöpfe anblickte, sagte sie sich selbst: »Hu, das bin ich also auch — na gut.« Die Begegnung mit den Dämonen war von heftiger Atemnot begleitet; mehrmals machte Joan die Bemerkung: »Ich wollte, ich könnte noch atmen.« Dieser schwierige Teil war von verhältnismäßig kurzer Dauer. Nachdem sie die Kämpfe mit den Dämonen hinter sich hatte, hatte Joan das Gefühl, daß sie von einer »phantastischen Energie elektrisiert« wurde, die sie durchströmte. Es war eine solche Menge Energie, daß kein einzelner Mensch sie in sich halten und richtig mit ihr umgehen konnte; es war, als ob sie die Energie des ganzen Universums enthalte. Es wurde Joan klar, daß sie soviel Energie enthielt, daß sie diese im täglichen Leben verleugnen, mißbrauchen und auf andere projizieren mußte, als wolle sie damit nichts zu tun haben. Sie nahm sich blitzartig in verschiedenen Stadien ihres Lebens wahr, wie sie verschiedene Rollen ausprobierte — Tochter, Geliebte, junge Ehefrau, Mutter, Künstlerin —, und sie erkannte, daß sie alle nicht funktionieren konnten, weil sie nur unzulängliche Gefäße ihrer Energie waren. Der wichtigste Aspekt dieser Erfahrungen war ihre Bedeutsamkeit im Hinblick auf Joans Verständnis vom Tod. Joan erlebte die wundervolle Entfaltung des kosmischen Planes in all seinen unendlichen Nuancen und Verzweigungen. Jedes Individuum stellte einen Faden dar in dem prachtvollen Gewebe des Lebens und spielte darin eine besondere Rolle. Alle diese Rollen waren gleichermaßen notwendig für den zentralen Energiekern des Universums; keine von ihnen war wichtiger als andere. Nach dem Tod machte die Lebensenergie eine Verwandlung durch, und die Rollen wurden neu verteilt. Joan sah ihre Rolle in diesem Leben darin, eine Krebspatientin zu sein, und sie war fähig, diese Rolle zu akzeptieren. Sie erlebte die Dynamik der Reinkarnation, symbolisch dargestellt als eine

Ansicht der Erde mit vielen Pfaden, die in alle Richtungen führten und wie Ameisengänge aussahen. »Es hat viele Leben vor diesem gegeben, und viele andere Leben werden folgen; es kommt darauf an, zu erfahren und zu erforschen, was dir in diesem kosmischen Schauspiel zugewiesen ist. Der Tod ist nur eine Episode, *eine* vorübergehende Erfahrung in diesem wundervollen ewigen Drama.«

Als Folge dieser Einsichten hatte Joan offenbar eine bejahende Einstellung zur Gesamtheit des Seins entwickelt, sie akzeptierte jetzt, daß alles, was im Leben geschieht, letzten Endes richtig ist, und sie äußerte immer wieder in enthusiastischer Weise, welch unglaublicher Witz und Humor dem Seinsplan doch innewohne.

Während der ganzen Sitzung hatte Joan Visionen von Bildern, Skulpturen, kunsthandwerklichen Gegenständen und Bauwerken aus verschiedenen Kulturen: aus dem alten Ägypten, aus Griechenland und Rom, verschiedenen indianischen Stammeskulturen und aus dem vorkolumbianischen Peru und Mittelamerika. Die Visionen waren begleitet von zahlreichen Einsichten in das Wesen der menschlichen Existenz. Durch die reiche Fülle ihrer Erfahrungen entdeckte Joan, daß die Dimensionen ihres Seins größer waren, als sie gedacht hatte: »Es steckt eine Menge in mir, viel mehr, als ich je vermutete: Formen, Farben, Strukturen — unbeschreiblich, unbeschreiblich . . .« Alles, was in der Welt vorging und was die Menschen taten — die Vorstellung feindlicher Länder erfinden, mörderische Kriege führen, Rassenhaß und Aufstände, korrupte politische Machenschaften, eine umweltverschmutzende Technik —, betrachtete sie als ihr eigenes Tun und als Projektion dessen, was sie in sich selbst verleugnete, auf andere Menschen. Sie trat in Verbindung mit dem, was sie als reines Sein empfand, und erkannte, daß es unbegreiflich bleiben mußte und daß es keiner Rechtfertigung bedurfte. Und damit zugleich kam ihr die Erkenntnis, daß ihre einzige Aufgabe darin bestand, die Energie in Fluß zu bringen und nicht »darauf hocken zu bleiben« wie bisher. Der Strom des Lebens wurde symbolisiert durch viele prächtige Bilder von Fischen und Wasserpflanzen, die sich mit der Strömung bewegten, und durch reizvolle Tanzszenen, manche erhaben und überirdisch, andere ganz irdisch. Während sie all dies erlebte, fühlte Joan sich sehr lebendig, sexuell erregt und auch allgemein in einem angeregten Zustand; ihr ganzer Körper vibrierte vor Erregung und Entzücken.

Sie hatte sich während dieser Erfahrungssequenzen bequem zusammengekauert und erlebte sie in einer fötalen Haltung.

Nach ungefähr fünf Stunden beschloß Joan, den Augenschirm abzunehmen, sich aufzusetzen und Kontakt mit der Umgebung aufzunehmen. Sie saß in tiefem Frieden und ganz entspannt auf der Couch, lauschte einer Musik, die sonst zur Begleitung der Zen-Meditation diente, und betrachtete die Rosenknospe, die auf dem Tisch stand. Manchmal schloß sie die Augen und kehrte in ihre innere Welt zurück; ihr Gesicht leuchtete, es hatte den Ausdruck ruhiger Seligkeit, wie man ihn bei buddhistischen Skulpturen findet. Sie erblickte ein einzelnes Auge, das lange Zeit in ihrem Gesichtsfeld blieb und viele verschiedene Gestalten annahm: die Gestalt des leidenden Juden, eines persischen Kaisers, eines ausgehungerten pakistanischen Flüchtlings, eines kleinen Jungen, der durch einen einfachen Holzzaun guckte. Lange Zeit erlebte sie nichts als ein schönes, warmes, nährendes, goldenes Leuchten, wie ein transzendenter Regen flüssigen Goldes. Die Trauben auf dem Tisch schmeckten wie Ambrosia, und die Traubenstengel sahen so schön aus, daß Joan beschloß, ein paar davon als Erinnerung mit nach Hause zu nehmen.

Später am Nachmittag kam Dick zu uns in den Sitzungsraum. Sofort fielen Joan und er einander in die Arme, und sie blieben etwa 20 Minuten lang in inniger Umarmung. Dick hatte das Empfinden, daß eine ungeheuer starke Energie von Joan ausstrahlte, er sagte, er spüre, daß ein fast greifbares Energiefeld ihren Körper umgebe. Wir überließen die beiden ungefähr zwei Stunden lang sich selbst; während dieser Zeit teilte Joan ihre Erfahrungen Dick mit. Eine der schönsten Erinnerungen, die Joan an diese Sitzung hatte, war, daß sie beide miteinander duschten; Joan fühlte sich in ungewöhnlichem Einklang mit Dicks Körper und fand plötzlich heraus, wie sie es anstellen mußte, ihn richtig zu massieren. Später nahmen wir alle gemeinsam eine chinesische Mahlzeit ein; obwohl das Essen aus einem Restaurant in die Stadt gebracht worden und von durchschnittlicher Qualität war, fand Joan, es sei das Beste, was sie je gegessen hatte. Sie sagte, sie könne sich nicht erinnern, je zuvor eine Mahlzeit so genossen und sich dabei so gut unterhalten zu haben.

Den Rest des Abends verbrachten Joan und Dick in ruhiger Gemeinschaft; sie lagen miteinander auf der Couch und hörten sich Stereomusik an. Dick war von Joans Weisheit und Offenheit sehr beeindruckt. Er war überzeugt, daß sie Zugang zu Schichten kosmischer Weisheit hatte, die ihm verschlossen waren. Er bewunderte die Folgerichtigkeit ihrer Berichte und die spontane Selbstsicherheit und Autorität, mit der sie über ihre Erfahrung sprach. Dick fand, das Zusammensein mit Joan sei einfach eine reine Freude. Sie zeigte sich absolut frei von Angst und war bester, ja strahlender Stimmung. Ihre Fähigkeit, Dinge zu genießen, war erheblich gesteigert, ob es sich nun um Musik, Geschmacksempfindungen, Farben oder um ein Duschbad handelte. Dies war eine so ansteckende Erfahrung, daß Dick selbst den Wunsch nach einer psychedelischen Sitzung hatte. Er beschloß, sich zu erkundigen, ob nicht die Möglichkeit für ihn bestand, an dem LSD-Schulungsprogramm für Fachleute bei uns im Maryland Psychiatric Research Center teilzunehmen.[1]

Obgleich sie sich sehr wohl und ziemlich schläfrig fühlte, blieb Joan noch lange auf und wachte auch in der Nacht mehrmals auf. In einem ihrer Träume arbeitete sie in einer Bibliothek und hörte Leute sagen: »Dieser Zen-Kram hat keinen Sinn.« Sie lächelte still vor sich hin, denn sie wußte, daß es zu einfach war, um für diese Leute einen Sinn zu haben.

Joans Gefühle in den Tagen nach der Sitzung sind aus ihrem Bericht ersichtlich: »Am nächsten Morgen fühlte ich mich erfrischt, entspannt und ganz im Einklang mit der Welt. Dick legte eines der Brandenburgischen Konzerte von Bach auf, und die Musik erschien mir absolut vollkommen. Die äußere Welt erschien mir klar, heiter und schön. Auf dem Heimweg sah ich Dinge, die ich nie zuvor gesehen hatte. Die

---

[1] Wichtige Teile der LSD-Sitzungen Dicks drehten sich um seine Probleme im Zusammenhang mit Krebs und Tod. Joan war die dritte wichtige Frau in seinem Leben, die an Krebs starb; in der Vergangenheit hatte er das langsame Sterben seiner Mutter und seiner ersten Frau mitangesehen. Er erkannte, daß seine unbewußten Gefühle gegenüber diesen Frauen sich von Zorn (»Ich brauche dich und bin von dir abhängig, wie kannst du mir das antun?«) bis zu Schuldgefühlen und dem Empfinden erstreckten, für ihre Krankheit verantwortlich zu sein. (»Ich bin der gemeinsame Nenner im Leben dieser drei Frauen. Bin ich die Ursache ihrer Krankheit?«) Die LSD-Sitzungen erwiesen sich als sehr förderlich für die Lösung dieser tiefsitzenden Konflikte.

Bäume, das Gras, die Farben, der Himmel: alles war wirklich prachtvoll anzuschauen.«

Etwa zwei Monate lang nach der ersten LSD-Sitzung fühlte Joan sich entspannt, gehobener Stimmung und optimistisch; die psychedelische Erfahrung schien auch neue Bereiche mystischer und kosmischer Erfahrung in ihr aufgeschlossen zu haben. Die religiösen Elemente, die sie in der Sitzung erlebt hatte, überschritten die engen Grenzen der traditionellen katholischen Religion, in der sie erzogen worden war. Sie versenkte sich nun in das stärker universale Denken, wie man es im Hinduismus und Buddhismus findet.

In den Wochen, die auf die Sitzung folgten, war Joan von einer so überquellenden Energie erfüllt, daß die sie behandelnden Ärzte ganz verblüfft waren. Joans Energiereserven standen ihrer Meinung nach in völligem Widerspruch zu ihrem ernsten klinischen Zustand; sie gaben ihrer Überraschung darüber, daß Joan sich immer noch ohne Hilfe bewegen und sogar Auto fahren konnte, unverhohlen Ausdruck. Auch äußerten sie Zweifel, daß Joan in der Lage sein würde, ihre Ferien im kommenden Sommer in Kalifornien zu verbringen, wie es die Familie plante. Joan selber war sehr zuversichtlich und glaubte, daß dies möglich sein werde. Der spätere Gang der Dinge rechtfertigte ihre Gefühle, denn der Ferienaufenthalt in Kalifornien erwies sich als eine sehr erfüllte und befriedigende Zeit für die ganze Familie.

Mitte Januar wurde diese positive Entwicklung dann unterbrochen: Joan mußte wegen dauerndem Aufstoßen und Würgen ihren Arzt aufsuchen; dieser stellte einen neuen Knoten in der Gegend der Milz fest, den er als metastatisches Gewächs identifizierte. Joan war sehr enttäuscht, daß die Ärzte daraufhin keine konkrete medizinische Maßnahme vorschlugen; sie hatte den Eindruck, die Ärzte hätten sie aufgegeben. Beide, Joan und Dick, äußerten den nachdrücklichen Wunsch nach einer weiteren psychedelischen Sitzung. Joan war sehr optimistisch, daß die Sitzung ihren seelischen Zustand beeinflussen und ihre philosophischen und spirituellen Einsichten vertiefen werde; sie hatte auch den Gedanken, daß es ihr möglich sein könnte, die psychosomatische Komponente zu beeinflussen, die sie in der Ätiologie des Krebses vermutete. Dick war zuversichtlich, daß er diesmal mit dem Einfluß, den die Sitzung Joans auf seinen eigenen psychischen Zustand haben könnte, weit besser zurechtkommen werde.

Die zweite LSD-Sitzung

Die zweite LSD-Sitzung fand im Februar 1972 statt. Da die Dosis von 300 Mikrogramm beim ersten Mal eine starke Wirkung gehabt hatte, injizierten wir bei dieser Sitzung die gleiche Menge. Im folgenden geben wir Joans Bericht wieder, der die wichtigsten Ereignisse der Sitzung zusammenfaßt:

»Diese Sitzung war für mich bedrückend. Sie bildete in fast jeder Hinsicht den Gegensatz zu meiner ersten; sie war schwarz-weiß anstatt farbig; persönlich anstatt kosmisch; traurig, nicht freudig. Kurze Zeit zu Beginn fühlte ich mich wieder in einem universalen Raum oder Ort, und ich wußte, daß das gesamte Universum in jedem von uns ist und daß unser Leben und unser Tod einen Sinn haben. Danach verengte sich die Erfahrung und wurde sehr viel persönlicher. Das Thema meiner Reise war der Tod. Ich erlebte mehrere Begräbnisszenen in prunkvollem oder traditionellem Rahmen, manchmal auf einem Friedhof, manchmal in einer Kirche mit einem Chor vieler Menschen. Mehrere Stunden lang mußte ich immer wieder weinen. Ich stellte auch viele Fragen und beantwortete sie; sie führten immer zu letzten, unbeantwortbaren Problemen, und dann kam mir das Ganze irgendwie seltsam vor. Ich erinnere mich, daß ich ziemlich zu Anfang dachte: ›All dieses Häßliche ist in Wirklichkeit schön.‹ Im Laufe des Tages kamen mir andere Gegensätze in den Sinn: Gut und Böse, Sieg und Niederlage, Weisheit und Unwissenheit, Leben und Tod.

Ich habe den Eindruck, daß ich meine Kindheit erlebte, aber keine einzelnen Szenen, sondern nur eine Stimmung, eine sehr traurige. Ein großer Teil davon hatte mit sehr frühen Gefühlen der Frustration und der Entbehrung zu tun, mit Hungern und Notleiden. Der Gedanke ging mir durch den Kopf, daß es vielleicht einen Zusammenhang gab zwischen diesen Erfahrungen und meinem Magengeschwür, das sich zu einem Karzinom entwickelt hatte. Einmal erinnere ich mich einfach an das Gefühl, sehr lange Zeit draußen im Regen gestanden zu haben. Ich erinnere mich auch, wie ich einmal mit meinen Brüdern zusammen war und wir bei einer Theater- oder Zirkusvorstellung von dem Mann, der die Aufsicht hatte, fortgewiesen wurden, und wie traurig wir waren, als wir weggingen und nicht recht wußten, wohin.

Es liegt auf der Hand, welche Anspielungen auf meine jetzige Lage dahinterstecken — daß es mir verweigert ist, weiter auf der Bühne des Lebens zu stehen, und daß ich der Ungewißheit des Todes gegenüberstehe.

Ziemlich lange (es kam mir jedenfalls lange vor) erlebte ich die Situation, wie ich meine jetzige Familie auf meinen Tod vorbereitete. Da war eine Szene, in der ich es ihnen schließlich eröffnete, nachdem ich mich zuerst einige Zeit darauf vorbereitet hatte. In einer Folge von Szenen konnte ich meinen Kindern Lebewohl sagen, meinem Mann, meinem Vater und anderen Verwandten, Freunden und Bekannten. Ich tat das sehr differenziert, jeweils auf die Persönlichkeit und die besondere Empfindsamkeit des einzelnen abgestimmt. Wir weinten, aber nach einiger Zeit herrschte eine herzliche, zuversichtliche Stimmung; am Ende versammelten sich alle um mich, um mir etwas Gutes zu tun. Ich weiß noch, daß sie warme Speisen und Süßigkeiten für mich richteten. Danach nahm ich nacheinander von ihnen und von meinem Mann Abschied und verbrachte auch einige Zeit damit, mir klarzumachen, daß es teilnehmende Menschen gab, die sich um sie kümmern würden. Auch ihnen sagte ich Lebewohl, und ich wußte, daß etwas von mir in ihnen weiterleben würde.

Am Ende meiner Reise stand eine glückliche, herzliche Szene — die ich, wie ich genau fühlte, nur beobachtete, an der ich nicht wirklich teilnahm, die mir aber großes Vergnügen machte. Es war eine Szene mit Erwachsenen und Kindern, die draußen im Schnee spielten. Ich fühlte, daß ich an einem Ort weit im Norden war. Alle waren warm angezogen und froren nicht, trotz Kälte und Schnee. Die Erwachsenen gaben sich mit den Kindern ab und hatten ihren Spaß an ihnen, es wurde gelacht und herumgetollt, und alles war in heiterer Stimmung. Dann erinnere ich mich, daß ich eine lange Reihe von Stiefeln sah und wußte, daß Kinderfüße in ihnen steckten und daß diese warm waren.

Am Abend nach der Sitzung ging es mir zwar in mancher Hinsicht recht gut — so war ich Dick gegenüber aufgeschlossen und freute mich, ihn zu sehen —, aber immer wieder mußte ich weinen. Ich glaubte wohl, daß ich mich und meine Lage realistisch sah, daß ich jetzt besser mit ihr zurechtkommen konnte, aber ich war trotzdem sehr traurig. Ich hatte das Gefühl, daß ich nicht fertig war — daß ich noch ein paar Stunden hätte weitermachen können und dann vielleicht von der Bedrückung zur Freude gelangt wäre.«

Die zweite Sitzung erwies sich als sehr nützlich für Joan. Sie fand sich mit ihrer Lage ab und beschloß, die ihr verbleibenden Tage der Suche nach dem Spirituellen zu widmen. Nach einem Ferienaufenthalt, den die Familie an der Westküste verbracht hatte, beschloß sie, von ihrem Mann und ihren Kindern Abschied zu nehmen. Sie meinte, dies werde ihnen das schmerzliche Erlebnis ersparen, ihren fortschreitenden Verfall mitansehen zu müssen, und es ihnen ermöglichen, sie als voll Leben und Energie in Erinnerung zu behalten. In Kalifornien blieb sie in engem Kontakt mit ihrem Vater, der sich selber mit dem spirituellen Weg beschäftigte; er führte sie in eine Vedanta-Gruppe ein. Im Sommer hatte Joan dann das Verlangen nach einer weiteren LSD-Erfahrung. Sie schrieb uns einen Brief und erkundigte sich, ob es nicht möglich wäre, die dritte Sitzung in Kalifornien abzuhalten. Wir empfahlen ihr Dr. Sidney Cohen, der über umfangreiche Erfahrungen mit der psychedelischen Behandlung von Krebspatienten verfügte. Im folgenden bringen wir den Bericht Joans über ihre dritte Sitzung, die sie unter der Leitung Dr. Cohens hatte. Die Dosis betrug 400 Mikrogramm.

Die dritte LSD-Sitzung

»Meine erste Reaktion, als die Droge zu wirken begann, war, daß mir kalt und immer kälter wurde. Offenbar konnten auch noch so viele warme Decken gegen dieses schneidende, bis in die Knochen dringende Frieren, gegen dieses Gefühl, vor Kälte steif und ganz grün zu sein, nichts ausrichten. Es fiel mir später schwer zu glauben, daß man so viele warme Decken auf mich gelegt hatte, denn nichts schien zu diesem Zeitpunkt die Kälte zu mildern. Ich verlangte nach heißem Tee, den ich durch ein Glasröhrchen schlürfte.

Dann — irgendwann — trat ich in eine sehr intensive Erfahrung ein, während ich noch die heiße Teetasse in der Hand hielt. Die Tasse wurde zum Universum, und alles war ganz deutlich, klar und real. Die grünliche, bräunliche Farbe des Tees verschmolz zu einem wirbelnden Strudel. Keine Fragen mehr. Leben, Tod, Sinn — alles war da. Alles war eines. Furcht existierte nicht. Tod, Leben — alles das gleiche. Die wirbelnde Kreisförmigkeit von allem. Der intensive Wunsch, alle sollten erkennen, daß das Universum in allen ist. Die Träne, die mir über die Wange rinnt, die Tasse — alles! Was für eine Harmonie liegt hinter dem scheinbaren Chaos! Der Wunsch, sie nicht aus dem Blick zu verlieren, der Wunsch, daß alle an der Erfahrung teilhätten; dann könnte es keine Zwietracht mehr geben. Ich fühlte, daß Dr. Cohen es auch wußte. Dann kam mein Vater herein, und ich versuchte, ihm alles, was ich nur konnte, von der intensiven Erfahrung, die ich eben gehabt hatte, mitzuteilen — ich versuchte, das Unausdrückbare auszudrücken. Daß es keine Furcht gibt, kein Problem der Furcht. Wir sind immer dort gewesen, wohin wir gehen. Es genügt, einfach zu *sein*. Es ist nicht nötig, sich zu sorgen, zu fragen, zu zweifeln, logisch zu überlegen. Einfach sein. Ich sagte ihm, wie wichtig wir alle sind, um die Dinge in Gang zu halten.

Ich trank meine heiße Fleischbrühe und den Tee, gierig nach Nahrung und Wärme. Nach einer Pause kehrte ich wieder zu mir selbst zurück. Diesmal erlebte ich trostlose, traurige Szenen aus meiner frühen Kindheit, die mir aus meinen früheren Sitzungen schon bekannt waren. Die Bilder zeigten kleine, skelettartige Geschöpfe, die in der Leere herumschwammen und nach Nahrung suchten, aber keine fanden. Leere — keine Erfüllung. Magere Vögel, die in einem leeren Nest nach Nahrung suchten. Gefühle, die wir, meine Brüder und ich, hatten, allein gelassen auf der Suche, ohne Ziel und Bleibe. Irgendwann verfiel ich wieder in meine Traurigkeit. Traurigkeit als beherrschendes Thema von der frühen Kindheit an, mein ganzes Leben hindurch. Ich erkannte, wie sehr ich mich immer mehr bemüht hatte, sie zu verbergen und so zu sein, wie die anderen mich offenbar haben wollten (›Lächle!‹ — ›Beeil dich!‹ — ›Hör auf zu träumen!‹). Später in der Sitzung hatte ich das Gefühl, daß einige auserwählt sind, die Traurigkeit zu empfinden, die dem Weltall innewohnt. Wenn ich zu ihnen gehöre, gut. Ich dachte an all die Kinder, die nach einer Mutter suchen, die nicht da ist. Ich dachte an die Stationen des Kreuzwegs und fühlte das Leiden Christi oder die Trauer, die er empfunden haben muß. Ich erkannte, daß es das Karma anderer ist, die Freude oder die Kraft oder die Schönheit zu fühlen — was auch immer. Warum nicht auch die Traurigkeit bereitwillig annehmen?

Ein anderes Mal lag ich auf vielen Kissen, mit vielen Steppdecken zugedeckt – warm, sicher. Ich wollte nicht als Person wiedergeboren werden — vielleicht als Regenbogen, orangefarbig, rötlich, gelblich, sanft, schön. Irgendwann am Nachmittag wurde mir die zentrale Rolle meines Magens bewußt. So viele Bilder von Menschen, die getröstet wurden, indem sie etwas zu essen bekamen, meine vorherige Gier nach dem heißen Tee, der Fleischbrühe, immer etwas, das in meinen Magen kam. Ich erkannte, daß mir das heute in meinem täglichen Leben bewußt ist — immer das Verlangen nach der Brust und dem stellvertretenden Löffel, dem Strohhalm, der Zigarette. Nie genug haben!

Ich merkte, daß ich wieder ein Kind war — abhängig, aber jetzt habe ich eine Mutter [die zweite Frau ihres Vaters], die mich betreut, die mich betreuen *will*, der das Freude macht. Ich fand Trost und Freude darin, daß ich bekam, was ich als Kind nie gehabt hatte. Es kamen Augenblicke, wo ich den Duft und das Anfassen der Früchte genoß — eine schöne Mangofrucht, eine Birne, ein Pfirsich, Trauben. Während ich sie anschaute, sah ich die Bewegungen der Zellen. Lange Zeit später erfreute ich mich an der Rosenknospe — sie war so samtig, duftend und wunderschön.

Gegen Ende des Tages wurde mir plötzlich bewußt, daß ich einen Weg gefunden hatte, um meine lebenslange Traurigkeit zu rechtfertigen: der Weg, unheilbar krank zu werden. Die Ironie dieser Situation war, daß ich in dieser Entdeckung Glück und Erleichterung fand. Ich wollte zu den Ursprüngen meiner Traurigkeit vordringen. Ich erkannte, daß meine Mutter mir schon von ganz früh an nicht viel zu geben hatte; daß vielmehr sie von mir erwartete, *ihr* zu geben. Tatsächlich hatte ich ihr mehr zu geben als sie mir. Ich erlebte das als eine schwere Last.

Mit meinem Vater hatte ich viele Diskussionen über das Thema Traurigkeit, darüber, was daran verkehrt ist und warum sie von anderen so abgelehnt wird. Ich schilderte ihm, wieviel Kraft ich darauf verwandt hatte, so zu tun, als sei ich froh oder glücklich, oder zu lächeln. Ich sprach von der Schönheit des Traurigseins — des traurigen Wohlgefühls, der süßen Traurigkeit. Sich selbst und anderen erlauben, traurig zu sein, wenn einem danach ist. Traurigkeit ist vielleicht nicht in Mode, wie es Freude ist, Impulsivität und muntere

Heiterkeit. Ich verwandte viel Energie darauf, mich so zu geben: froh, impulsiv, munter. Jetzt *bin* ich nur noch — ich bin nicht dies oder jenes, ich bin einfach. Manchmal heißt das traurig, oft friedlich, manchmal zornig oder reizbar, manchmal voller Wärme und glücklich. Ich bin nicht mehr traurig, daß ich sterben muß. Ich habe viel mehr liebevolle Gefühle als je zuvor. Der ganze Druck, etwas ›anderes‹ zu sein, ist von mir genommen. Ich fühle mich befreit vom Schwindeln und vom So-tun-als-Ob. Mein tägliches Leben ist durchdrungen von einer Fülle spiritueller Gefühle.«

Ein Mitarbeiter unseres Teams, der Joan kurze Zeit vor ihrem Tod in Kalifornien besuchte, gab uns eine bewegende Schilderung ihrer letzten Tage. Ihre Suche nach dem Spirituellen blieb ungebrochen, und sie verbrachte mehrere Stunden täglich in Meditation. Trotz ihres sich rapid verschlechternden physischen Zustandes wirkte sie seelisch ausgeglichen und schien guter Stimmung zu sein. Besonders bemerkenswert war ihre Entschlossenheit, keine Gelegenheit auszulassen, die Welt voll zu erleben, solange sie konnte. Sie bestand darauf, daß ihr alle Mahlzeiten vorgesetzt wurden, die die anderen aßen, obwohl ihr Magendurchgang jetzt völlig blockiert war und sie nichts schlucken konnte. Sie kaute die Nahrung langsam, schmeckte sie und spuckte sie dann in einen Eimer aus. An ihrem letzten Abend war sie ganz darin versunken, dem Sonnenuntergang zuzusehen. »Was für ein prachtvoller Sonnenuntergang!« waren ihre letzten Worte, bevor sie sich in ihr Schlafzimmer zurückzog. In dieser Nacht starb Joan friedlich im Schlaf.

Nach Joans Tod erhielten ihre Verwandten und Freunde an der Ostküste eine Einladung zu einem Gedenktreffen, die sie vor ihrem Tod noch selbst geschrieben hatte. Als alle sich zur festgesetzten Zeit versammelten, vernahmen sie zu ihrer Überraschung Joans Stimme, die von einer Bandaufnahme zu ihnen sprach. Es war viel mehr als nur ein ungewöhnliches und bewegendes Lebewohl. Nach den Berichten der Teilnehmer hatten Inhalt und Ton ihrer Ansprache eine ungemein starke tröstliche Wirkung auf die Menschen, die im Gefühl der tiefsten Traurigkeit zu dieser Zusammenkunft gekommen waren.

Als wir anfingen, mit Krebskranken im Endstadium zu arbeiten, nahmen wir naiverweise an, das werde im Gegensatz zu der Arbeit mit psychiatrischen Patienten im großen und ganzen darauf hinauslaufen, daß wir relativ »normalen« Patienten, die eine schwere physische Krankheit hatten und darauf eine verständliche und durchaus berechtigte Reaktion zeigten, LSD verabreichten. Diese Illusion verflog schnell, als sich herausstellte, daß zahlreiche Krebspatienten vielfältige schwere psychische Konflikte und seelische Probleme hatten, die bis in die Zeit vor dem Beginn und der Diagnose ihrer körperlichen Krankheit zurückreichten. Tatsächlich waren diese emotionellen Probleme in nicht wenigen Fällen solcher Art, daß sich die Annahme eines Kausalzusammenhanges fast aufdrängte. Allgemein schien die Häufigkeitsrate depressiver Zustände, stark negativer Einstellung zum Leben und sogar selbstzerstörerischer und selbstmörderischer Tendenzen bei diesen Patienten höher zu liegen, als man sie bei einer zufällig ausgewählten Bevölkerungsgruppe erwarten würde. Obwohl diese Feststellung auf klinischen Eindrücken basiert und nicht in kontrollierter, systematischer Weise untersucht wurde, sahen wir doch überraschend viele Krebspatienten, die schwere Schuldgefühle, Gefühle des Selbsthasses und Selbstbestrafungstendenzen zeigten, die der klinischen Manifestation des Krebses um Jahre oder Jahrzehnte vorangegangen waren. Es kam nicht selten vor, daß Krebspatienten in ihren LSD-Sitzungen eine direkte Verbindung zwischen solchen Tendenzen und ihrer Krebserkrankung sahen. Weniger häufig, aber gleichfalls verbreitet war die Neigung, eine bereits vorhandene Krebskrankheit als Strafe zu deuten. Ferner gab es einen hohen Anteil von Personen, die in der Kindheit seelische und/oder physische Entbehrung erduldet hatten; in manchen Fällen waren die Patienten in der Vergangenheit auch wirklich physisch mißhandelt worden. Für diese Personen bestand eine der Dimensionen, die konstant in der LSD-Sitzung auftauchten, im Wiedererleben äußerst schmerzlicher Szenen, die mit Angst, Einsamkeit, Hunger und Miß-

6

Die psychedelische Metamorphose des Sterbens

handlung zu tun hatten. In manchen Fällen sahen die Patienten selbst in dieser frühen Deprivation eine mögliche Ursache ihrer Krankheit.[1] Wir stellten häufig fest, daß der Bereich, wo der Krebs zuerst auftrat, schon viele Jahre vor der Entstehung des Tumors Gegenstand gesteigerter Aufmerksamkeit seitens des Patienten gewesen war. In einigen Fällen konnten wir verschiedene psychosomatische Symptome an dem später vom Krebs befallenen Organ bis in die Kindheit oder sogar in das Säuglingsalter zurückverfolgen. Bei einer signifikanten Zahl von Personen entdeckten wir bedeutsames, mit dem betreffenden Bereich zusammenhängendes psychotraumatisches Material, teils während der vorbereitenden Arbeit, teils im Verlauf der psychedelischen Erfahrungen. Manche Patienten gaben an, der Ort, an dem das Karzinom aufgetreten war, sei bei ihnen immer ein schwacher Punkt bzw. das schwächste Glied in der Kette der psychosomatischen Prozesse gewesen, und das vom Krebs befallene Organ oder Gebiet habe auf seelische Belastungen in ihrem Leben immer schon in besonderer Weise reagiert. So stellten wir zum Beispiel fest, daß bei Frauen eine schwere Traumatisierung und Konflikte im sexuellen Bereich nicht selten der Entstehung eines Unterleibskrebses vorangin-

---

[1] In diesem Zusammenhang ist ein Aufsatz von Carl und Stephanie Simonton interessant; die Autoren geben einen Überblick über die medizinische Literatur, die sich mit verschiedenen Aspekten der Beziehung zwischen seelischen Faktoren und dem Entstehen von Krebs befaßt. Ihren Darlegungen zufolge herrscht in über 200 Aufsätzen, die sie analysierten, allgemeine Übereinstimmung darüber, daß tatsächlich eine Beziehung besteht; es scheint also nicht darum zu gehen, ob ein solcher Zusammenhang besteht oder nicht, sondern vielmehr um den Grad und die praktische Bedeutung dieses Zusammenhangs. Die von den Verfassern der betreffenden Aufsätze angeführten Persönlichkeitsmerkmale und Faktoren, die am stärksten zu Krebs disponieren, sind: 1. eine starke Neigung zum Festhalten an Zorn und Ressentiments und eine ausgeprägte Unfähigkeit zu vergeben; 2. Neigung zu Selbstmitleid; 3. eine geringe Fähigkeit, sinnerfüllte dauerhafte Beziehungen aufzubauen und zu bewahren; und 4. ein sehr schwaches Selbstwertbewußtsein. Die Simontons vermuten, das grundlegende Lebensmuster dieser Personen sei Abweisung durch andere, worin ihrer Auffassung nach möglicherweise auch der gemeinsame Nenner all dieser Persönlichkeitsmerkmale zu sehen ist. Ihrer Meinung nach kulminiert dieses Lebensmuster häufig im Verlust eines ernsthaften Liebesobjekts sechs bis 18 Monate vor der Diagnose der Krebserkrankung.

gen. Ebenso ging bei mehreren Patienten eine mit dem oralen Bereich und der Nahrungsaufnahme zusammenhängende signifikante Psychopathie dem Beginn eines Magenkrebses voran; in einem Fall bildete ein Magengeschwür die Zwischenstufe zwischen gastrischer Dysfunktion neurotischer Natur und einem manifesten Karzinom. Es gab auch Fälle, wo langjährige gastrointestinale Beschwerden der Entstehung eines Karzinoms der Bauchspeicheldrüse vorausgegangen waren und wo langdauernde gravierende anale Probleme maligne Veränderungen im Dickdarm ankündigten. Obwohl es sich hier um sporadische Beobachtungen ohne eine solide statistische Grundlage handelt, traten sie im Verlauf der LSD-unterstützten tiefenpsychologischen Psychotherapie so auffällig hervor, daß eine systematischere Untersuchung in der Zukunft sehr begründet erscheint.

Was die psychedelischen Sitzungen selbst angeht, so hatten viele der krebskranken, dem Tod entgegengehenden Patienten offenbar sehr starke psychische Abwehrmechanismen und erhebliche Schwierigkeiten, sich fallenzulassen und die psychedelische Erfahrung zu akzeptieren. Häufig wehrten sie sich gegen einen tiefen Einblick in ihr eigenes Unbewußtes und waren im allgemeinen erst dann fähig, ihren psychischen Widerstand aufzugeben, wenn eine gute psychotherapeutische Beziehung hergestellt war. Obwohl solche Schwierigkeiten, sich der Erfahrung preiszugeben, sehr häufig auftraten, gab es natürlich auch signifikante Ausnahmen.

Die Art der psychedelischen Sitzungen mit Krebspatienten im Endstadium unterschied sich nicht wesentlich von unseren Beobachtungen bei verschiedenen Kategorien psychiatrischer Patienten, mit denen wir schon gearbeitet hatten, wie Neurotikern, Alkoholikern und Drogensüchtigen oder bei »normalen« Freiwilligen, die im Rahmen eines Ausbildungsprogramms psychedelische Sitzungen hatten. Die Erfahrungen schwerkranker, dem Tode naher Patienten erstreckten sich, wie die von Personen anderer Kategorien, über einen breiten Bereich: von abstrakten und ästhetischen Erfahrungssequenzen über das Wiederaufleben traumatischer oder positiver Kindheitserinnerungen und Erfahrungen von Tod und Wiedergeburt bis hin zu tiefreichenden archetypischen und transzendentalen Formen des Bewußtseins. Trotz dieser allgemeinen Übereinstimmung gab es doch bestimmte Charakteristika, die für LSD-Sitzungen von Krebspatienten typisch zu sein schienen und sie von denen anderer Personengruppen unterschieden.

Wie zu erwarten, war bei den Krebspatienten die Wahrscheinlichkeit, daß bei den Sitzungen schwierige somatische Symptome auftraten, im allgemeinen höher, und sie waren in stärkerem Maße mit ihrem körperlichen Befinden beschäftigt als andere Personen. Verschiedene psychosomatische Erscheinungen, wie Übelkeit, Erbrechen, Zittern, Herzbeschwerden und Atemschwierigkeiten, sind bei der psychedelischen Therapie allerdings sehr häufig, ganz unabhängig von der spezifischen Personengruppe. Sie traten besonders häufig auf beim Einsetzen der Drogenwirkung und dann wieder auf dem Höhepunkt der Sitzungen. Intensive physische Manifestationen können das Auftauchen besonders bedeutsamen unbewußten Materials anzeigen und stehen in Korrelation mit dem Kampf des Patienten, die üblichen Widerstände und Abwehrmechanismen zu durchbrechen. Außer diesen psychosomatischen Symptomen traten in den Sitzungen von Krebspatienten verschiedene physische Probleme auf, die direkt mit ihrer Krebserkrankung zusammenhingen und spezifische Störungen in ihren physiologischen Funktionen widerspiegelten. Die häufigsten Komplikationen dieser Art waren Übelkeit und Erbrechen bei Patienten mit Magenkrebs oder Blockierungen im Darmtrakt und Inkontinenz von Urin und Kot bei Patienten mit Tumoren im Becken oder Metastasen an der Wirbelsäule. Personen, die an fortgeschrittenem Krebs litten, schienen die psychedelischen Sitzungen auch mehr zu ermüden als andere Personen, mit denen wir gearbeitet haben. Besonders nach langen LSD-Sitzungen fühlten sich viele dieser Patienten nicht nur am Abend des gleichen Tages sehr erschöpft, sondern auch noch während des ganzen darauffolgenden Tages. Aus diesem Grund waren die wohltuenden Wirkungen einer Sitzung häufig durch physische und psychische Erschöpfung unterschiedlichen Grades maskiert, so daß sie für das Klinikpersonal oft erst am zweiten Tag nach der psychedelischen Sitzung bemerkbar wurden.

Zu den für Krebspatienten spezifischen Erfahrungen gehören natürlich jene Erfahrungssequenzen, die einen direkten Zusammenhang mit ihrer Krankheit haben. In mehreren Fällen kamen Patienten, mit denen die Diagnose und Prognose ihrer Krankheit vor der LSD-Erfahrung wegen eines starken Widerstandes auf ihrer Seite oder auf seiten naher Verwandter nicht erörtert worden war, während der Sitzung zu einer klaren Erkenntnis, an welcher Krankheit sie litten. Diese Einsicht basierte auf der Zusammenschau verschiedener körperlicher Anzeichen und Beobachtungen oder auf direktem körperlichen Gewahrsein ihrer eigenen Gewebe und ihrer Zellvorgänge. Viele Personen, mit denen wir arbeiteten, hatten eine direkte Erfahrung ihrer Krankheit, entweder durch Visualisierung des Krebses selbst oder durch intuitive Erfassung des Krankheitsprozesses. Bilder von der vom Krebs befallenen Körperpartie, der anatomischen und topographischen Merkmale und des Gefäßsystems, waren nicht selten. Diese Einblicke waren häufig von psychodynamischem Material begleitet, das offenbar mit der Entstehung des Krebses zusammenhing.

Personen, die ein deutliches Gewahrsein des Krebsprozesses erlebten, unternahmen gelegentlich spontane Versuche der Selbstheilung. Sie folgten dabei gewöhnlich ihrer Intuition, welches spezielle therapeutische Vorgehen ihnen helfen könnte. Manchmal versuchten sie, sich von psychischen oder physischen Blockierungen in den betroffenen Körperteilen zu befreien. Andere wurden sich destruktiver Kräfte bewußt, die nach ihrem Gefühl dem malignen Prozeß zugrunde liegen konnten, und sie versuchten nun, diese Kraft zu entladen oder abzustoßen. Eine andere Methode war der Versuch, ein heilendes Energiefeld zu schaffen, welches das erkrankte Organ oder den ganzen Körper umschloß; manchmal beschrieben sie dieses Energiefeld mit Farbbezeichnungen, zum Beispiel als ein grünes oder blaues Licht. Einige andere Methoden, die wir in dieser Situation beobachten konnten, waren die lebhafte Visualisierung des Tumors und der Versuch, die ihn mit Blut versorgenden Arterien abzuschnüren, oder das Bemühen, die Abwehrkräfte des Organismus zu mobilisieren und den Zufluß von Antikörpern zu dem Tumor zu verstärken.[2] Angesichts der Empfindlichkeit des psychedelischen Behandlungsverfah-

---

[2] Diese Bemühungen zeigen eine auffallende Ähnlichkeit mit der von Carl und Stephanie Simonton entwickelten therapeutischen Methode, die neben der Durchführung der spezifischen Krebsbehandlung den Patienten in Meditationsgruppen Techniken der Entspannung und Visualisierung lehren, welche die Schutzmechanismen des menschlichen Körpers verstärken sollen.

rens und des unzureichenden Wissens über die Natur des Krebses gingen wir so vor, daß wir derartige therapeutische Experimente weder speziell programmierten, noch ihnen etwas in den Weg legten, wenn sie spontan versucht wurden.

Bestimmte Typen von Erfahrungen, die auch in Sitzungen anderer Patienten regelmäßig auftreten, schienen bei Todkranken häufiger vorzukommen oder mit stärkerem emotionalen Engagement erlebt zu werden. So war es angesichts der Umstände ganz verständlich, daß Todeserfahrungen und die Suche nach einem Sinn in der menschlichen Existenz bei den Krebspatienten besonders stark hervortraten. Ein anderes häufiges Thema war die Herauskristallisierung bestimmter Einstellungen gegenüber Familienmitgliedern, nahen Freunden und Bekannten, in Verbindung mit dem Bemühen, »alte Rechnungen« zu begleichen und zu einem besseren Verständnis des Sinnes dieser Beziehungen zu gelangen. Oft ließen Todkranke all ihre gegenwärtigen menschlichen Beziehungen und ihre gesamte Lebensgeschichte Revue passieren, in dem Wunsch, angesichts ihres bevorstehenden Todes das Muster ihrer Existenz zu vollenden. Häufiger, als es in durchschnittlichen psychedelischen Sitzungen der Fall ist, schienen die Sitzungen todkranker Patienten das Element eines verdichteten Wiederdurchspielens und einer Neubewertung ihrer ganzen Lebensgeschichte vom Augenblick ihrer Geburt an zu enthalten.

Eine andere häufig auftretende Erfahrung war das Gefühl einer deutlichen, intensiven Begegnung mit der geistigen Wesenheit verstorbener Angehöriger und ein beruhigender telepathischer Gedankenaustausch mit ihnen. Diese Erfahrungen waren ungewöhnlich lebendig und überzeugend; sie trugen oft in erheblichem Maße zu dem Glauben bei, daß es irgendeine Form der Existenz jenseits der Schwelle des physischen Todes geben könne. In mehreren Fällen verhalfen sie dazu, ein Element freudiger Erwartung und Vertrautheit in eine bis dahin erschreckende Vorstellung vom Sterben und vom Tod einzubringen. Auf diese Weise kann eine psychedelische Sitzung eine Situation herbeiführen, wie sie in vielen nicht-westlichen Kulturen natürlicherweise vorhanden ist, wo der feste Glaube an die geistige Existenz der Vorfahren ein wirkungsmächtiger Faktor sein kann, um den Übergang zum Tod zu erleichtern.

Bei der LSD-unterstützten Psychotherapie haben wir es mit einem komplexen Prozeß zu tun, bei dem chemische und psychologische Elemente zusammentreffen. Es ist eine interessante Frage, welchen Beitrag jede dieser beiden Komponenten zum therapeutischen Endresultat leistet. Ohne eine speziell auf diese Frage ausgerichtete Kontrolluntersuchung ist es schwierig, schlüssig festzustellen, inwieweit die Resultate als direkte pharmakologische Wirkungen des LSD zu erklären sind und bis zu welchem Grade sie der psychotherapeutischen Einwirkung zuzuschreiben sind, die der Verabreichung der Droge vorangeht, sie begleitet und ihr nachfolgt. Da keine statistischen Daten aus einer umfassenden Kontrolluntersuchung vorliegen, haben alle hier vorgetragenen Folgerungen provisorischen Charakter und basieren lediglich auf klinischen Beobachtungen und Eindrücken. Beweismaterial für den Wert sowohl einer psychotherapeutischen Behandlung ohne Drogen als auch der LSD-Chemotherapie bei todkranken Krebspatienten liegt bereits vor. Elisabeth Kübler-Ross, Cicely Saunders, Carl und Stephanie Simonton und andere haben bemerkenswerte psychotherapeutische Fortschritte bei Todkranken ohne Hilfe psychedelischer Drogen mitgeteilt. Klinikgeistliche haben Patienten und ihren Familien geholfen, angesichts des bevorstehenden Todes so intensiv wie möglich zu leben. Auf der anderen Seite hat auch Eric Kast mit einer überwiegend chemotherapeutischen Behandlung und nur minimaler zwischenmenschlicher Interaktion positive Resultate erzielt.[3]

---

[3] Es ist sehr schwierig, die Beobachtungen der Spring-Grove-Gruppe mit den von Eric Kast mitgeteilten zu vergleichen, und zwar wegen der Unterschiede in der Dosierung, der therapeutischen Konzeption und Zielsetzung und auch wegen des inneren und äußeren Umfeldes. Kast wandte bei seinen Experimenten routinemäßig 100 Mikrogramm LSD an; er klärte seine Patienten vorher nicht auf; und er beendete die Sitzungen bei den geringsten Anzeichen, daß der Patient sich in Bedrängnis befand, häufig mit Chlorpromazin. Bei unserem Verfahren wurde LSD in viel höheren Dosierungen gegeben (200–600 Mikrogramm), nach eingehender Vorbereitung und im Rahmen einer intensiven Psychotherapie. Unser Ziel war, nicht nur das physische, sondern auch das seelische Leiden und insbesondere die Furcht des Patienten vor dem Tod zu lindern. Trotz der Tatsache, daß wir eine tiefreichende positive transzendentale Erfahrung als das wünschenswerte Ziel ansahen, wurden die Patienten nachdrücklich ermuntert, emotionell schwierige Erfahrungen durchzuarbeiten, wenn solche in ihren Sitzungen auftraten.

Die Frage, welchen Anteil die pharmakologische und die psychologische Komponente in der psychedelischen Therapie jeweils haben, bleibt mehr oder weniger ein akademisches Problem. Die psychotherapeutische Arbeit und die Wirkungen der Droge sind interdependent; sie ergänzen und vertiefen sich gegenseitig und schaffen einen neuen Behandlungsprozeß, der qualitativ anders ist als jeder seiner Teile. Die Geschichte der Anwendung von Psychedelika in der Therapie und der LSD-Forschung zeigen, daß die psychotherapeutische Beziehung die positiven Resultate der Verabreichung von LSD maximiert und ihre Risiken auf ein Minimum herabsetzt. Aber daß Kast eindeutig positive Resultate außerhalb eines psychotherapeutischen Rahmens erzielte, ist ein nachdrücklicher Hinweis darauf, daß der analgetische und therapeutische Wert der Droge selbst nicht unterschätzt werden darf.

Wir wollen uns nun speziell mit den therapeutischen Veränderungen befassen, die bei Krebspatienten als Resultat einer psychedelischen Behandlung beobachtet wurden, und die dabei möglicherweise wirksamen psychischen und physiologischen Mechanismen erörtern. Da diese Veränderungen in mehreren verschiedenen Bereichen auftraten, müssen wir sie in getrennten Kategorien behandeln. Die wichtigsten Resultate wurden in den folgenden fünf Bereichen beobachtet: 1. emotionelle Symptome, wie Depression, Selbstmordneigungen, Spannung, Angst, Schlaflosigkeit und psychische Abkapselung; 2. physischer Schmerz und Unbehagen; 3. Furcht vor dem Tod, philosophische Vorstellung vom Tod und Einstellung zum Sterben; 4. Zeitorientierung und grundlegende Wertordnung; 5. Kummer und Trauer der überlebenden Familienmitglieder und ihre Fähigkeit, den Verlust zu integrieren.

Unsere frühen klinischen Erfahrungen aus der Arbeit mit verschiedenen Gruppen psychiatrischer Patienten sowie die Daten aus der vorhandenen LSD-Literatur zeigten, daß die psychedelische Therapie eine positive Wirkung auf eine ganze Reihe von *emotionellen Symptomen und Problemen* haben kann. Tatsächlich herrscht allgemeine Übereinstimmung unter den LSD-Therapeuten, daß Depression, Spannung und freiflottierende Angst — Symptome, welche bei Krebskranken, die dem Tode nahe sind, sehr häufig beobachtet werden — zu den Zuständen gehören, die am ehesten auf LSD-unterstützte Psychotherapie reagieren. Die Erfahrungen Stanislav Grofs bei seiner früheren Arbeit in Europa führten ihn zu der Annahme, daß das Erlebnis des Ichtodes in psychedelischen Sitzungen das wirksamste Mittel gegen Selbstmordtendenzen ist. Die Veränderungen in dieser Kategorie waren deshalb für die Forschungsteilnehmer nicht besonders überraschend. Die einzige neue Information war die, daß die angeführten Symptome selbst dann auf die LSD-Therapie ansprechen können, wenn sie in erster Linie eine verständliche Reaktion auf eine äußerst schwierige Lebenssituation sind, sich also von den Symptomen psychiatrischer Patienten unterscheiden, deren pathologische Empfindungen gewöhnlich auf die frühe Kindheit zurückgehen, und die häufig selbst zur Komplizierung ihres Lebens beitragen.

Es ist nicht leicht, die oft dramatischen Veränderungen der Symptome und der Persönlichkeitsstruktur zu erklären, die als Folge der psychedelischen Behandlung eintreten können. Die Vorbereitungsperiode, die den Veränderungsprozeß einleitet, ist eine Sache von Tagen, und die mit der Persönlichkeit vorgehenden Wandlungen vollziehen sich während der Drogensitzung, wenn auch die endgültige Integration einer solchen Erfahrung Tage oder Wochen dauern kann. Es ist offenkundig, daß es sich dabei um einen sehr komplexen Prozeß handelt, der sich nicht auf einen einzigen gemeinsamen Nenner reduzieren läßt. Wir können einen kurzen Überblick darüber geben, was wir über die ihm zugrundeliegende Dynamik wissen, und einige der dabei beteiligten Faktoren skizzieren.

Es scheint, daß bei der LSD-unterstützten Psychotherapie eine Reihe von Mechanismen in einer günstigen Kombination zusammenkommen, die auch bei konventionellen psychotherapeutischen Methoden wirksam sind. Wegen der verstärkenden Wirkung des LSD werden alle diese Mechanismen erheblich intensiviert. Die wichtigsten der uns wohlbekannten therapeutischen Faktoren, die in der LSD-Psychotherapie eine wichtige Rolle spielen, sind das Zurückrufen und lebendige Wiedererleben von traumatischen Kindheitserinnerungen; die Erleichterung und Förderung emotioneller und verstandesmäßiger Einsichten; korrektive Gefühlserfahrungen; und schließlich die Intensivierung des Übertragungsphänomens zwischen Therapeut und Patient.

Viele der dramatischen Veränderungen, die als Folge psychodynamischer LSD-Sitzungen zu beobachten sind, lassen sich als Verschiebungen im Wechselspiel spezifischer Erinnerungskonstellationen, der *Systeme verdichteter Erfahrung (COEX-Systeme)*, erklären.[4] Beobachtungen aus der LSD-Psychotherapie zeigen, daß seelisch wichtige Ereignisse im Leben des einzelnen in den Gedächtnisbanken so gespeichert werden, daß sie spezifische Erfahrungsbündel bilden. Die dynamische Struktur dieser Bündel ist so, daß Erinnerungen aus verschiedenen Lebensperioden, die ähnliche Elemente enthalten oder eine emotionelle Aufladung der gleichen Qualität besitzen, in enger Verbindung miteinander gespeichert werden. Nach dem Charakter der emotionellen Aufladung können wir unterscheiden: *negative COEX-Systeme*, die spezifisch traumatische Ereignisse und Unlusterfahrungen widerspiegeln, und *positive COEX-Systeme*, die angenehme Aspekte der Lebensgeschichte speichern. Personen, die auf ein Netz negativer COEX-Systeme eingestellt sind, nehmen sich und die Welt pessimistisch wahr; sie erleben Depressionen, Angst oder eine andere Form seelischen Leidens (je nach dem Charakter und den Inhalten der betreffenden COEX-Systeme). Diejenigen, die unter dem Einfluß positiver COEX-Systeme stehen, befinden sich in einem Zustand seelischen Wohlergehens und optimalen Funktionierens und sind fähig, sich an der Welt und sich selbst zu erfreuen. Veränderungen in der Steuerungsfunktion der COEX-Systeme können sich als Folge physiologischer oder biochemischer Prozesse vielerlei Art ergeben, die innerhalb des Organismus oder als Reaktion auf eine Reihe äußerer Einflüsse psychologischer oder organischer Natur eintreten. Die LSD-Sitzung stellt offenbar einen tiefen Eingriff in die Dynamik der COEX-Systeme dar. Plötzliche klinische Besserungen, die während der LSD-Therapie vorkommen, lassen sich erklären als Verschiebung von der psychischen Dominanz eines negativen COEX-Systems zu einem Zustand, bei dem der Patient sich unter dem Einfluß einer positiven Entwicklungskonstellation befindet. Eine solche Veränderung bedeutet jedoch nicht unbedingt, daß alles unbewußte Material, das dem

---

[4] Eine detaillierte Beschreibung der Konzeption der COEX-Systeme und ihrer Dynamik findet sich in Stanislav Grof: *Topographie des Unbewußten. LSD im Dienst der tiefenpsychologischen Forschung.* Stuttgart (Klett-Cotta) 1978.

pathologischen Zustand zugrunde liegt, durchgearbeitet oder daß auch nur ein Teil davon aufgelöst worden wäre. Sie zeigt nur eine innere Verschiebung von einem System zu einem anderen an; eine solche Situation kann als *COEX-Transmodulation* bezeichnet werden.

Eine Systemverschiebung bedeutet nicht immer eine klinische Besserung. Es besteht auch die Möglichkeit, daß eine nicht zu einem befriedigenden Abschluß gekommene LSD-Sitzung zur Verschiebung von einem positiven zu einem negativen System führt; wenn dies der Fall ist, so zeigt es sich an dem plötzlichen Auftreten psychopathologischer Symptome, die vor der Sitzung nicht da waren. Eine andere Möglichkeit ist die Verlagerung von einem negativen COEX-System auf ein anderes negatives COEX-System mit anderem Inhalt; die äußere Manifestation dieses innerpsychischen Geschehens ist eine Veränderung der Psychopathologie von einem klinischen Syndrom zu einem anderen.

Obwohl die erörterten Mechanismen viele Fälle erklären können, in denen es im Verlauf der psychedelischen Therapie zu einer erheblichen Erleichterung im emotionellen Bereich kommt, liefern sie doch keine ausreichende Erklärung für alle plötzlich eintretenden Besserungen. Die meisten wirklich dramatischen Resultate in diesem Bereich wurden im Zusammenhang mit LSD-Sitzungen beobachtet, die einen sehr starken perinatalen Akzent hatten. Bei jenen Patienten, die Ichtod und Wiedergeburt durchlebten, gefolgt von einer Erfahrung des Einsseins, trat häufig eine drastische Milderung der vor der Sitzung vorhandenen Symptome ein, oder die Symptome verschwanden sogar vollständig. Eine solche Besserung nach einer einzigen LSD-Sitzung kann Tage, Wochen oder sogar Monate anhalten; das ist von vielen Variablen abhängig. Es scheint, daß diese tiefe Erfahrung, die gewöhnlich als psychedelisches Gipfelerlebnis bezeichnet wird, möglicherweise ein neues und hochwirksames Mittel darstellt, tiefgehende therapeutische Veränderungen hervorzurufen und eine Umstrukturierung der Persönlichkeit zu erleichtern.

Die letzte Dimension der LSD-unterstützten Psychotherapie bei todkranken Patienten im Hinblick auf mögliche therapeutische Veränderungen ist mehr zwischenmenschlicher als innerpsychischer Natur. Bestimmte Aspekte der Besserung im seelischen Zustand eines Todkranken hängen direkt mit der psychotherapeutischen Arbeit mit den Familienangehörigen und dem sozialen Umfeld zusammen. Die Klärung verzerrter Kommunikationen, das Durchstoßen schützender Abschirmung und die Eröffnung von Wegen einer direkten und aufrichtigen Interaktion sind selber wichtige Faktoren der Veränderung. Diese Erfahrung hat einen voraussagbaren günstigen Einfluß auf die Gefühle der Hoffnungslosigkeit, Entfremdung und Verwirrung, die ein Mensch, der den Tod vor Augen hat, empfindet.

Die oft dramatische Wirkung der LSD- oder DPT-Psychotherapie auf *schwere physische Schmerzen* ist schwieriger zu erklären. Eine einzige psychedelische Sitzung führt oft zu einer erheblichen Milderung oder sogar zum Verschwinden qualvoller Schmerzen, gelegentlich sogar bei Patienten, die auf hohe Dosen starker Betäubungsmittel nicht ansprachen. Dieses bedeutsame Phänomen ist sehr komplex und rätselhaft und wirft ein schwieriges theoretisches Problem auf. Die Erklärung dieser Wirkung von LSD auf physischen Schmerz mit all den sich daraus ergebenden Konsequenzen könnte durchaus zu einer radikalen Revision unseres Verständnisses vom Wesen des Schmerzes beitragen.

Die Wirkungen von LSD auf Schmerzen lassen sich nicht einfach als pharmakologischer Vorgang deuten. Sie sind nicht genügend voraussagbar und folgerichtig, um als pharmakologische Analgesie betrachtet zu werden. Es gibt auch keine klare Beziehung zwischen Dosierung und Reaktion; manchmal trat nach Sitzungen mit relativ niedriger Dosierung eine dramatische Schmerzlinderung ein, während einige der Sitzungen mit hoher Dosierung keine erkennbare analgetische Wirkung aufwiesen. Bei Krebspatienten, die mehr als eine Sitzung hatten, kam es vor, daß nach einigen Sitzungen die schmerzlindernde Wirkung eintrat, nach anderen nicht, obwohl bei allen Sitzungen die gleiche Dosis gegeben wurde. Ferner wurde in einigen Fällen nach einer einzigen Gabe der Droge eine Wochen oder sogar Monate anhaltende Linderung der Schmerzen beobachtet. All dies deutet darauf hin, daß an der analgetischen Wirkung eine eindeutig psychische Komponente beteiligt ist.

Die Veränderungen in der Schmerzwahrnehmung nach LSD-Sitzungen bestanden nicht in allen Fällen einfach aus einer Reduzierung der

Schmerzintensität. Die Umwandlung der Schmerzempfindung verlief nach mehreren, deutlich voneinander unterscheidbaren Mustern. Manche Patienten berichteten, daß die Schmerzen unmittelbar oder kurze Zeit nach der LSD-Sitzung erheblich nachließen oder völlig verschwanden. Andere sagten, daß der Schmerz zwar immer noch da war, daß aber ihre Einstellung ihm gegenüber sich geändert habe; ihre Schmerztoleranz war plötzlich viel höher oder ihre Aufmerksamkeit wurde nicht mehr so unwiderstehlich von den Schmerzen beansprucht, so daß sie sich auch auf andere Dinge konzentrieren konnten. In einigen Fällen berichteten Todkranke von ganz ungewöhnlichen Veränderungen in der Wahrnehmung des Schmerzes und ihrer Einstellung dazu. Sie waren in der Lage, die seelische Bedeutung ihres Schmerzes neu einzuschätzen und darin einen philosophischen Sinn, transzendentale Erfahrungsmöglichkeiten, eine religiöse Bedeutung oder einen karmischen Wert zu entdecken. Bei einer Patientin aus dieser Gruppe, Susanne (siehe S. 105 ff), erwies sich die psychedelische Sitzung insoweit als sehr wohltuend, als sie die ständige Depression der Patientin und ihre Furcht vor dem Tod milderte, doch hatte die Sitzung keinerlei Einfluß auf die quälenden Schmerzen, die Susannes Bewußtsein völlig in Anspruch nahmen. Die Sitzung trug jedoch zu ihrem Entschluß bei, sich einem palliativen chirurgischen Eingriff zu unterziehen, vor dem sie zuvor überwältigende Angst gehabt hatte. Susannes Erfahrung zeigt deutlich, daß die Wirkung psychedelischer Sitzungen auf schwere physische Schmerzen und ihre Wirkung auf den seelischen Zustand auseinanderfallen können.

Mehrmals kam es auch vor, daß Krebspatienten in den Sitzungen Einstellungen und Techniken verschiedener Art entdeckten, die es ihnen möglich machten, die Schmerzen noch während der Drogensitzung, oder wenn sie später wieder auftraten, zu überwinden. Einige dieser Methoden erwiesen sich als so wirksam, daß wir sie übernahmen und sie routinemäßig als Teil der Vorbereitung auf die LSD-Sitzung lehrten. In vielen Fällen erweist es sich als sehr hilfreich, wenn der Patient seine Aufmerksamkeit von den Schmerzen weg auf den Klangstrom der Musik lenkt, sich ganz den Bilder- und Erfahrungssequenzen hingibt, wie sie sich in der Sitzung entfalten, und völlig im Hier und Jetzt aufgeht. Ein anderer sehr hilfreicher Ansatz zur Beeinflussung der Schmerzen ist ein Vorgehen, das zunächst als das genaue Gegenteil dieser Methode erscheinen könnte: die Konzentration auf den Schmerz, aber mit der Einstellung, ihn akzeptieren zu wollen. Dies führt gewöhnlich zu einer vorübergehenden Verstärkung der unangenehmen Empfindungen bis zu dem Punkt, wo der Patient an seine Grenze der Schmerzerfahrung gelangt und ihn dann transzendiert. So kann paradoxerweise gerade die Hinnahme des Schmerzes — daß man ihm nachgibt, »in ihn hinein- und mit ihm geht« — es ermöglichen, daß man ihn erfahrungsmäßig ganz hinter sich läßt. Allgemein scheint es den Schmerz am ungünstigsten zu beeinflussen, wenn man es zuläßt, daß er das Zentrum des Bewußtseins ganz besetzt, während man sich zugleich gegen ihn wehrt und mit ihm kämpft.

In der Zeit nach den Sitzungen erwies es sich als besonders hilfreich, wenn sich die Patienten Bilder oder ganze Szenen aus der psychedelischen Sitzung ins Gedächtnis zurückriefen, die durch sehr positive Gefühle und Schmerzfreiheit charakterisiert waren. Dieser Vorgang wurde erleichtert durch das Anhören der gleichen Musik, die während dieser Szenen in der psychedelischen Sitzung gespielt wurde. Die in einer leichten hypnotischen Trance an den Patienten gerichtete ausdrückliche Aufforderung, das Leiden und den Schmerz hinter sich zu lassen, erfüllte manchmal den gleichen Zweck.

Die Bedeutung der psychischen Komponente bei der durch LSD bewirkten Schmerzlinderung steht zwar außer Frage, aber die besonderen Faktoren dieses Phänomens sind gegenwärtig noch unklar. Wir waren nicht in der Lage, irgendeine Relation zwischen der Art der LSD-Sitzung oder deren Inhalt und dem Grad oder dem Muster der Schmerzlinderung zu finden. Veränderungen der Schmerzwahrnehmung wurden manchmal auch bei sonst erfolglosen und unbefriedigend abgeschlossenen Sitzungen beobachtet, die keine besonders förderliche Wirkung auf die anderen Aspekte des klinischen Zustandes des Patienten hatten. Auf der andern Seite haben wir, in Fällen wie dem von Susanne, Sitzungen erlebt, die den Patienten in jeder Hinsicht umwandelten, mit Ausnahme eben der Intensität der Schmerzen. Die Korrelation zwischen der in der Sitzung aktivierten Bewußtseinsschicht und der Wirkung auf den Schmerz scheint minimal zu sein. Schmerzlinderung wurde nach Sitzungen jedes Typus beobachtet; wir haben jedoch mit einer Reihe von Patienten gearbeitet, bei denen Sitzungen, die bei anderen zu einer Schmerzlinderung führten, offensichtlich keinerlei Wirkung dieser Art hatten. Die fast launenhafte Qualität dieses Phänomens läßt sich durch die Geschichte von John veranschaulichen (siehe S. 112). Er ist wahrscheinlich das herausragendste Beispiel für die dramatische Wirkung, die psychedelische Drogen auf die Schmerzerfahrung haben können — und das, obwohl seine Sitzung zunächst völlig ereignislos und erfolglos zu sein schien. Wie in den Aufsätzen von Eric Kast und V. J. Collins hervorgehoben wird, ist der pathologische Schmerz ein zusammengesetztes Phänomen, das eine neurophysiologische Komponente hat, dargestellt durch die Schmerzempfindung, und eine psychologische Komponente, nämlich den Schmerzaffekt. Es scheint so zu sein, daß die psychedelische Therapie die Schmerzerfahrung in erster Linie durch Veränderung der psychologischen Komponente beeinflußt — also durch eine Veränderung der Art und Weise, wie der tatsächliche neurophysiologische Reiz gedeutet und behandelt wird —, und nicht durch eine Auslöschung oder Reduzierung der Neuronenimpulse, die für Schmerzempfindungen verantwortlich sind. Viele Beobachtungen aus LSD-Sitzungen scheinen zu zeigen, daß physisch schmerzhafte Erfahrungen verschiedener Art in den Gedächtnisbanken in enger Verbindung miteinander aufgezeichnet werden. Die daraus resultierenden Erinnerungskonstellationen werden dann funktionell mit den Erfahrungen auf der perinatalen Ebene verknüpft. So werden Erfahrungen von Schmerz und physischem Leiden im Zusammenhang mit Operationen, Verletzungen, Krankheit und physischer Mißhandlung in den LSD-Sitzungen typischerweise im Kontext von Geburtserfahrungen wiedererlebt. Wenn der Mensch Situationen ausgesetzt ist, die realen physischen Schmerz hervorrufen, wie bei einer Krankheit, einem Unfall oder einem chirurgischen Eingriff, aktiviert das offenbar die spezifischen Erinnerungskonstellationen, in die physisches Leiden und Bedrohung der körperlichen Unversehrtheit oder des Lebens eingegangen sind. Das Wesen und der Inhalt früherer Erfahrungen und Schmerzen bestimmen und färben dann die Schmerzwahrnehmung und die Reaktion darauf. Patienten, die an chronischen und immer stärker fortschreitenden Krankheiten leiden, insbesondere an solchen, die als unheilbar betrachtet werden, haben auch die Tendenz, sich den Fortgang der Krankheit und das Zunehmen der Schmerzen in der Phantasie ziemlich konkret auszumalen.

Kast hat als erster darauf aufmerksam gemacht, daß die Reduzierung dieser Erwartungsangst ein wichtiger Mechanismus ist, der zumindest zu einem Teil für die analgetische Wirkung von LSD verantwortlich sein könnte (in einem bahnbrechenden Aufsatz, »Pain and LSD-25«, veröffentlicht in dem 1964 erschienenen Buch *LSD-25: The Conscious-ness-Expanding Drug*). Er hat überzeugend dargelegt, daß Symbolbildung und Erwartung, die für das Bestehen im alltäglichen Leben so wichtig sind, in Krisensituationen die Not und die Schmerzen des Individuums häufig noch verstärken.

Die Schmerzerfahrung in ihrer Gesamtheit scheint also nicht nur eine direkte neurophysiologische Reaktion auf eine Gewebeschädigung zu sein, sondern auch die frühere Programmierung des Individuums in bezug auf schmerzliche Ereignisse und die Antizipation künftiger Leiden einzuschließen. Eine der bedeutsamen Wirkungen des LSD besteht darin, daß traumatischen Erinnerungen ihre emotionale Aufladung entzogen wird und es dem Betroffenen dadurch möglich wird, sich von deren Einfluß zu befreien und sich stärker auf den gegenwärtigen Augenblick zu konzentrieren. Dieser Vorgang ist gewöhnlich von einer entsprechenden Verringerung der emotionalen Besetzung der Zukunft begleitet. Die daraus resultierende Orientierung auf das Hier und Jetzt kann ein wichtiges Element bei der Veränderung der Schmerzerfahrung sein.

Ein anderer Aspekt der analgetischen Wirkung von LSD scheint mit der tyrannisierenden Wirkung zusammenzuhängen, die physischer Schmerz gewöhnlich auf das Konzentrationsfeld des Patienten hat. Heftige Schmerzen nehmen in aller Regel die Aufmerksamkeit des Betroffenen so sehr in Anspruch, daß viele andere Sinneserscheinungen ausgeschlossen werden. Viele Patienten in dieser Situation finden es schwierig oder unmöglich, sich zu unterhalten, zu lesen, fernzusehen oder einem früheren Hobby nachzugehen, das ihre Lage ein wenig erträglicher machen könnte. In extremen Fällen verlieren sie sogar das Interesse daran, sich über wichtige Ereignisse im Leben naher Angehöriger auf dem laufenden zu halten. LSD kann infolge seiner bewußtseinserweiternden Wirkungen diese seelische Barriere und sensorische Verarmung durchbrechen. Das Wahrnehmungsfeld wird mit ungewöhnlicher Intensität von Material aus dem Unbewußten und aus den Sinnesorganen, vor allem dem optischen System, überflutet. Faszinierende Farben und Formen, Laute und ungewöhnliche Sinnesempfindungen überschwemmen das Bewußtsein des Patienten, das vorher von der quälenden Monotonie des Schmerzes beherrscht war. Die LSD-Erfahrung öffnet den Zugang zu bedeutsamen Erinnerungen der verschiedensten Art aus dem Leben des Patienten wie auch aus transpersonalen Quellen in seinem Innern. Wenn der Patient aus einer zu einem guten Abschluß gekommenen LSD-Sitzung zurückkehrt, vermag er die reiche Fülle der Sinneserfahrungen aufs neue zu genießen — die Schönheit der Natur, die Klänge der Musik, den Geschmack von Speisen oder bestimmte Aspekte menschlicher Beziehungen. Diese Erweiterung der Wahrnehmung und des emotionellen Interesses kann Tage oder Wochen nach einer erfolgreichen LSD-Sitzung anhalten.

Manchmal sind Patienten nach einer psychedelischen Sitzung fähig, ihre Aufmerksamkeit von Schmerz und körperlichem Unbehagen auf ein anderes Gebiet umzulenken. Mehrere Patienten entwickelten ein nachhaltiges Interesse für Bücher über Mystik, Yoga, Buddhismus oder außergewöhnliche Bewußtseinszustände und widmeten sich diesem Interesse mit großer Begeisterung. Andere entdeckten durch ihre Einsichten in den LSD-Sitzungen, wie sie die ihnen verbleibenden Lebenstage am sinnvollsten verbringen konnten. Eine Frau zum Beispiel kam zu dem Schluß, ihr Sterben könne ein wirkungsvoller Katalysator sein, um ihre einander entfremdeten Verwandten wieder näher zusammenzubringen, und verbrachte ihre letzten Lebenswochen damit, systematisch an dieser Aufgabe zu arbeiten.

Der Einfluß der psychedelischen Therapie auf die Schmerzen Krebskranker läßt sich in all seiner Komplexität im Rahmen traditioneller neurophysiologischer Theorien nicht erklären. Ronald Melzack, Professor der Psychologie an der McGill-Universität in Montreal, hat viele Laboratoriumsresultate und klinische Beobachtungen zusammengetragen, die eine gleichermaßen ernsthafte Herausforderung an die gegenwärtigen Auffassungen über den Schmerz darstellen.[5] In seinem 1973 erschienenen Buch *The Puzzle of Pain* regte Melzack eine radikale Revision des medizinischen Denkens auf diesem Gebiet an. Da seine Arbeit in gewissem Umfang Licht auf unsere Entdeckungen bei der psychedelischen Behandlung von Krebspatienten zu werfen scheint, wollen wir einen kurzen Überblick über seine wichtigsten Beiträge geben. Nach Melzacks Meinung ist es vom theoretischen wie vom praktischen Gesichtspunkt aus notwendig, drei Hauptkomponenten des Schmerzes zu unterscheiden. Die erste ist die sensorisch-differenzierende Dimension des Schmerzes; sie wird vermittelt durch die spezifischen sensorischen Bahnen (spinothalamisches Projektionssystem) und umfaßt perzeptuelle Informationen über Lokalisation, Stärke und raum-zeitliche Merkmale des schädlichen Reizes. Die zweite ist die emotionelle und motivationale Dimension, die durch das Netzsystem des Hirnstamms und durch das limbische System vermittelt wird; sie fügt der Schmerzerfahrung eine ausgeprägt negative emotionelle Qualität hinzu sowie den Drang, dem Reiz auszuweichen und Schmerzlinderung zu suchen. Die dritte ist die kognitive und wertende Dimension des Schmerzes — ein neokortikaler Beitrag zur Gesamterfahrung; hierzu gehören kulturelles Wissen, die einzigartige Geschichte des Individuums, die Bedeutung, die der einzelne der schmerzerzeugenden Situation beimißt, die Wirkung von Suggestion und der geistige Zustand des Betroffenen im Augenblick des Schmerzes. Diese drei Schmerzkomponenten und ihr relativer Anteil an der Schmerzerfahrung können durch eine Reihe von Faktoren selektiv beeinflußt werden.

Im Jahre 1965 formulierten Melzack und Wall die sogenannte »gate-control-theory« des Schmerzes (Theorie der »Pfortenkontrolle«), die

---

[5] Die wichtigsten von Melzack analysierten Beobachtungen sind: angeborene Unempfindlichkeit gegen schädliche Reize und das Gegenteil davon, spontaner psychogener Schmerz, der ohne entdeckbare äußere Einwirkung auftritt; besondere Charakteristika einiger Schmerzsyndrome wie Phantom-Glied und verschiedene Neuralgien; die hohe Quote von Mißerfolgen nach radikalen chirurgischen Eingriffen zur Schmerzlinderung und der überraschende Erfolg bestimmter anderer Verfahren; und vor allem die analgetische und anästhetische Wirkung von Akupunktur.

viele zunächst unerklärliche Aspekte des Schmerzes zu erklären scheint. Sie postulierten einen neuralen Mechanismus in den Hinterhörnern des Rückenmarks (wahrscheinlich der sogenannten gelatinösen Substanz), der wie eine Pforte fungiert; dieser Mechanismus kann den Strom der Nervenimpulse von peripheren Fasern zum Zentralnervensystem verstärken oder verringern. Der Grad der Förderung oder Hemmung der sensorischen Übertragung wird durch die relative Aktivität in den dicken und dünnen Fasern und durch vom Gehirn ausgehende Einflüsse bestimmt. Somatische Reize aus allen Teilen des Körpers sowie visuelle und auditorische Reize können einen regulierenden Einfluß auf die Übertragung von Impulsen durch den Mechanismus der Pfortenkontrolle ausüben. Die Balance zwischen den sensorischen und den zentralen Impulsen, die dem System der Pfortenkontrolle zugeführt werden, entscheidet also über das Vorhandensein oder Nichtvorhandensein von Schmerz. Wenn die Informationsmenge, die die Pforte passiert, ein kritisches Niveau überschreitet, aktiviert sie die Nervenbereiche, die für die Schmerzerfahrung und die Schmerzreaktion verantwortlich sind.

Die Theorie von Melzack und Wall scheint einen plausiblen theoretischen Rahmen für ein besseres Verständnis und einen besseren Einblick in die scheinbar launenhafte Wirkung der psychedelischen Therapie auf die Schmerzerfahrung von Krebspatienten zu liefern. Die Variabilität der Resultate scheint eine dynamische Interaktion zwischen der vieldimensionalen Natur der psychedelischen Erfahrung und der dem Schmerzphänomen zugrundeliegenden Komplexität der neurophysiologischen Strukturen und Mechanismen widerzuspiegeln. Die klinischen Beobachtungen über die Wirkung von LSD und DPT auf den Schmerz können als eine wichtige Quelle von zusätzlichem Beweismaterial für die Theorie der Pfortenkontrolle angesehen werden.

Wir wollen versuchen, eine Erklärung für die scheinbare Diskrepanz in der Spring-Grove-LSD-Studie zu geben, die darin liegt, daß der Schmerzlinderung kein entsprechend dramatischer Rückgang im Gebrauch von Betäubungsmitteln gegenübersteht. Bei der Beurteilung dieser Situation sind mindestens vier Faktoren zu berücksichtigen. Erstens wurde nicht der Versuch gemacht, die Verabreichung von Narkotika zu reduzieren. Weder die Patienten noch die Krankenschwestern wurden aufgefordert, sich um eine Änderung des Medikamentenverbrauchs zu bemühen. Der Verbrauch von Narkotika spiegelte die spontane Wechselwirkung zwischen den Forderungen der Patienten und der Reaktion des medizinischen Personals wider. *Eine* Komponente dieses paradoxen Ergebnisses spiegelt also einfach ein Element der Trägheit und der gewohnten Routine auf seiten der Patienten und des Klinikstabes wider. Es kann sein, daß in manchen Fällen die Verabreichung von Narkotika fortgesetzt wurde, obwohl das Bedürfnis danach geringer geworden war. Zweitens erhielten die meisten Patienten außer den Betäubungsmitteln verschiedene andere psychoaktive Substanzen, wie zum Beispiel stärkere oder schwächere Beruhigungsmittel, nichtnarkotische Schmerzmittel und Schlafmittel. Die Veränderungen im Verbrauch dieser Drogen wurden in unserer Untersuchung nicht berücksichtigt oder systematisch erfaßt. Dies ist besonders wichtig im Fall von Phenolthiazinderivaten und schwächeren Beruhigungsmitteln, die wir routinemäßig eine Woche vor der Sitzung absetzten, um die Wirkung des LSD nicht zu beeinträchtigen. Zweitens hatte bei vielen Patienten auch die massive Gabe von Betäubungsmitteln die Schmerzen vor der Verabreichung des LSD nicht erfolgreich unter Kontrolle gebracht. Tatsächlich bildeten mangelnde Reaktion auf Narkotika und anhaltende schwere Schmerzen einen der Hauptgründe für die Aufnahme zahlreicher Patienten in unser Programm. Bei einigen dieser Patienten wurde die Verabreichung von Narkotika nach der LSD-Sitzung nicht reduziert, aber die gleiche Menge von Betäubungsmitteln, die zuvor keine oder nur geringe Wirkung gezeigt hatte, wirkte nun schmerzlindernd und machte das Leben des Patienten erträglicher. Schließlich ist es möglich, daß die anscheinende Diskrepanz zwischen der Schmerzerfahrung und dem Verlangen nach Narkotika nicht nur das Element der Gewöhnung, sondern auch eine wirkliche physiologische Süchtigkeit bei Personen widerspiegelt, die vor der LSD-Erfahrung viele Monate hindurch unter massiver Medikation mit Betäubungsmitteln standen. Eine wichtige Dimension der Veränderungen, die als Folge der psychedelischen Therapie bei Krebskranken zu beobachten sind, war die Modifizierung, häufig sogar die dramatische Umwandlung ihrer *Vorstellung vom Tod* und ihrer Einstellung zu ihrer Situation. Psychiatrische Patienten wie auch »normale« Personen äußerten sich während der LSD-Behandlung häufig über ihre Einstellung zum Tod. Personen, die in ihrer psychedelischen Sitzung die Erfahrung von Tod und Wiedergeburt durchlebt haben, schildern oft eine ganz radikale Umwandlung ihrer Haltung gegenüber dem Tod. Tiefreichende Erfahrungen der kosmischen Einheit und bestimmter anderer transpersonaler Bewußtseinsformen scheinen die Tatsache des physischen Todes zur Bedeutungslosigkeit absinken zu lassen.[6] Die Tatsache, daß diese Erfahrungen einen tiefgehenden verwandelnden Einfluß auf Personen haben können, für die der Eintritt des physischen Todes eine Sache von Monaten, Wochen oder Tagen ist, legt den Schluß nahe, daß diese Erfahrungen ernsthafte Aufmerksamkeit verdienen. Sie treten in einem komplexen psychologischen, philosophischen, mythologischen und spirituellen Kontext auf und sind offenbar sehr viel mehr als nur momentane Selbsttäuschungen, die aus einer Veränderung der Hirnfunktionen resultieren.

Kast bringt bei der Erörterung dieser Einstellungsveränderung gegenüber dem Tod in dem oben erwähnten Aufsatz die Annahme vor, daß irgendein Mechanismus die schwerkranken Patienten vor der verheerenden Erkenntnis der Hoffnungslosigkeit ihrer Situation schützen müsse. Seiner Meinung nach ist die »verzweifelte« Situation solcher Patienten jedoch nur quantitativ verschieden von der eines jeden

---

[6] Unsere Beobachtungen bei der psychedelischen Therapie todkranker Krebspatienten hinsichtlich der Verringerung ihrer Furcht vor dem Tod werden durch die Feststellungen von Charles A. Garfield indirekt bestätigt. In seiner Dissertation von 1974 untersuchte Garfield die Beziehung zwischen langfristigen, regelmäßigen Erfahrungen mit bewußtseinsverändernden Zuständen und dem Grad der im Zusammenhang mit dem Tod auftretenden Angstgefühle bei 150 ausgewählten männlichen Versuchspersonen. Mit Hilfe einer Kombination von klinischen Befragungen, psychometrischen Tests und psychophysiologischen Messungen untersuchte Garfield die Unterschiede in der bewußten und unbewußten Todesangst unter den Angehörigen von fünf Subkulturen: graduierte Psychologiestudenten; graduierte Theologiestudenten; Personen, die psychedelische Drogen einnahmen; Personen, die Zen-Meditation praktizierten; und in Amerika geborene Anhänger des tibetanischen Buddhismus. Dieser Studie zufolge zeigten die Gruppen, die umfangreiche Erfahrungen mit veränderten Bewußtseinszuständen hatten (Menschen, die psychedelische Drogen einnahmen, Zen-Anhänger und Anhänger des tibetanischen Buddhismus), einen signifikant niedrigeren Grad von Todesfurcht als die beiden Studentengruppen.

Menschen, da wir alle jederzeit mit dem Tod rechnen und ihn letzten Endes mit Gewißheit erwarten müssen. Kast nimmt deshalb an, daß die Mechanismen, die jeden von uns täglich vor der Erkenntnis unserer eigenen Sterblichkeit bewahren, bei todkranken Patienten mit stärkerer Kraft wirken. Er nimmt an, daß der Schrecken, der Patienten im »vorletzten« Stadium ihrer Krankheit genauso wie gesunde Menschen bei der Betrachtung des Todes überfällt, auf der Angst basiert, die Kontrolle über den eigenen Körper und über die Umgebung zu verlieren. Die Hinnahme des unvermeidlichen Kontrollverlustes und das Aufgeben des Widerstandes dagegen während und nach der Verabreichung von LSD betrachtet Kast als ein Anzeichen dafür, daß LSD den Schlag, den der bevorstehende Tod der Phantasie der infantilen Allmacht versetzt, offenbar mildert.

Kast betont außerdem, daß die Verminderung der Antizipation ein bedeutsamer Faktor bei der Abschwächung der Schmerzerfahrung und der Todesangst sei. Unter normalen Umständen stellt die Antizipation einen sehr wichtigen Mechanismus dar, der nicht nur für die Orientierung, sondern auch für die Selbstbehauptung im Alltag und für die Beschaffung von Nahrung nützlich ist. Nach Kasts Meinung kann die Antizipation jedoch zum Wohlergehen des Sterbenden gar nichts beitragen, sondern verstärkt nur seine Gefühle der Hoffnungslosigkeit. Die Antizipation ist von der Fähigkeit abhängig, Wörter sinnvoll zu verwenden und Symbole zu bilden und zu handhaben. Kast betrachtet das Abnehmen der Wortmächtigkeit und den daraus resultierenden Verlust der Fähigkeit zu antizipieren, zusammen mit der Erweiterung des unmittelbaren sensorischen Lebens, als die wichtigsten Faktoren, die die Einstellung Sterbender zum Tod verändern. Diese Erklärungen weisen zwar sicherlich auf wichtige Aspekte der LSD-Wirkung hin, sie begründen jedoch nicht alle die tiefgehenden Veränderungen, die bei vielen Todkranken zu beobachten sind, die sich einer psychedelischen Behandlung unterziehen. Im Gegensatz zu der Umwandlung der Schmerzerfahrung, die nach jeder Art von LSD-Erfahrung eintreten kann, sind Veränderungen der Empfindungen in bezug auf das Sterben und den Tod offenbar mit dem spezifischen Inhalt der Sitzung verknüpft. Nach unseren Erfahrungen traten dramatische Veränderungen der Vorstellung vom Tod und der Einstellung zu ihm nur nach LSD-Sitzungen ein, die perinatale und transpersonale Elemente enthielten. Bei Patienten, die das Phänomen des Ichtodes erlebten und daran anschließend die Erfahrung der Wiedergeburt und der kosmischen Einheit machten, zeigten sich radikale und dauerhafte Veränderungen in ihrem Grundverständnis der menschlichen Natur und deren Beziehung zum Universum. Der Tod war für sie nun nicht mehr das absolute Ende aller Dinge, sondern erschien plötzlich als Übergang in eine andere Art der Existenz; der Gedanke einer möglichen Kontinuität des Bewußtseins über den physischen Tod hinaus erschien ihnen sehr viel einleuchtender und überzeugender als das Gegenteil. Todkranke Patienten, die transzendentale Erfahrungen hatten, entwickelten einen starken Glauben an die letztendliche Einheit der gesamten Schöpfung; sie erlebten sich selbst oft als integralen Bestandteil der Schöpfung, einschließlich ihrer Krankheit und der oft qualvollen Situation, in der sie sich befanden.

Die lebendigen Begegnungen mit Elementen der Tiefenschicht des Unbewußten in Gestalt perinataler oder transpersonaler Phänomene ermöglichten es den Sterbenden, eine sehr greifbare und überzeugende Beziehung zu spirituellen und psychischen Dimensionen herzustellen, die vorher außerhalb ihrer Vorstellung waren. Als Folge ihrer psychedelischen Erfahrungen wurden diese Personen ihres archetypischen Erbes und der aus der Kette der Vorfahren stammenden, der rassischen, kollektiven, phylogenetischen und karmischen Elemente in ihrem Unbewußten gewahr. Die scharfe Trennungslinie zwischen Ich und Nicht-Ich begann sich aufzulösen, und die gewöhnliche Unterscheidung zwischen der inneren Welt des eigenen Geistes und der äußeren Wirklichkeit wurde sehr viel unbestimmter. Die Eröffnung dieses ungeheuren kosmischen Panoramas lieferte ein neues Bezugssystem von solchen Ausmaßen, daß die Tatsache der persönlichen Vernichtung vor diesem Hintergrund ihren Schrecken zu verlieren begann.

Es wäre zum gegenwärtigen Zeitpunkt ein rein akademisches Unterfangen, darüber zu debattieren, ob die in psychedelischen Sitzungen auftretenden Bewußtseinsveränderungen ihre existentielle Relevanz dadurch bekommen, daß sie gültige Einsichten in das Wesen der menschlichen Existenz und des Universums vermitteln. Wie die endgültige Antwort auf diese Frage auch lauten mag, jedenfalls erscheinen die in psychedelischen Sitzungen erlebten kosmischen Visionen Menschen, die den Tod vor Augen haben, sehr real, und sie machen ihre sonst so düstere Lage sehr viel erträglicher.[7]

Die nach psychedelischen Sitzungen zu beobachtenden auffallenden Veränderungen in der *Hierarchie der Lebenswerte* des Patienten stehen gewöhnlich in direktem Zusammenhang mit den Einsichten, die mit perinatalen und transpersonalen Erfahrungen verbunden sind. Das Annehmen der Vergänglichkeit und des Todes führt zur Erkenntnis der Absurdität und Eitelkeit übertriebener Ambitionen, des Hängens an Geld, Status, Ruhm und Macht oder des Strebens nach anderen zeitlichen Werten. Dies macht es leichter, der Beendigung der eigenen Karriere und dem bevorstehenden Verlust aller weltlichen Besitztümer ins Auge zu sehen. Die zeitliche Orientierung ist verwandelt; Vergangenheit und Zukunft werden nun weniger wichtig im Vergleich zum gegenwärtigen Augenblick. Der psychologische Akzent verlagert sich in der Regel von der Perspektive über lange Zeiträume auf die Einstellung, »einen Tag um den andern« zu leben. Damit einher geht eine stärkere Fähigkeit, sich des Lebens zu freuen und auch an einfachen Dingen Gefallen zu finden. Gewöhnlich ist eine deutliche Steigerung des Interesses für religiöse Dinge festzustellen, wobei es mehr um eine Spiritualität universaler Natur geht als um spezifische Glaubensüberzeugungen bestimmter Religionsgemeinschaften. Andererseits gibt es viele Fälle, in denen die traditionelle religiöse Überzeugung eines Todkranken durch die psychedelische Erfahrung vertieft und um neue Bedeutungsdimensionen erweitert wurde.

Die Bedeutung der psychedelischen Therapie bei Sterbenden übersteigt den engeren Rahmen der individuellen Hilfe für den Patienten selbst. Zeiten des Todes sind Krisenzeiten für die ganze Familie. Zwar hat der Kranke selbst den größten Teil des Leidens zu tragen, aber die

---

[7] Es muß in diesem Zusammenhang erwähnt werden, daß offenbar eine zunehmende Zahl von Wissenschaftlern tiefgehende Parallelen zwischen der mystischen Weltanschauung und den revolutionären Entdeckungen der Naturwissenschaften im zwanzigsten Jahrhundert, insbesondere der modernen Physik, entdeckt. Weitere Informationen über diesen Zusammenhang finden sich in Fritjof Capra: *Der kosmische Reigen* und in Bob Toben: *Space-Time and Beyond* (siehe Bibliographie, S. 263).

Situation der bevorstehenden Trennung ist auch für viele andere Beteiligte von einschneidender seelischer Bedeutung. Bei nahen Verwandten und Freunden kommt es häufig zu heftigen Reaktionen auf die unmittelbare Situation; darüber hinaus leiden manche von ihnen unter langdauernden negativen Auswirkungen dieses Erlebens. Praktizierende Psychiater wissen nur zu gut, daß der Tod von Vater oder Mutter und von anderen nahen Verwandten bei der Entstehung und Entwicklung vieler seelischer Störungen eine wichtige Rolle spielt — sei es als frühes Trauma, wenn sich der Todesfall in der Kindheit ereignet hat, oder als wichtiges auslösendes Element manifester Symptome im späteren Leben.

Die Zeit des Trauerns und der Verlassenheit wird in ihrem Wesen offenbar zutiefst von der Stärke und der Natur der Konflikte in den Beziehungen der Angehörigen zu dem Sterbenden beeinflußt. Den Tod eines Angehörigen hinzunehmen ist für die Verwandten schwieriger, wenn sie in bezug auf ihr eigenes Verhalten dem Sterbenden gegenüber oder hinsichtlich der Art, wie sie die gesamte Situation bewältigt haben, ambivalente Gefühle bei sich feststellen. Angehörige, die keine Gelegenheit gefunden haben, dem Sterbenden ihr Mitgefühl auszudrükken, ihm Worte der Dankbarkeit für das Vergangene zu sagen oder richtig von ihm Abschied zu nehmen, bleiben oft mit Gefühlen der Unzufriedenheit und der Bitterkeit, manchmal auch mit starken Schuldgefühlen zurück. Gelingt es dem Therapeuten, allen Beteiligten Wege zu wirksamer Kommunikation und einer echten seelischen Wechselbeziehung zu eröffnen, so können Sterben und Tod für alle zu einem von tiefem Sinn erfüllten Geschehen werden und ihnen das Gefühl geben, den ewigen Kräften des Weltalls zu begegnen, denen wir alle unterworfen sind. In diesem Fall kommt es trotz menschlichem Leiden und Tod selten zu Schuldgefühlen, und auch die Trauerperiode ist offenbar erheblich kürzer. Außerdem kann das Teilhaben an dem Prozeß, den der Sterbende durchmacht, bei den hinterbleibenden Kindern und auch bei den Erwachsenen die Vorstellung vom Tod beeinflussen, es kann ihnen helfen, sich ein Bild von ihrem eigenen Tod zu machen, und möglicherweise ihre eigene Einstellung zu diesem letzten Übergang günstig beeinflussen. Das jeweils geeignete therapeutische Eingreifen gab uns öfter die Möglichkeit, dem Sterbenden die Todesqual zu erleichtern und zugleich denen, die weiterlebten, zu helfen, dieses Trauma zu verarbeiten und zu integrieren.

Die psychedelische Therapie ist etwas anderes als die Chemotherapie und kann auch keine therapeutischen Wunder wirken. Die Qualität der menschlichen Begegnungen, eine einfühlsame therapeutische Führung des Sterbenden, die individuelle Arbeit mit der Familie und der Optimismus des Therapeuten sind dabei Faktoren von entscheidender Bedeutung. Der Optimismus des Therapeuten ist bei vielen Formen der Psychotherapie ein hochwirksamer Faktor. Dramatische Erfahrungen in den psychedelischen Sitzungen und daraus resultierende positive Veränderungen der Gefühle, der Einstellungen und des Verhaltens der Patienten sind mehr als genug, um den Enthusiasmus des Therapeuten hochzuhalten, selbst angesichts einer oft düsteren Wirklichkeit.

Eifer und Optimismus allein würden jedoch nicht ausreichen, ein solches Programm durchzuführen. Für Kollegen, die sich vielleicht mit dem Gedanken tragen, selbst mit einer Methode nach dem Muster des Spring-Grove-Programms oder mit einem ihren eigenen Auffassungen entsprechend abgewandelten Programm solcher Art zu arbeiten, ist hier ein mahnendes Wort am Platze, was die Notwendigkeit einer speziellen Ausbildung angeht. Nach unseren Erfahrungen gehören zu einer optimalen Vorbereitung für künftige LSD-Therapeuten nicht nur die genaue Kenntnis der einschlägigen Literatur, die Beschäftigung mit Tonfilmbändern von LSD-Sitzungen und die persönliche Teilnahme an LSD-Sitzungen unter der Leitung eines erfahrenen Therapeuten, sondern auch eigene LSD-Erfahrungen. So hatten in dem in Spring Grove durchgeführten LSD-Schulungsprogramm Psychiater und Psychologen Gelegenheit, durch Drogen bewirkte veränderte Bewußtseinszustände aus erster Hand kennenzulernen und sich selbst ein Bild zu machen von den Dimensionen der LSD-Reaktion. Eine solche genaue, unmittelbare Kenntnis des LSD erscheint unerläßlich, wenn der Therapeut fähig sein soll, die LSD-Behandlung wirksam und zugleich einfühlend durchzuführen. Wie in der Vergangenheit oft hervorgehoben wurde, scheinen psychedelische Zustände sich einer adäquaten Beschreibung zu widersetzen, und es ist unmöglich, durch Lesen von Büchern und Aufsätzen in wissenschaftlichen Zeitschriften zu einem tiefergehenden Verständnis dieser Zustände zu gelangen.

Ein weiterer wichtiger Apsekt der unmittelbaren LSD-Erfahrung im Rahmen eines Ausbildungsprogramms ist, daß der künftige LSD-Therapeut dabei die Möglichkeit bekommt, seiner eigenen Todesangst und anderen Emotionen, die in der Arbeit mit todkranken Patienten auftauchen, gegenüberzutreten und sie durchzuarbeiten. Die innere Gelassenheit und Ausgeglichenheit des Therapeuten bei der Konfrontation mit solchem Material ist eine der wichtigsten Variablen erfolgreicher LSD-Psychotherapie. Während seiner Arbeit im Psychiatrischen Forschungsinstitut in Prag und im Psychiatrischen Forschungszentrum von Maryland in Baltimore hat Stanislav Grof eine Fülle von Beweismaterial zusammengetragen, aus dem hervorgeht, daß es äußerst hilfreich ist, wenn Krankenschwestern und andere Mitglieder des Arbeitsteams, die mit LSD-Patienten in Berührung kommen oder mit ihnen arbeiten, Gelegenheit haben, den LSD-Zustand selbst zu erleben.

Unsere klinischen Erfahrungen zeigen, daß unter der Voraussetzung einer zureichenden Ausbildung des therapeutischen Personals, wie wir sie oben beschrieben haben, die LSD-unterstützte Psychotherapie eine relativ sichere und erfolgversprechende Methode ist auf einem Gebiet, das bis jetzt äußerst entmutigend war. Obwohl sich bei den Mitgliedern der helfenden Berufe und auch in der Öffentlichkeit das Bewußtsein entwickelt hat, daß es eine dringende Notwendigkeit ist, Sterbenden auch emotional beizustehen, gibt es auf diesem Gebiet bisher nur sehr wenige effektive Angebote. Die Mehrzahl der Sterbenden sieht sich immer noch einer sehr düsteren Situation gegenüber, wie es Aldous Huxley in *Island* beschrieben hat: »Immer mehr Schmerzen, immer mehr Angst, immer mehr Morphium, immer mehr Anforderungen, zuletzt der Zerfall der Persönlichkeit und der Verlust der Möglichkeit, in Würde zu sterben.«

7

Das Bewußtsein und die Schwelle des Todes

Menschen, die in psychedelischen Sitzungen die Begegnung mit dem Tod erfahren haben, berichten häufig, sie hätten diese Erfahrung als so echt und überzeugend erlebt, daß sie ihnen als vom tatsächlichen Sterben nahezu ununterscheidbar erschien. In autobiographischen Berichten, in Romanen und Gedichten finden sich zahlreiche Schilderungen von Bewußtseinsveränderungen bei Menschen, die sich in Situationen äußerster Lebensbedrohung befunden oder den klinischen Tod erlitten hatten; die Psychiater und die Psychologen jedoch haben diesen Bereich in überraschender Weise vernachlässigt. Es gibt nur einige wenige Studien, in denen dieses interessante Gebiet systematisch untersucht wurde. Wir wollen die bisher geleisteten Forschungen kurz zusammenfassen, sie mit den subjektiven Berichten von Menschen, die solche Situationen überlebt haben, illustrieren und mit unseren Beobachtungen aus der psychedelischen Forschung vergleichen.

Die ersten Untersuchungen auf diesem Gebiet wurden nicht von einem Psychiater oder Psychologen durchgeführt; die Pionierarbeit leistete ein Schweizer Geologe, der Züricher Professor Albert Heim, der durch seine Forschungen über die Alpen und durch sein Buch über die Entstehung der Gebirge berühmt wurde. Da er selbst mehrere fast tödlich verlaufene Unfälle gehabt hatte, interessierte Heim sich sehr für die subjektiven Erfahrungen des Sterbens. Mehrere Jahrzehnte hindurch sammelte er Beobachtungen und Berichte von Menschen, die extrem gefahrvolle, lebensbedrohende Situationen überlebt hatten. Zu den Personen, die Berichte beisteuerten, gehörten Soldaten, die im Krieg verwundet worden waren, Maurer und Dachdecker, die aus großer Höhe abgestürzt waren, Arbeiter, die Katastrophen bei Bauarbeiten im Gebirge und Eisenbahnunglücke überlebt hatten, und ein Fischer, der einmal fast ertrunken wäre. Der wichtigste Teil der Untersuchung Heims basiert jedoch auf den zahlreichen Berichten von alpinen Kletterern, die in den Bergen abgestürzt und

gerettet worden waren, darunter auch drei Berufskollegen von ihm.[1]
Heim kam in dieser Untersuchung zu dem Schluß, daß die subjektiven Erfahrungen von Menschen, die fast ums Leben gekommen wären, bei ungefähr 95 Prozent der Betroffenen auffallend ähnlich waren und nur geringe Abweichungen zeigten. Es schien keinen großen Unterschied zu machen, ob es sich um einen Sturz von einem Felsen, Gletscher oder Schneefeld oder um den Sturz in eine Schlucht oder einen Wasserfall handelte. Selbst die subjektiven Wahrnehmungen von Personen, die von einem Wagen überfahren wurden oder unter eine Maschine kamen, die auf dem Schlachtfeld von Kugeln getroffen wurden oder fast ertrunken wären, folgten dem gleichen Muster. Bei fast allen Personen, die Unfälle mit beinahe tödlichem Ausgang gehabt hatten, entwickelte sich ein ähnlicher Geisteszustand: kein Schmerz, keine Verzweiflung, kein Kummer und nichts von der überwältigenden Angst, die in Fällen geringerer Gefahr, wo keine akute Lebensbedrohung besteht, häufig die Menschen lähmt. Statt dessen intensivierte und beschleunigte sich die Geistestätigkeit um ein Hundertfaches. Danach erlebten die Betroffenen Empfindungen der Ruhe und ein völliges Annehmenkönnen des Geschehens. Die Wahrnehmung der Ereignisse und die Vorausschau ihres Ausgangs waren ungewöhnlich klar; es gab anscheinend keine Desorientierung oder Verwirrung. Das Zeitgefühl der Betroffenen dehnte sich sehr stark aus, und sie handelten blitzschnell auf der Grundlage einer exakten Einschätzung ihrer Situation. In vielen Fällen folgte dann eine plötzliche Rückschau auf die gesamte Vergangenheit des Betroffenen. Schließlich hörte der in Todesgefahr Schwebende oft eine himmlische Musik und machte eine Erfahrung transzendentaler Schönheit.
Wir wollen Heims Beschreibung von lebensbedrohenden Situationen mit zwei subjekten Berichten illustrieren, die in seinem ursprünglichen Vortrag enthalten sind. Der erste Bericht ist eine Schilderung

---

[1] Heim trug sein Datenmaterial zuerst vor der Section Uto des Schweizer Alpen-Clubs am 26. Februar 1892 vor. Sein Vortrag wurde dann unter dem Titel »Notizen über den Tod durch Absturz« im Jahrbuch des Schweizer Alpen-Clubs veröffentlicht.

seines eigenen Bergunfalls bei einer Bergtour in den Schweizer Alpen. Er stürzte in einen steilen Schneecouloir, flog über einen Felsen hinaus, ungefähr zwanzig Meter frei durch die Luft, und landete dann auf einer Schneekante.

»Sofort, wie ich stürzte, sah ich ein, daß ich nun an den Fels geworfen werden müsse, und erwartete den Anprall. Ich grub mit den gekrallten Fingern in den Schnee, um zu bremsen, und riß mir dadurch alle Fingerspitzen blutig, ohne Schmerz zu empfinden. Ich hörte genau das Anschlagen meines Kopfes und Rückens an jeder Ecke des Felsens, und ich hörte den dumpfen Schlag, als ich unten auffiel. Schmerzen aber empfand ich erst etwa nach einer Stunde. Während dem Fall stellte sich die erwähnte Gedankenflut ein. Was ich in fünf bis zehn Sekunden gedacht und gefühlt habe, läßt sich in zehnmal mehr Minuten nicht erzählen. Alle Gedanken und Vorstellungen waren zusammenhängend und sehr klar, keineswegs traumhaft verwischt. Zunächst übersah ich die Möglichkeiten meines Schicksals und sagte mir: Der Felskopf, über den ich nächstens hinausgeworfen werde, fällt unten offenbar als steile Wand ab, denn er verdeckte den unten folgenden Boden für einen Blick; es kommt nun ganz darauf an, ob unter der Felswand noch Schnee liegt. Wenn dies der Fall ist, so wird der Schnee von der Wand abgeschmolzen sein und eine Kante bilden. Falle ich auf die Schneekante, so kann ich mit dem Leben davonkommen, ist aber unten kein Schnee mehr, so stürze ich ohne Zweifel in Felsschutt hinab, und dann ist bei dieser Sturzgeschwindigkeit der Tod ganz unvermeidlich. Bin ich unten nicht tot und nicht bewußtlos, so muß ich sofort nach dem kleinen Fläschchen Essigäther greifen, das ich beim Weggehen auf dem Säntis nicht mehr in die Tornisterapotheke geborgen, sondern nur in die Westentasche gesteckt habe, und davon einige Tropfen auf die Zunge nehmen. Den Stock will ich nicht gehen lassen, vielleicht kann er mir noch nützen. Ich behielt ihn dann auch fest in der Hand. Ich dachte daran, die Brille wegzunehmen und fortzuwerfen, damit mir nicht etwa ihre Splitter die Augen verletzen, allein ich wurde derart geworfen und geschleudert, daß ich der Bewegung meiner Hände hierfür nicht mächtig werden konnte. Eine andere Gedanken- und Vorstellungsgruppe betraf die Folgen meines Sturzes für die Hinterbliebenen. Ich sagte mir, daß ich, unten angekommen, gleichgültig, ob ich schwer verletzt sei oder nicht, jedenfalls, wenn immer möglich, sofort aus Leibeskräften rufen müsse: ›Es hat mir gar nichts getan!‹ damit meine Begleiter, darunter mein Bruder und drei Freunde, aus dem Schrecken sich so weit aufraffen könnten, um überhaupt den ziemlich schwierigen Abstieg zu mir herab zu Stande zu bringen. Ich dachte daran, daß ich nun meine auf fünf Tage später angekündigte Antritts-vorlesung als Privatdozent jedenfalls nicht halten könne. Ich übersah, wie die Nachricht meines Todes bei den Meinigen eintraf, und tröstete sie in Gedanken. Dann sah ich, wie auf einer Bühne aus einiger Entfernung, mein ganzes vergangenes Leben in zahlreichen Bildern sich abspielen. Ich sah mich selbst als die spielende Haupt-person. Alles war wie verklärt von einem himmlischen Lichte und Alles war schön und ohne Schmerz, ohne Angst, ohne Pein. Auch die Erinnerung an sehr traurige Erlebnisse war klar, aber dennoch nicht traurig. Kein Kampf und Streit, auch der Kampf war Liebe gewor-den. Erhabene und versöhnende Gedanken beherrschten und verban-den die Einzelbilder, und eine göttliche Ruhe zog wie herrliche Musik durch meine Seele. Mehr und mehr umgab mich ein herrlich blauer Himmel mit rosigen und besonders mit zart violetten Wölklein — ich schwebte peinlos und sanft in denselben hinaus, während ich sah, daß ich nun frei durch die Luft flog, und daß unter mir noch ein Schnee-feld folgte. Objektives Beobachten, Denken und subjektives Fühlen gingen gleichzeitig nebeneinander vor sich. Dann hörte ich mein dumpfes Aufschlagen, und mein Sturz war zu Ende.«

Ein zweites Beispiel aus Heims Aufsatz ist eine, wie er sich ausdrückt, klassische Darstellung der subjektiven Empfindungen bei einem plötzlichen Unglücksfall. Es ist der Bericht eines Theologiestudenten, der ein Eisenbahnunglück im Jahre 1891 mitgemacht hatte, bei dem die Mönchensteinerbrücke zusammengebrochen war.

»Ich nahm es im ersten Augenblick nicht so ernst, als bei der Birsbrücke plötzlich ein stärkerer Stoß als alle bisherigen erfolgte. Doch im gleichen Moment stand auch der Zug mitten im schnellsten Laufe still. Der Stoß warf die Insassen bis zur Decke empor. Ich saß rückwärts und konnte nicht sehen, was vorging. Der gewaltige, metallharte Donner, der von vorn erscholl, ließ mich einen Zusammenstoß vermuten. Ich öffnete die Thüre und wollte davon; doch im gleichen Augenblick hob sich der nachfolgende Wagen hoch empor und drohte auf mich niederzustürzen. Ich kehrte um an meinen Platz und wollte meinem Nachbar am Fenster zurufen: Zum Fenster hinaus! — Ein heftiger Biß in die Zunge schloß mir den Mund. In allerkürzester Zeit vollzog sich nun die gräßlichste Niederfahrt, die man sich denken kann. Ich klammerte mich krampfhaft an meinen Sitz. Arme und Beine funktionierten in mustergültiger Weise, jedes instinktiv für sich selber sorgend und mit Blitzesschnelle die durch die hereinbrechenden Bretter, Stangen, Bänke gebotenen Reflex- und Parirbewegungen vollführend. Eine ganze Fluth von Gedanken hatte unterdessen Zeit, in klarer Weise durch das Gehirn zu ziehen: Der nächste Stoß bringt dir den grimmen Tod, hieß es. Eine Reihe von Bildern zeigte mir in rascher Folge alles Schöne und Liebe, das ich auf dieser Welt erlebt, und dazwischen tönte wie eine gewaltige Melodie die Predigt, die ich am Morgen von Herrn Obersthelfer gehört hatte: Gott ist allmächtig, Himmel und Erde ruhen in seiner Hand; seinem Willen müssen wir stillehalten. Unendliche Ruhe überkam mich bei diesem Gedanken, mitten unter all' dem furchtbaren Getümmel. Zweimal noch wurde der Wagen emporgeschleudert; dann fuhr der vordere Theil plötzlich senkrecht hinunter in die Birs, und der hintere Theil mit mir wurde seitwärts über den Damm hinunter in die Birs geschleudert. Der Wagen war zerschmettert. Ich lag unter einem Haufen von Brettern und Bänken eingeklemmt und gepreßt und erwartete den nächsten Wagen auf den Kopf; da wurde es plötzlich still. Das Gepolter hörte auf. Von der Stirne rieselte es heiß herab, doch ohne Schmerz. Der Blutverlust wirkte erleichternd. Nach kurzer Anstrengung hatte ich mich aus dem Trümmerhaufen durch ein Fenster herausgearbeitet und erhielt erst jetzt einen Begriff von der Größe des geschehenen Unglücks . . .«

Heim schloß seinen Aufsatz mit der Feststellung ab, daß der Tod durch Absturz subjektiv ein schöner Tod sei. Die Menschen, die in den Bergen abstürzten, schauten in ihren letzten Augenblicken ihre eigene Vergangenheit in verklärter Weise. Über jeden körperlichen Schmerz erhaben, seien sie beherrscht von reinen, großen Gedanken, himmlischer Musik und vom Gefühl des Friedens und der Versöhnung. Sie fielen in einen »blauen und rosigen, herrlichen Himmel hinein«, und dann sei plötzlich alles still. Nach der Meinung Heims sind solche Todesfälle für die Hinterbliebenen »entsetzlicher und härter« als für die Opfer selbst. Es ist sowohl im Augenblick des Geschehens selbst als auch in der späteren Erinnerung unvergleichlich viel schmerzlicher, einen anderen Menschen abstürzen zu sehen, als selbst abzustürzen. In vielen Fällen werden die Zuschauer eines Unglücks zutiefst erschüttert und von lähmendem Entsetzen gepackt, so daß sie ein bleibendes Trauma davontragen, während das Opfer selbst, wenn es nicht schwere Verletzungen erleidet, frei von Angst und Qual aus dem Unglück hervorgeht. Heim veranschaulichte diese Beobachtungen an einem persönlichen Erlebnis, als er einmal eine Kuh abstürzen sah — ein Erlebnis, das ihn immer noch »peinlich verfolgte«, während sein eigener Unfall »nur in angenehmer Verklärung« in sein Gedächtnis eingeschrieben war — ohne Pein und ohne Schmerz, eben so, wie er ihn tatsächlich empfunden hatte.

Das Interesse für bestimmte, besondere Aspekte des Sterbens, das einige Forscher am Ende des neunzehnten und Anfang des zwanzigsten Jahrhunderts an den Tag legten, hatte zwei verschiedene Motivationsquellen. Die eine Gruppe von Beobachtungen interessierte sich für die subjektiven Erfahrungen Sterbender unter einem prognostischen Gesichtspunkt, sie suchten nach psychischen Indikatoren des bevorstehenden Todes. Damals fanden die Visionen Sterbender große Aufmerksamkeit, da sie als Vorzeichen betrachtet wurden. Edward Clarkes Buch *Visions: A Study of False Sight*, das er als Todkranker geschrieben hatte, wurde zu einem Klassiker auf diesem Gebiet; es enthält zahlreiche Darstellungen von Erfahrungen der unmittelbaren Todesnähe und ist eine unschätzbare Fundgrube für jeden ernsthaften Forscher auf diesem Gebiet.

Die Vertreter der zweiten Gruppe waren in erster Linie durch ihr Interessse für parapsychologische Phänomene motiviert. Sie studierten die phänomenologischen Aspekte des Sterbens und suchten nach Anzeichen des Weiterlebens nach dem Tod. Mit wenigen Ausnahmen befaßten sich diese Forscher kaum mit dem Verhalten und dem Erleben der Todkranken und Sterbenden selbst. Ihr Interesse galt vielmehr den übersinnlichen und visionären Erfahrungen anderer —

vor allem jenen Erfahrungen von Verwandten und Freunden, die mit dem Tod eines bestimmten Menschen zusammenfielen oder einen Bezug zu ihm hatten. Das Interesse für die tatsächlichen Erfahrungen der Sterbenden selbst war sehr begrenzt und drehte sich hauptsächlich um die Idee der sogenannten »Peak-in-Darien«-Fälle, die zuerst 1877 von F. P. Cobbe vorgebracht und später von James Hyslop (1908), William Barrett (1926) und Harnell Hart (1959) weiterentwickelt wurde. Dieser Gedanke basiert auf dem Glauben, daß die Geister toter Verwandter dem Sterbenden zu Hilfe kommen, ihm den Übergang erleichtern und ihn in eine andere Welt mitnehmen. Nach dieser Auffassung sehen Sterbende oftmals die Erscheinung toter Angehöriger im Krankenzimmer, und zwar handelt es sich dabei um Personen, die bei klarem Bewußtsein sind, nicht delirieren und nicht desorientiert oder verwirrt sind, so daß die Erscheinungen nicht einfach in psychopathologischen Kategorien erklärt werden können. Die »Peak-in-Darien«-Idee impliziert, daß Sterbende nur tote Anverwandte auf diese Weise sehen. Einen besonders überzeugenden Beweis erblickte man darin, daß Sterbende manchmal die Erscheinung eines Toten sehen, von dessen Tod sie noch gar nichts wissen können.

Für unsere Zwecke sehr viel interessanter ist eine umfangreiche Untersuchung über die Beobachtungen von Ärzten und Krankenschwestern am Sterbebett, die von Karlis Osis und seinen Mitarbeitern durchgeführt und im Jahre 1961 veröffentlicht wurde. Anstatt eine spezielle, schmale Hypothese zu überprüfen, ging Osis daran, ein breites Spektrum von Erscheinungen, die bei Sterbenden auftreten, kritisch zu prüfen und die darin zutage tretenden Muster zu analysieren. Die Untersuchung basierte auf einer umfassenden Fragebogenaktion; 10 000 Fragebogen, die verschiedene Aspekte von Beobachtungen am Sterbebett erfaßten, wurden verschickt, eine Hälfte davon an Ärzte, die andere Hälfte an Krankenschwestern. Die 640 Fragebogen, welche zurückkamen, wurden einer detaillierten Analyse unterzogen. Die Adressaten, die diese Fragebogen zurücksandten, teilten insgesamt 35 540 Beobachtungen am Sterbebett mit.

Osis kam zu dem Ergebnis, daß ungefähr zehn vom Hundert der sterbenden Patienten in der Stunde vor ihrem Tod offenbar bei Bewußtsein waren. Überraschenderweise war nach den Angaben der

Ärzte und Schwestern Angst nicht das beherrschende Gefühl bei diesen Patienten. Häufiger traten offenbar Unbehagen, Schmerzen und sogar Gleichgültigkeit auf. Es wurde geschätzt, daß bei ungefähr einem von zwanzig Sterbenden Anzeichen einer gehobenen Stimmung zu erkennen waren. Ein überraschendes Ergebnis dieser Untersuchung war die hohe Rate von Visionen, in denen keine Menschen vorkamen. Diese Visionen traten etwa zehnmal häufiger auf, als bei einer vergleichbaren Gruppe von Personen in normalem Gesundheitszustand zu erwarten gewesen wäre. Einige dieser Visionen standen mehr oder weniger im Einklang mit traditionellen religiösen Vorstellungen und stellten den Himmel, das Paradies oder die Ewige Stadt dar; andere hatten weltliche Bilder von unbeschreiblicher Schönheit zum Inhalt, wie zum Beispiel Landschaften mit üppiger Vegetation und exotischen Vögeln. Nach Angaben der Verfasser waren die meisten dieser Visionen durch leuchtende Farben charakterisiert und hatten große Ähnlichkeit mit den durch Meskalin oder LSD hervorgerufenen psychedelischen Erfahrungen. Weniger häufig waren furchteinflößende Visionen von Teufeln und der Hölle und andere erschreckende Erfahrungen, wie zum Beispiel die, lebendig begraben zu sein. Das Hauptaugenmerk dieser Untersuchung richtete sich jedoch auf Visionen Sterbender, bei denen menschliche Wesen geschaut wurden. Osis konnte die Hypothesen von Barrett und Hyslop bestätigen, daß Sterbende überwiegend Erscheinungen von Verstorbenen halluzinieren, die oft den Anspruch erheben, ihnen den Übergang in die Existenz nach dem Tod zu erleichtern. Auch er bestätigte den halluzinatorischen Charakter dieser Erscheinungen, den die große Mehrheit der Patienten in einem Zustand klaren Bewußtseins erlebte. Die geistigen Funktionen der Patienten waren nicht durch Sedativa, andere Medikamente oder hohe Körpertemperatur gestört, und nur ein kleiner Teil von ihnen hatte eine Krankheit, die zu Sinnestäuschungen führen konnte, wie Hirnverletzungen, zerebrale Störungen, Geisteskrankheiten und Urämie. Die meisten Sterbenden waren bei vollem Bewußtsein, sie verfügten über eine ausreichende Wahrnehmung ihrer Umgebung und angemessene Reaktionen auf sie. Die Untersuchung zeigte auch, daß die Merkmale dieser Halluzinationen von physiologischen und kulturellen Variablen sowie von Persönlichkeitsunterschieden relativ unabhängig waren. Die Ursprünge dieser

Art von Erfahrungen lagen anscheinend jenseits der Persönlichkeitsunterschiede zwischen den Geschlechtern, jenseits physiologischer Faktoren wie der klinischen Diagnose und der Art der Krankheit sowie jenseits des Ausbildungsniveaus und des religiösen Hintergrunds der Betroffenen. Bei Erscheinungen von Verstorbenen handelte es sich meistens um nahe Verwandte des Sterbenden; Visionen von Nichtverwandten stellten gewöhnlich Lebende dar.

Autobiographische Berichte sowie Erzählungen, Romane und Dichtungen scheinen zu bestätigen, daß Personen in akuter Lebensgefahr und Schwerkranke, deren Tod unmittelbar bevorsteht, typischerweise ungewöhnliche Bewußtseinszustände erleben. Diese Erfahrungen sind qualitativ verschieden von unserem alltäglichen Bewußtsein und lassen sich nicht leicht mit Worten beschreiben. Wir müssen deshalb auf Schilderungen von Menschen zurückgreifen, die zur Introspektion begabt und zugleich fähig sind, sich zu artikulieren, um das Aroma und die Dimensionen solcher Erfahrungen zu vermitteln. Eine der besten Beschreibungen dieser Art findet sich in Carl Gustav Jungs Autobiographie *Erinnerungen, Träume, Gedanken*. Anfang 1944 brach Jung sich den Fuß und erlitt daraufhin einen Herzanfall. Während er in unmittelbarer Todesgefahr schwebte und man ihm Sauerstoff und Kampfer gab, hatte er eine Reihe von Visionen. Im folgenden geben wir einen Auszug seiner Beschreibung dieses Zustandes:

»Es schien mir, als befände ich mich hoch oben im Weltraum. Weit unter mir sah ich die Erdkugel in herrlich blaues Licht getaucht. Ich sah das tiefblaue Meer und die Kontinente. Tief unter meinen Füßen lag Ceylon, und vor mir lag der Subkontinent von Indien. Mein Blickfeld umfaßte nicht die ganze Erde, aber ihre Kugelgestalt war deutlich erkennbar, und ihre Konturen schimmerten silbern durch das wunderbare blaue Licht. An manchen Stellen schien die Erdkugel farbig oder dunkelgrün gefleckt wie oxydiertes Silber. ›Links‹ lag in der Ferne eine weite Ausdehnung — die rotgelbe Wüste Arabiens. Es war, wie wenn dort das Silber der Erde eine rotgelbe Tönung angenommen hätte. Dann kam das Rote Meer, und ganz weit hinten, gleichsam ›links oben‹, konnte ich gerade noch einen Zipfel des Mittelmeers erblicken. Mein Blick war vor allem dorthin gerichtet. Alles andere erschien undeutlich. Zwar sah ich auch die Schneeberge des Himalaya, aber dort war es dunstig oder wolkig. Nach ›rechts‹ blickte ich nicht. Ich wußte, daß ich im Begriff war, von der Erde wegzugehen.

Später habe ich mich erkundigt, wie hoch im Raume man sich befinden müsse, um einen Blick von solcher Weite zu haben. Es sind etwa 1500 km! Der Anblick der Erde aus dieser Höhe war das Herrlichste und Zauberhafteste, was ich je erlebt hatte.

Nach einer Weile des Schauens wandte ich mich um. Ich hatte sozusagen mit dem Rücken zum Indischen Ozean gestanden, mit dem Gesicht nach Norden. Dann schien es mir, als machte ich eine Wendung nach Süden. Etwas Neues trat in mein Gesichtsfeld. In geringer Entfernung erblickte ich im Raume einen gewaltigen dunklen Steinklotz, wie ein Meteorit — etwa in der Größe meines Hauses, vielleicht noch größer. Im Weltall schwebte der Stein, und ich selber schwebte im Weltall.

Ähnliche Steine habe ich an der Küste des Bengalischen Meerbusens gesehen. Es sind Blöcke aus schwarz-braunem Granit, in welche bisweilen Tempel gehauen wurden. Solch ein riesiger dunkler Block war auch mein Stein. Ein Eingang führte in eine kleine Vorhalle. Rechts saß auf einer Steinbank ein schwarzer Inder im Lotussitz. Er trug ein weißes Gewand und befand sich in vollkommen entspannter Ruhestellung. So erwartete er mich — schweigend. Zwei Stufen führten zu dieser Vorhalle, an deren linker Innenseite sich das Tor in den Tempel befand. Unzählige, in kleinen Nischen angebrachte Vertiefungen, gefüllt mit Kokosöl und brennenden Dochten, umgaben die Tür mit einem Kranz heller Flämmchen. Das hatte ich auch in Wirklichkeit einmal gesehen. Als ich in Kandy auf Ceylon den Tempel des Heiligen Zahnes besuchte, umrahmten mehrere Reihen brennender Öllampen solcher Art das Tor.

Als ich mich den Stufen zum Eingang in den Felsen näherte, geschah mir etwas Seltsames: ich hatte das Gefühl, als ob alles Bisherige von mir abgestreift würde. Alles, was ich meinte, was ich wünschte oder dachte, die ganze Phantasmagorie des irdischen Daseins fiel von mir ab oder wurde mir geraubt — ein äußerst schmerzlicher Prozeß. Aber etwas blieb; denn es war, als ob ich alles, was um mich geschehen war, nun bei mir hätte. Ich könnte auch sagen: es war bei mir, und das war Ich. Ich bestand sozusagen daraus. Ich bestand aus meiner

Geschichte und hatte durchaus das Gefühl, das sei nun ich. ›Ich bin dieses Bündel von Vollbrachtem und Gewesenem.‹«

Nun könnte man im Falle Jungs die visionäre Qualität und den mythischen Charakter seiner Darstellung auf seine außerordentliche Persönlichkeit und auf seine fachlichen Interessen zurückführen. Das zweite Beispiel jedoch kommt von einem Menschen, der einen völlig anderen Charakter hat als Jung und auch einen ganz andersartigen Beruf. Der Verfasser ist der deutsche Schauspieler Curd Jürgens, der während eines komplizierten chirurgischen Eingriffs einen klinischen Tod starb. Die Operation wurde von Professor Michael De Bakey in Houston in Texas durchgeführt. Um die defekte Aorta durch eine Plastikader zu ersetzen, mußte der Chirurg das Herz außer Tätigkeit setzen. Während dieser Operation war Curd Jürgens mehrere Minuten lang tot. Das Nachfolgende ist sein Bericht über seine ungewöhnlichen Erfahrungen während dieser Zeit. Er ist dem Buch *Aus dem Jenseits zurück* von Jean-Baptiste Delacour entnommen.

»Der Zustand des Wohlgefühls, den ich kurz nach der Injektion von Pentothal erlangte, war nur von kurzer Dauer. Aus dem Unterbewußtsein erhob sich sehr bald das Gefühl, daß mich das Leben verließ. Heute möchte ich sagen, daß es der Augenblick war, in dem mein Herz aufhörte zu schlagen. Das fliehende Leben erweckte heftige Angstgefühle, ich wollte es unbedingt festhalten, aber es war mir unmöglich. Die gewaltige Glaskuppel des Operationssaales, die ich vorher betrachtet hatte, begann jetzt sich zu verändern. Sie zeigte plötzlich eine glutrote Färbung. Hinter dem Glas sah ich grimassenhaft verzerrte Gesichter, die mich anstarrten. Gepackt von einer entsetzlichen Angst, versuchte ich mich aufzubäumen und gegen die näher kommenden bleichen Gespenster zu wehren. Dann erschien es mir, als ob die Glaskuppel sich in einen durchsichtigen Dom verwandelt hatte und sich langsam über mich senkte. Ein feuriger Regen fiel hernieder, aber obwohl die Tropfen von gewaltiger Größe waren, berührten sie mich nicht. Sie zersprangen unter mir, und drohende Flammen züngelten aus ihnen empor. Nicht länger konnte ich mich vor der furchtbaren Wahrheit verschließen: Die Gesichter, die diese brennende Welt beherrschten, gehörten zweifellos den Verdammten.

Ich fühlte mich verzweifelt und auf eine unaussprechlich schreckliche Weise einsam und verlassen. Die Empfindungen des Entsetzens schnürten mir den Hals zu, und ich hatte den Eindruck, ersticken zu müssen.

Offensichtlich befand ich mich in der Hölle, und die glühenden Feuerzungen konnten mich jeden Augenblick erreichen. In dieser Situation näherte sich mir plötzlich die schwarze Silhouette einer menschlichen Gestalt. Zunächst erschien sie nur undeutlich inmitten der Flammen und roten Rauchwolken, wurde dann aber rasch klarer. Es war eine in schwarze Schleier gehüllte Frau, schlank, mit lippenlosem Mund, und die Augen zeigten einen Ausdruck, der mir eisige Schauer über den Rücken jagte. Denn als sie dicht vor mir stand, sah ich nur zwei schwarze leere Löcher, aus denen das Wesen mich dennoch anstarrte. Von einer unwiderstehlichen Anziehungskraft getrieben, folgte ich der Gestalt, die beide Arme zu mir ausstreckte. Mich berührte ein eisiger Hauch, und ich wurde in eine Welt geführt, die von schwach vernehmbaren Klagelauten erfüllt war, obwohl sich weit und breit kein Mensch zeigte.

Unvermittelt richtete ich an das Phantom die Frage: ›Wer bist du?‹ Die Stimme antwortete: ›Ich bin der Tod!‹ Instinktiv bot ich alle meine Kraft auf und dachte: ›Ich will dir nicht länger folgen, denn ich will noch leben . . .‹ Hatte sie meine Gedanken erraten? Sie trat noch näher an mich heran und legte ihre Hände auf meine Brust, so daß ich erneut ihrer Anziehungskraft unterworfen wurde. Ich spürte dabei ihre eiskalten Hände auf meiner Haut, und die leeren Augenhöhlen waren unbeweglich auf mich gerichtet.

Noch einmal konzentrierte ich alle Gedanken auf das Leben, um dem Tod in Gestalt dieser Frau zu entfliehen. Ich hatte meine Frau Simone noch am Eingang zum Operationssaal umarmt. Plötzlich geschah das unerwartete Wunder. Das Phantom meiner Frau riß mich aus der Hölle, in der ich mich befand. War sie aus der Welt der Lebenden zu mir geeilt, um mich vom Tode wieder in das irdische Dasein zurückzuführen?

Mit einem grausamen Lächeln hatte sich die Frau mit dem schwarzen Schleier bei der Ankunft Simones lautlos entfernt. Gegen Simone, die von Jugend und Leben erfüllt war, vermochte der Tod nichts auszurichten. Ich spürte nur noch Frische und Zärtlichkeit, als sie mich an ihrer Hand den vorher im Banne der dunklen Gestalt beschrittenen Weg zurückführte.

Ganz allmählich ließen wir das schreckliche Schattenreich hinter uns und näherten uns dem großen Licht. Dieses Leuchten geleitete uns und wurde schließlich so hell, daß ich geblendet die Augen schließen mußte.

Und dann setzte plötzlich ein heftiger, dumpfer Schmerz ein, der mir den Brustkasten zu zerschneiden drohte. Ich umklammerte die Hand Simones mit noch festerem Griff, bis ich plötzlich das Bewußtsein wiedererlangte.

Simone saß an meinem Bett in einem weißen Schwesternkittel. Ich besaß nur die Kraft zu einem schwachen Lächeln und konnte nur mühsam ein Wort hervorbringen: ›Danke!‹

Dieses Wort war der Abschluß einer furchtbaren, aber dennoch faszinierenden Reise ins Jenseits, die ich in meinem Leben nie vergessen werde.«

Weitere Berichte über Erfahrungen der ganz unmittelbaren Todesnähe und subjektive Begleiterscheinungen des klinischen Todes hat Jess E. Weisse in einem Buch mit dem Titel *The Vestibule* gesammelt. Hervorragende Beispiele vergleichbarer Darstellungen aus der Literatur sind Tolstojs Erzählung *Der Tod des Iwan Iljitsch* und seine Schilderung des Todes von Andrej Bolkonski in *Krieg und Frieden;* Edgar Allan Poes *Ein Sturz in den Maelstrom;* Ambrose Bierces *Ein Vorfall an der Eulenfluß-Brücke* und Caresse Crosbys *The Passionate Years*.

Versuche, die bei diesen Erfahrungen, wirksamen Mechanismen zu erfassen und einen theoretischen Rahmen für ihre Deutung zu formulieren, waren in der Vergangenheit sogar noch seltener als deskriptive und phänomenologische Untersuchungen. Edward Clarke fand in *Visions. A Study of False Sight* eine befriedigende Erklärung für die bei Sterbenden beobachteten Bewußtseinsveränderungen: Er führte sie auf eine Beeinträchtigung der Hirnfunktion zurück. Andere brachten die Veränderungen des Bewußtseins mit einem spezifischen Mechanismus in Verbindung, nämlich Sauerstoffmangel im Gehirn, und verwiesen auf die Ähnlichkeit zwischen Erfahrungen der unmittelbaren Todesnähe und verschiedenen abnormen Erscheinungen, wie sie in großen Höhen, während der Anästhesie, bei Versuchspersonen in

Unterdruckkammern und in noch anderen Situationen zu beobachten sind, wo Sauerstoffmangel besteht. Karlis Osis (1961) und Russell Noyes (1971) entdeckten interessante Parallelen zwischen visionären Erfahrungen von Sterbenden und den durch psychedelische Drogen hervorgerufenen Zuständen. Die letztere Beobachtung ist zwar von großer theoretischer Bedeutung, trägt aber zu unserem Verständnis des Sterbens nichts bei. Psychedelische Erfahrungen sind selber sehr komplexe Phänomene, die noch nicht hinreichend geklärt sind und die eine ernsthafte Herausforderung an die Wissenschaft darstellen (wir werden auf dieses wichtige Problem in den folgenden Kapiteln noch zurückkommen).

Alle die oben angeführten Erklärungen beziehen sich bestenfalls auf einen Aspekt der Erfahrung der unmittelbaren Todesnähe: die physiologische oder biochemische Auslösung dieser Erfahrungen. Über deren spezifischen Inhalt und ihre tiefere psychologische Bedeutung sagen sie nichts aus.

In zwei psychoanalytischen Studien wurde der ernsthafte Versuch unternommen, psychoanalytische Grundkonzeptionen auf die Untersuchung von Todeserfahrungen anzuwenden. Der erste dieser Aufsätze stammt von Oskar Pfister, der seinen Überlegungen die oben erwähnte von Albert Heim durchgeführte Untersuchung zugrunde legte. Außer den Beobachtungen Heims, die dieser im Lauf von 25 Jahren nach seinem eigenen, beinahe tödlich verlaufenen Absturz gesammelt hatte, stand Pfister noch ein Brief Heims zur Verfügung, in dem dieser viele Einzelheiten seiner Erfahrung beschrieb, die er in seinem ursprünglichen Aufsatz nicht erwähnt hatte. Die von Heim zusammengetragenen umfangreichen Fakten ermöglichten es Pfister, sich mit dem allgemeinen Wesen der Erfahrungen der unmittelbaren Todesnähe vertraut zu machen. Für eine tiefer eindringende psychodynamische Bewertung und Deutung dieser Erscheinungen benötigte er jedoch die freien Assoziationen des Erfahrenden zu deren spezifischem manifesten Inhalt. Eine solche Analyse ermöglichten ihm dann die Mitteilungen eines Mannes, dessen Bekanntschaft er zufällig auf einer Reise machte. Dieser Mann war im Krieg, 13 Jahre vor der Begegnung mit Pfister, im Schützengraben beinahe ums Leben gekommen. Er war fähig, die Phantasien, die er in dieser Situation gehabt hatte, zu schildern und freie Assoziationen zu ihrem Inhalt zu liefern. Auf der Grundlage dieses Materials zog Pfister vorläufige theoretische Schlußfolgerungen über die psychodynamischen Mechanismen, die beim »Schockdenken« und in den Phantasien eines Menschen in tödlicher Gefahr wirksam sind.

Freud hatte in *Jenseits des Lustprinzips* den Gedanken geäußert, daß der lebende Organismus durch die mit Energien geladene Außenwelt vernichtet würde, wenn er nicht mit einer besonderen Schutzvorrichtung ausgestattet wäre, die als *Reizschutz* fungiert. Pfister fand diesen Gedanken außerordentlich nützlich für das Verständnis des Mechanismus von Erfahrungen der Todesnähe. Nach seiner Auffassung bewahren Schockphantasien den Menschen vor einem übergroßen seelischen Trauma; sie fungieren als ein Mechanismus, der ihn davor schützt, das wache Bewußtsein zu verlieren und in Schlaf oder Ohnmacht zu fallen. Dieser Mechanismus wäre somit ein Gegenstück der Funktion, die Träume erfüllen, um den Schlaf zu beschützen. Wo die Gefahr mäßig groß ist, reagiert der Mensch mit Lähmung und Sprachlosigkeit. Extreme Gefahr dagegen führt zu starker Aktivität und gesteigerter Gedankentätigkeit. Mehrere Schutzmechanismen treten in dieser Phase auf. Einer von ihnen ist die Illusion, der Gefahr wirksam begegnen zu können; ein anderer ist die Fähigkeit, alle begleitenden Gefühle zu registrieren. Auch die in dieser Situation so häufig beobachtete Entrealisierung (alles wird unwirklich) scheint eine Schutzfunktion zu haben, weil sie eine Leugnung der Situtation oder ihrer Relevanz einschließt. Wenn es nicht mehr haltbar ist, die Gefahr realistisch zu meistern, bricht die Realitätsorientierung zusammen, und regressive Phantasien treten auf den Plan. Bei einigen der Erinnerungsstücke, die Teil des häufig berichteten Erlebnisses einer Lebensüberschau sind, handelt es sich um Erinnerungen tröstlicher Natur, Anspielungen auf gefährliche Situationen in der Vergangenheit, die glücklich endeten, oder freie Phantasien. *Déjà vu*-Erfahrungen oder die Flucht in die Antizipation der Zukunft können gleichfalls als Verleugnung einer gefährlichen Wirklichkeitssituation angesehen werden. Die extreme Reaktion dieser Art ist natürlich die Flucht in eine transzendentale Erfahrung des Himmels oder des Paradieses, die nach den Begriffen der Psychoanalyse eine Regression in die ozeanische Seligkeit der pränatalen Existenz ist. Pfister betrachtete also die Erfahrungen der Todesnähe als Manifestationen eines

»glänzenden Sieges des Wunschdenkens über schreckliche Tatsachen und der Illusion über die Wirklichkeit«. Ein weiterer Aspekt seiner Arbeit verdient in diesem Zusammenhang besondere Erwähnung. Er wies selbst darauf hin, daß seine Konzeption von der Schutzfunktion des Schockdenkens interessante Fragen bezüglich der Natur des Bewußtseins aufwirft. Wenn das Bewußtsein das Wissen um die Gefahr einschließt, dieses aber nicht bewußtwerden läßt, bedeutet das dann nicht, daß das Bewußtsein das Unbewußte enthält?

Eine andere psychoanalytische Studie über den Vorgang des Sterbens, die in unserem Zusammenhang interessant ist, wurde von R. C. A. Hunter veröffentlicht, der die einzigartige Gelegenheit hatte, den Inhalt einer solchen Erfahrung der unmittelbaren Todesnähe zu analysieren; es handelte sich dabei um eine Patientin, eine Krankenschwester, die bei ihm in einer langfristigen psychoanalytischen Behandlung war. Er sah sie im Rahmen ihrer regelmäßigen Analysestunden zwei Stunden vor ihrem Unglücksfall und 24 Stunden nach diesem. Diese Umstände ermöglichten es ihm, ihre Phantasien und die Erfahrungen, an die sie sich erinnerte, sowie einige freie Assoziationen dazu sehr früh nach dem Unfall aufzuzeichnen. Seine Patientin war eine körperlich gesunde Frau von 34 Jahren, Mutter von drei Kindern. Zum Zeitpunkt des Unfalls war sie offenbar nicht depressiv, und es bestand kein Grund zu der Annahme, daß sie Selbstmordneigungen hatte. In Analyse war sie wegen zwischenmenschlicher Probleme in der Beziehung zu ihrem Mann.

Der Unglücksfall, der fast tödlich geendet hätte, kam unerwartet und ereignete sich ganz abrupt. Ihr Zahnarzt hatte eine Röntgenaufnahme von einem Zahn gemacht, der ihr weh tat, und einen Abszeß an der Zahnwurzel festgestellt; er verschrieb Aspirin-Kodein und Penizillin. Während sie mit ihrem Mann im Auto nach Hause fuhr — es war in der Hauptverkehrszeit —, nahm sie eine Tablette des Antibiotikums ein. Zwanzig Minuten später entwickelte sich bei ihr auf Grund einer Penizillinallergie ein Kehlkopf- und Glottisödem, begleitet von hochgradiger Atemnot mit schließlicher Bewußtlosigkeit. Sie bekam Adrenalin und wurde mit dem Krankenwagen in ein nahegelegenes Krankenhaus gebracht, wo sie mit Sauerstoff beatmet wurde und nochmals Adrenalin und Kortikosteroide erhielt. Sie erholte sich innerhalb kurzer Zeit vollständig und war am nächsten Tag in der Lage, in ihrer

Analysestunde über ihre Erfahrung zu sprechen. Nachfolgend Hunters Wiedergabe ihres Berichts:

»Sie hatte nie zuvor an irgendwelchen allergischen Erscheinungen gelitten, auch aus der Familiengeschichte waren keine derartigen Fälle von Allergie bekannt. Als Krankenschwester wußte sie jedoch, daß es eine Penicillinallergie gibt, und als sie die Tablette einnahm, ging ihr der Gedanke durch den Kopf, sie könnte vielleicht allergisch gegen Penizillin sein. Als ihr das Atmen schwerzufallen begann, erkannte sie, was vorging, und empfand panische Angst, die jedoch bald vorüberging. (Sie werde nie wieder Angst vor dem Sterben haben, sagte sie.) Sie empfand intensives Mitleid mit ihrem Mann. Dann fühlte sie sich schuldbewußt, weil er ihretwegen dieses qualvolle Erlebnis durchmachen mußte. Sie schämte sich. Jetzt (*post hoc*) kam es ihr so vor, als sei der Vorfall teilweise ein Racheakt gegen ihren Mann gewesen, obwohl die Sache doch in Wirklichkeit außerhalb ihrer Kontrolle war. Sie erinnerte sich an eine ›letzte heftige Reaktion‹, wo sie verzweifelt dagegen ankämpfte, aber sie fürchtete sich nicht; und dann gab sie auf, denn sie wußte, daß sie es wollte (sterben).

Daraufhin sah sie eine Menge Szenen aus ihrem Leben, die in schnellem Ablauf nacheinander vorüberzogen. Rückblickend schien es ihr, daß diese Szenen etwa bis in ihr fünftes Lebensjahr zurückreichten. Sie erinnerte sich an den Eindruck lebhafter Farben. Sie sah eine Puppe, die sie als Kind gehabt und die sie geliebt hatte, und es fiel ihr auf, wie leuchtend blau die Glasaugen der Puppe waren. Dann war da ein Bild von ihr selbst auf einem knallroten Fahrrad auf einem ebenso knallgrünen Rasen. Sie war überzeugt, daß nicht ihr ganzes Leben sich ihr bildlich darstellte, sondern nur einige Szenen aus ihrer Kindheit, und sie betonte, daß sie bei dem Ganzen ein überschwengliches Glücksgefühl empfunden hatte.

Als nächstes erinnerte sie sich an einen Zustand der ›Seligkeit‹ und der ›Ekstase‹. Sie war zutiefst in die Betrachtung eines Bildes des Tadsch Mahal versunken. Es war ein Bild, das sie schon wiederholt gesehen haben mußte — das übliche, vom Ende des Lilienteiches im Vordergrund aus aufgenommen. Es war farbig, der Teich und die Wasserlilien waren blau und grün, die Minarette und die Kuppel wundervoll gold- und cremefarben. Sie merkte, daß Menschen da waren, die sie aufzuwecken versuchten, und fühlte sich zornig und irritiert. Sie wollte mit ihrem schönen Traum vom Tadsch Mahal allein gelassen werden. Dann nahm sie eine Sauerstoffmaske wahr und merkte, daß ein Tropfeinlauf lief. Widerstrebend erlangte sie das Bewußtsein wieder und sah, daß sie sich in der Notaufnahmestation eines Krankenhauses befand.«

Bei der Analyse ihrer Erfahrungen war Hunter überrascht, wie sehr ihr Bericht dem von Pfister veröffentlichten glich. In beiden Fällen war die Erkenntnis der Gefahr gefolgt von einer kurzen Angstreaktion, einer Verleugnung der bedrohenden Situation und dann von einem Wiedererleben ungewöhnlich beglückender oder ekstatischer Szenen aus dem früheren Leben des Betroffenen. Hunter vertritt auf Grund seiner Beobachtungen die Meinung, daß wir zwischen dem eigentlichen Tod und der Erfahrung des Sterbens unterscheiden müssen. Während der Tod für verschiedene Menschen viele höchstpersönliche Bedeutungen haben könne, durchlaufe der Prozeß des plötzlichen, unerwarteten Sterbens bestimmte feststellbare und voraussagbare Stadien. Der Inhalt dieser Erfahrungen ist jedoch durch bestimmte, feststehende Persönlichkeitsmuster gefärbt. Hunter betrachtet den Lebensrückblick bei seiner Patientin als eine Verleugnung oder Negierung der lebensbedrohenden Situation. Die lustvolle Qualität der Erfahrung, die aus der Abfolge von Deckerinnerungen und regressiven, freudigen Erinnerungen resultierte, maskierte in Wirklichkeit einen unangenehmen Affekt. Nach Hunters Deutung hatte die Vision des Tadsch Mahal eine persönlichkeitscharakteristische psychodynamische Bedeutung für die Patientin. Sie diente nicht nur dem Zweck, die Todesgefahr zu negieren und zu transzendieren, sondern sie spiegelte auch ihre Wunschphantasien gegenüber ihrem Mann, denn das Tadsch Mahal ist ein Mausoleum, das ein liebender Gatte für seine geliebte Frau erbaute. Auf einer tieferen Ebene der Regression waren nach Hunters Meinung der Teich und die Kuppel Ausdruck von intrauterinen Phantasien und von Phantasien der mütterlichen Brust.

Das neuerliche Wiederaufleben des wissenschaftlichen Interesses für die Erfahrung des Sterbens ist eng verknüpft mit der Arbeit und dem Denken von Russell Noyes, M. D., Professor der Psychiatrie an der

Universität von Iowa. Noyes hat in einer Reihe von Aufsätzen subjektive Berichte von Menschen, die den Tod unmittelbar vor Augen hatten, untersucht und sie unter psychiatrischen und psychodynamischen Gesichtspunkten analysiert. Er entdeckte eine auffallende Gleichförmigkeit, typische Muster und charakteristische Erfahrungssequenzen, die dem scheinbar reichen und vielfältigen Inhalt der einzelnen Berichte zugrunde lagen. Nach Noyes' Meinung gliedern sich die Schilderungen von Todeserfahrungen und von Erfahrungen der unmittelbaren Todesnähe in drei aufeinanderfolgende Stadien: *Widerstand, Rückblick auf das Leben* und *Transzendenz*. Obwohl das Maß, in dem diese verschiedenen Stufen in den einzelnen Berichten repräsentiert sind, erheblich variiert und trotz der Tatsache, daß die eine oder andere davon in bestimmten Fällen auch fehlen kann, weisen diese Erscheinungen doch genügend Konstanz und Folgerichtigkeit auf, um eine solche Einteilung zu rechtfertigen.

Das Anfangsstadium des *Widerstands* umfaßt die Erkenntnis der Gefahr, Angst davor oder Kampf gegen sie und schließlich das Annehmen des Todes. Die Erkenntnis, daß der Tod unmittelbar bevorsteht, löst einen kurzen, wenn auch heftigen Kampf aus, der oft von starker Angst begleitet ist. Der Betroffene ist hin und her gerissen zwischen dem Bedürfnis, die Gefahr aktiv zu meistern, und dem Zug zu passiver Resignation. Solange noch die geringste Chance des Überlebens besteht, sind die Wahrnehmungen der gefährlichen Lage und Wachsamkeit ihr gegenüber gewöhnlich in hohem Maße geschärft und gesteigert. Unter diesen Umständen kann es zu einer enormen Zunahme der für physische und geistige Aktivität verfügbaren Energie kommen. Verwirrende Panik tritt zu diesem Zeitpunkt meist nicht auf, kommt aber möglicherweise in voller Stärke heraus, sobald die unmittelbare Gefahr vorbei ist. Die bemerkenswerte Beschleunigung der geistigen Prozesse bei Menschen, die den Tod oder eine schwere Verletzung vor Augen haben, führt oft zu einer voll bewußten, anhaltenden und komplexen Gedankenabfolge und sogar zu wirksamem, lebensrettendem Handeln. Dies läßt sich an Albert Heims Bericht über einen Unfall illustrieren, bei dem eine solche außerordentliche Mobilisierung aller geistigen Reserven ihn vor schwerem körperlichen Schaden bewahrte:

»Als ich im Sommer 1881 zwischen Aosta und St. Rémy zwischen die vorderen und hinteren Räder eines fahrenden Wagens gerieth und mich einen Augenblick schwebend am Wagenrande noch halten konnte, ging mir folgende Gedankenreihe durch den Kopf: Ich kann mich nicht so lange halten, bis die Pferde stille stehen, ich muß gehen lassen. Lasse ich einfach gehen, so falle ich auf den Rücken und die Räder fahren mir vorn über die Beine. Dann ist wenigstens ein Bruch der Kniescheibe oder der Schienbeine unvermeidlich und ich bin schwer verletzt. Kann ich mich wenden, so daß ich auf den Bauch falle, so gehen mir die Räder über die Rückseite der Beine. Wenn ich dann dort die Muskulatur fest anspanne, so ist das ein schützendes Kissen für die Knochen. Der Druck der Straße wird weniger leicht einen Knochen brechen als der Druck eines Rades. Wende ich mich beim Gehenlassen *links*, so kann ich vielleicht auch noch das linke Bein genügend zurückziehen, Wendung nach rechts hingegen hätte bei der Gestalt des Wagens mir beide Beine unter den Wagen gebracht. Ich weiß ganz deutlich, daß ich erst *nach* dieser blitzschnellen, in allen einzelnen Theilen mir ganz deutlich, wie im Gehirn fixirt, eingeprägt gebliebenen Reflexion mich fallen lassen mußte, dabei durch einen Armdruck mich links drehte, das linke Bein kräftig hinausschwang und sogleich die Beinmuskeln nach äußersten Kräften anspannte. Das Rad ging mir durch die rechte Kniekehle, und ich kam mit einer leichten Quetschung davon.«

Menschen, bei denen das Sterben sich langsamer vollzieht, haben das Gefühl, daß ihr Lebenswille sie erhält, und sie haben Angst, daß sie sterben, sobald sie nachgeben. Wenn der Punkt erreicht ist, wo sie sich ergeben, vergeht die Angst, und ein Gefühl friedlicher Gelassenheit erfaßt den Sterbenden. Wird der Tod zur Gewißheit, dann sieht man seinem Kommen mit innerer Ruhe entgegen.
Gewöhnlich folgt das Stadium des *Rückblicks auf das Leben* unmittelbar auf den Übergang von dem Versuch, die Situation aktiv zu meistern, zu passivem Sichergeben. Damit einher geht die Ablösung des Selbst von seiner leiblichen Verkörperung, was zu Ausleibungserfahrungen führen kann. Der Betroffene sieht tatsächlich, wie sein Leib sich dem Tode nähert, aber der Tod als Realität wird negiert, der Betroffene wird zum Zeugen, der diese Szene mit distanziertem Interesse beob-

achtet. Der Rückblick auf das Leben, der zu diesem Zeitpunkt stattfindet, erfolgt in Gestalt eines Panoramas von Erinnerungen, die rasch aufeinander folgen und die gesamte Vergangenheit des Sterbenden zu umfassen scheinen. Dieser Lebensfilm läuft manchmal rückwärts ab, vom Zeitpunkt des Unfalls bis zurück in die Kindheit, manchmal vorwärts, entsprechend der tatsächlichen chronologischen Abfolge der Ereignisse. In der Regel ist dieser Vorgang von angenehmen Empfindungen begleitet, seltener von einem negativen, schmerzlichen Affekt. Gelegentlich ist diese Lebensüberschau kein Nacheinander von Szenen, sondern holographischer, mehrdimensionaler Natur: in diesem Fall erscheinen wichtige Erinnerungen aus verschiedenen Lebensperioden gleichzeitig als Teil eines einzigen Kontinuums.

Das Stadium der Lebensüberschau illustriert der folgende Auszug aus einem Brief des Admirals Beaufort aus dem 1887 erschienenen Buch von W. Munk *Euthanasia or Medical Treatment in Aid of an Easy Death*, in dem der Admiral einen Unfall beschreibt, bei dem er beinahe ertrunken wäre. Er war als Seekadett vom Bord eines Schiffes im Hafen von Portsmouth ins Wasser gefallen. Da er nicht schwimmen konnte, vermochte er sich nicht lange über Wasser zu halten und ging vorübergehend unter, bevor er gerettet wurde.

»Alle Hoffnung entschwand, aller Widerstand hatte aufgehört, ein gelassenes Gefühl der vollkommensten Ruhe trat an die Stelle des vorausgegangenen Gefühlstumultes — man könnte es Apathie nennen, sicherlich nicht Resignation, denn Ertrinken erschien mir jetzt nicht mehr als etwas Schlimmes. Ich dachte nicht mehr an Rettung, ich spürte auch keinerlei körperliche Schmerzen. Im Gegenteil, meine Empfindungen waren jetzt eher angenehmer Art, sie hatten etwas von jenem matten, aber zufriedenen Gefühl, bevor man aus Erschöpfung einschläft. Obwohl die Sinne also abgestumpft waren, war es der Geist keineswegs; seine Tätigkeit schien in solchem Maße gesteigert, daß man es überhaupt nicht beschreiben kann; Gedanke folgte auf Gedanke mit einer Geschwindigkeit, die nicht nur unbeschreiblich ist, sondern wahrscheinlich auch unvorstellbar für jeden, der sich nicht selbst schon einmal in einer ähnlichen Lage befunden hat. Den Ablauf dieser Gedanken kann ich sogar heute noch weitgehend zurückverfolgen — der Vorfall, der sich eben ereignet, die Ungeschicklichkeit, die ihn bewirkt hatte, die hastige Geschäftigkeit, die er ausgelöst haben mußte, die Wirkung, die er auf meinen Vater haben würde, der mich sehr gern hatte, und noch tausend andere Umstände, die eng mit daheim zusammenhingen: das war die erste Serie von Gedanken, die mir durch den Kopf gingen. Dann griffen die Vorstellungen weiter aus: unsere letzte Kreuzfahrt, eine frühere Reise und ein Schiffbruch, meine Schule, die Fortschritte, die ich dort gemacht hatte, und die Zeit, die ich nutzlos vertan hatte, und sogar alle meine Beschäftigungen und Abenteuer als kleiner Junge. Bei dieser Reise zurück in die Vergangenheit schienen alle früheren Begebenheiten in rückwärtiger Reihenfolge durch meine Erinnerung zu huschen; aber nicht bloß andeutungsweise, wie ich sie hier erwähne, sondern mit allen Nebenumständen in jeder einzelnen Minute; kurz, meine ganze bisherige Lebenszeit erschien wie in einem Panoramabild vor meinen Augen, und jede Handlung schien von dem Bewußtsein begleitet, ob sie recht oder unrecht gewesen war, bzw. von einer Überlegung über ihre Ursachen und Folgen; ja, viele unbedeutende Vorfälle, die ich längst vergessen hatte, tauchten wieder vor mir auf, so nah und deutlich, als seien sie eben erst geschehen.«

Nach der Meinung von Noyes ist die Rückkehr zu den Erinnerungen an die Vergangenheit möglicherweise die Folge des plötzlichen Verlustes der Zukunftsorientiertheit. Alternde Menschen, die sich dem Ende ihres Lebens nähern, neigen dazu, ihre Gefühle von der Zukunft abzuziehen und sich Erinnerungen an die Vergangenheit zuzuwenden. Vielleicht besetzen Menschen, die plötzlich mit dem Ende ihres Lebens konfrontiert werden, in ähnlicher Weise verstärkt die Vergangenheit. Die Intensität und Lebendigkeit der emporsteigenden frühen Erinnerungen könnten mit dieser Konzentration der Lebensenergie auf vergangene Geschehnisse zusammenhängen.
Noyes hat auf die existentielle Bedeutung dieser abschließenden Lebensüberschau hingewiesen und die einzigartige Perspektive auf das Leben, die sie gewährt, hervorgehoben. Im Augenblick des Todes wird die Existenz eines Menschen zu einem vollendeten und unveränderbaren Muster. Aus ebendiesem Grunde wurde der Tod zu allen Zeiten in der Geschichte als entscheidender Augenblick und Höhe-

punkt des Lebens angesehen; er stellt die letzte Gelegenheit dar, die Ziele, die man für die höchsten hält, zu erreichen oder zu verteidigen.

Sterbende, die diese Erfahrung einer letzten Lebensüberschau gemacht haben, bestehen leidenschaftlich auf der transzendenten Bedeutung ihrer Existenz und integrieren diese in die universale Ordnung, die sie bereitwillig annehmen. Man kann darin eine kraftvolle Behauptung der spirituellen Bestrebungen des Sterbenden sehen. In vielen Fällen waren diese visionären Erfahrungen so befriedigend, daß die Betroffenen den starken Wunsch hatten, zu sterben und für immer in diesem transzendentalen Bereich zu bleiben; sie waren oft ärgerlich oder geradezu böse, weil man sie ins Leben zurückgerufen und der alltäglichen Wirklichkeit wiedergegeben hatte.

Das Stadium der *Transzendenz* entwickelte sich gewöhnlich ganz natürlich aus der Lebensüberschau. Menschen, die ihre Existenz unter dem Gesichtspunkt von Gut und Böse überschauen und überprüfen, können sie aus einer zunehmend distanzierten Perspektive sehen. Sie gelangen an einen Punkt, von wo sie ihr Leben in seiner Gesamtheit und zugleich in jeder Einzelheit betrachten können. Schließlich wird auch diese Begrenzung überwunden, und die Sterbenden erleben, was man als mystisches, transzendentales, kosmisches oder religiöses Bewußtsein bezeichnet hat und was Abraham Maslow eine »Gipfelerfahrung« nannte. In manchen Fällen kommt es nicht zu einer Lebensüberschau, und der mit dem Tod Konfrontierte tritt direkt in das Stadium der Transzendenz ein. Victor Solows Todeserfahrung, die durch sein Auftreten in der Walter-Cronkite-Show breite Publizität erhielt, kann dafür als Beispiel dienen. Nach seinem morgendlichen Trimmtrab am 23. März 1974 erlitt Victor Solow einen Herzanfall mit anschließendem Herzstillstand und wurde 23 Minuten später, nach einer Reihe glücklicher Zufälle, wieder ins Leben zurückgerufen. Solow schilderte seine Erfahrungen in einem Artikel in *Reader's Digest*. Hier eine Zusammenfassung seines Berichts:

»Für mich war der Augenblick des Übergangs vom Leben zum Tod — wie soll man es sonst nennen? — leicht. Es blieb keine Zeit für Angst, Schmerz oder Denken. Es gab keine Chance, ›mein ganzes Leben vor mir zu sehen‹, wie andere schon erzählt haben. Der letzte

Eindruck, an den ich mich erinnern kann, dauerte nur einen kurzen Augenblick. Ich bewegte mich mit hoher Geschwindigkeit auf ein hell leuchtendes Netz zu. Die Stränge und Knoten, wo die leuchtenden Linien sich kreuzten, vibrierten unter einer ungeheuren kalten Energie. Das Gitter erschien als eine Barriere, die ein Weiterkommen verhindern würde. Ich wollte nicht durch das Gitter hindurch. Einen kurzen Augenblick lang schien sich meine Geschwindigkeit zu verringern. Dann war ich in dem Gitter. In dem Moment, als ich mit ihm in Berührung kam, steigerte sich das vibrierende Leuchten zu einer blendenden Intensität, die mich gleichzeitig verzehrte, aufsaugte und verwandelte. Ich spürte keinen Schmerz. Die Empfindung war weder angenehm noch unangenehm, nahm mich aber völlig in Anspruch. Das Wesen aller Dinge hatte sich verändert. Worte können die Erfahrung von diesem Augenblick an nur vage andeuten.

Das Gitter war wie ein Transformator, ein Energieumwandler, der mich durch die Gestalt hindurch und in die Gestaltlosigkeit, jenseits von Zeit und Raum transportierte. Jetzt war ich nicht mehr an einem Ort, nicht einmal in einer Dimension, vielmehr in einem Seinszustand. Dieses neue ›Ich‹ war nicht das Ich, das ich kannte, vielmehr eine destillierte Essenz aus ihm, aber etwas unbestimmt Vertrautes, etwas, von dem ich immer gewußt hatte, daß es da war, begraben unter einem Überbau persönlicher Ängste, Hoffnungen, Wünsche und Bedürfnisse. Dieses ›Ich‹ hatte keine Verbindung mit dem persönlichen Ego. Es war endgültig, unveränderlich, unteilbar, unzerstörbarer, reiner Geist. Wenngleich völlig einzigartig und individuell wie ein Fingerabdruck, war dieses ›Ich‹ zugleich Teil eines grenzenlosen, harmonischen und geordneten Ganzen. Ich war schon einmal dort gewesen.«

Walter Pahnke, der im Jahre 1966 eine vergleichende Untersuchung transzendentaler Erfahrungen von Mystikern und religiösen Lehrern in verschiedenen Zeitaltern unternahm, modifizierte die Kriterien von William James und Walter Stace und definierte die Grundmerkmale dieser Phänomene. Seine *mystischen Kategorien* reflektieren die wichtigsten gemeinsamen Nenner transzendentaler Zustände. Das *Gefühl der Einheit* oder *des Einsseins* mit anderen Menschen, der Natur und dem ganzen Weltall ist eine notwendige Bedingung des kosmischen

Bewußtseins. Die *Unbeschreibbarkeit* ist ein weiteres wichtiges Charakteristikum; die Eigenschaft der Unbeschreibbarkeit der Erfahrung kann auf deren Einzigartigkeit zurückzuführen sein, auf die Intensität des sie begleitenden Gefühls oder auf die Unzulänglichkeit unserer Sprache, sie zu beschreiben. Der nächste typische Aspekt mystischer Erfahrungen ist die *Transzendenz von Zeit und Raum.* Das bewirkt das Gefühl, daß der Erfahrende sich außerhalb der gewöhnlichen Raum-Zeit-Grenzen befindet, jenseits von Vergangenheit und Zukunft, in der Ewigkeit und Unendlichkeit oder in einer völlig anderen Dimension. Die *noetische Qualität* ist eine weitere wichtige Eigenschaft; diejenigen, die eine solche Erfahrung machen, sind gewöhnlich überzeugt, daß sie in Berührung mit einer tieferen Wahrheit über die Wirklichkeit und das Wesen der Existenz sind. Erfahrungen der Transzendenz sind stets von einem starken *positiven Affekt* begleitet. Dieser Affekt kann sich von dem Gefühl des Friedens, der Heiterkeit und Gelassenheit bis hin zu einer ekstatischen Verzückung, nicht unähnlich einem sexuellen Orgasmus kosmischen Ausmaßes, erstrecken. Die Berichte über mystische Erfahrungen sind ferner durch auffallende *Paradoxie* gekennzeichnet. Viele Äußerungen über solche Zustände scheinen sich zu widersprechen und die Grundregeln der aristotelischen Logik zu verletzen. Noch ein weiterer Aspekt dieser Erfahrungen verdient besondere Erwähnung, nämlich das Gefühl der *Objektivität und Realität.* Ein Mensch, der einmal die Erfahrung des kosmischen Bewußtseins gemacht hat, zweifelt gewöhnlich nicht daran, daß er der letzten, elementaren Realität gegenübersteht, die in gewisser Weise wirklicher ist als die Erscheinungswelt, wie sie in einem gewöhnlichen Bewußtseinszustand erfahren wird.

Transzendentale Erfahrungen, die in Situationen der Todesnähe auftreten und mit dem klinischen Tod zusammenhängen, haben alle die Charakteristika, die in Pahnkes mystischen Kategorien beschrieben werden. Noyes hat noch einen weiteren charakteristischen Zug hinzugefügt — den *Verlust der Kontrolle,* den Verzicht, an der Wirklichkeit festzuhalten, und die Ergebung in die Passivität. Diese Ergebung ist gewöhnlich, wie im zweiten Stadium, von dem Gefühl außerordentlicher Ruhe oder aber der Ekstase begleitet. Erlebnisse ungewöhnlicher Bewußtseinszustände können auch von perzeptuellen Veränderungen, insbesondere von lebhaften Bildern begleitet sein.

Eine wichtige Ergänzung zu den Untersuchungen von Noyes bilden die faszinierenden Forschungsdaten, die David Rosen gesammelt hat, der als Psychiater am Langley Porter Neuropsychiatric Institute in San Francisco arbeitet. Rosen erfaßte in einer Nachfolgeuntersuchung sechs der acht Personen, die einen Selbstmordversuch durch Sprung von der Golden Gate Brücke überlebt hatten, sowie einen der beiden Überlebenden nach einem Sprung von der Brücke über die San Francisco Bay. Mit Hilfe dieser 1975 durchgeführten Untersuchung wollte er Informationen erlangen, die zur Klärung der magischen Anziehungskraft beitragen konnten, welche die Golden Gate Brücke auf Selbstmörder ausübt[2]; er schilderte und analysierte darüber hinaus aber auch die subjektiven Erfahrungen der Betroffenen während des Sturzes und die langfristigen Auswirkungen dieses Ereignisses auf ihr weiteres Leben. Alle diese Personen erlebten, während und nach dem Sprung, mystische Bewußtseinszustände, die charakterisiert waren durch den Verlust des Zeit- und Raumgefühls, Gefühle der geistigen Wiedergeburt und des Einsseins mit anderen Menschen, mit dem ganzen Weltall und mit Gott. Auf Grund ihrer nahen Begegnung mit dem Tod erlebten manche von ihnen eine tiefe religiöse Bekehrung; andere schilderten ein Wiedererstarken ihres früheren religiösen Glaubens. Einer der Überlebenden leugnete überhaupt jede Selbstmordabsicht. Er sah die Golden Gate Brücke als »goldene Pforte«, durch die er aus der materiellen Welt in ein neues geistiges Reich treten würde. Er behauptete, sein Sprung von der Brücke habe ein geistiges Bedürfnis erfüllt und mehr mit Parapsychologie als mit Psychologie oder Psychopathologie zu tun.

Die subjektiven Mitteilungen dieser Personen zeigen eine große Ähnlichkeit mit dem Material Heims und anderen Berichten über Erfahrungen der Todesnähe. Der Hauptunterschied liegt darin, daß bei ihnen die transzendentale Phase im Vordergrund steht, während das Element von Kampf und Widerstand fehlt und das Wiedererleben früherer Ereignisse sowie die Lebensüberschau nur bruchstückhaft sind oder ganz fehlen. Rosen führt diese Unterschiede auf die willent-

---

[2] Seit der Eröffnung der Golden Gate Brücke im Jahre 1937 wurden 580 Selbstmorde registriert, die durch Hinunterspringen von dieser Brücke verübt wurden. Damit ist die Brücke der Ort mit der höchsten Selbstmordziffer außerhalb Japans.

liche Natur des Selbstmordes gegenüber dem unerwarteten und unfreiwilligen Charakter eines Unfalls zurück. Menschen, die einen Selbstmord planen, haben die Phase des Widerstands gegen die Beendigung ihres Lebens bereits hinter sich, wenn sie ihren Entschluß fassen; ebenso wäre es durchaus möglich, daß Lebensrückblick und Bilanzziehen wenigstens zum Teil früher stattfanden.

Kurz nachdem wir den Abschnitt über dieses Buch abgeschlossen hatten, veröffentlichte Raymond A. Moody sein Buch *Leben nach dem Tod*; seine Beobachtungen sind für unser Thema so wichtig, daß wir sie etwas ausführlicher schildern wollen. Moodys Ausbildung in Psychologie und Medizin, die Tatsache, daß er Betroffene unmittelbar persönlich befragen konnte, und sein objektives, von keiner Effekthascherei getrübtes Vorgehen machen sein Buch zu einem besonders wertvollen Beitrag zum Studium der Todeserfahrung. Er hat von 150 Personen Material erfragt und zusammengetragen, und seine Beobachtungen lassen sich in drei verschiedene Kategorien einteilen: Einige der Todeserfahrungen wurden von Personen berichtet, die ins Leben zurückgerufen wurden, nachdem die Ärzte sie bereits für tot gehalten oder sogar für tot erklärt hatten; die zweite Kategorie enthält Berichte von Personen, die im Zusammenhang mit Unfällen, schweren Verletzungen oder Krankheit sehr nahe mit dem physischen Tod konfrontiert waren; die dritte Kategorie besteht aus Mitteilungen von Personen, die ihre Erfahrung des Sterbens Menschen beschrieben, die bei ihnen am Sterbebett waren.

Moody befragte persönlich mehr als 50 Personen der beiden ersten Kategorien sehr eingehend, wobei er weitreichende Übereinstimmungen unter den individuellen Berichten feststellte. Es gelang ihm, mehrere Grundmerkmale der Todeserfahrung auszusondern, die mit großer Konstanz zu beobachten sind. Bei vielen davon scheint es sich um Elemente zu handeln, die wir schon weiter oben im Zusammenhang mit perinatalen und transpersonalen Erscheinungen in psychedelischen Sitzungen beschrieben haben.

Die meisten Berichte enthielten die Klage darüber, daß die Erfahrung unbeschreibbar sei und unsere Sprache die spezifische Natur des Erlebnisses nicht zu übermitteln vermöge. Viele der Befragten sagten, sie hätten während des Komas oder auch nach ihrem physischen Tod Äußerungen und sogar ganze Gespräche über ihren Zustand zwischen

Ärzten, Krankenschwestern und Verwandten vernommen (in manchen Fällen war es möglich, die Richtigkeit dieser Wahrnehmungen durch spätere Nachforschungen zu verifizieren). Gefühle des Friedens und der Ruhe, manchmal von einer transzendentalen Qualität, traten ziemlich häufig auf. Viele der Sterbenden sagten, daß sie eigentümliche Laute hörten, ähnlich denen, wie sie im *Tibetanischen Totenbuch* beschrieben werden und wie sie auch in perinatalen LSD-Sitzungen vorkommen. Einige dieser Laute waren eindeutig unangenehme Geräusche wie lautes Ticken, Heulen, Klingeln, Summen, Pfeifen oder Knallen; in anderen Fällen waren es schöne Glockenspiele, beruhigende Laute oder sogar feierliche Musik. Ungewöhnlich häufig waren Schilderungen vom Durchschreiten eines dunklen, abgeschlossenen Raumes, der als Kamin, Hölle, Tunnel, Zylinder, Tal, Trog oder Abwasserkanal bezeichnet wurde.[3]

Ausleibungsphänomene, ein weiteres häufig auftretendes Merkmal der Todeserfahrung, können sehr verschiedene Formen annehmen. Einige der Personen, die solche Erfahrungen gemacht hatten, beschreiben sich selbst als amorphe Wolken, Energiemuster oder reines Bewußtsein; andere wieder haben das deutliche Gefühl, daß sie zwar einen Körper haben, der jedoch durchsichtig und für die Menschen in der physischen Erscheinungswelt unsichtbar und unhörbar ist. Manchmal bestehen Angst, Verwirrung und die Neigung, in den physischen Leib zurückzukehren; manchmal herrschen ekstatische Gefühle der Zeitlosigkeit, der Schwerelosigkeit, des Friedens, der Heiterkeit und Gelassenheit vor. Manche Menschen in diesem Zustand zeigen sich besorgt über das Schicksal ihres physischen Leibes; andere empfinden völlige Gleichgültigkeit. Weder Gerüche und Düfte noch die Temperatur oder kinästhetische Empfindungen werden wahrgenommen; Hören und Sehen dagegen scheinen fast keine Grenzen mehr zu kennen. Die Übereinstimmung zwischen diesen Erfahrungen und den tibetanischen Beschreibungen der *Bardo*-Zustände sind sehr auffallend.

---

[3] Obwohl Moody nicht ausdrücklich darauf hinweist, finden sich in diesen Berichten viele indirekte Anspielungen auf den Geburtsvorgang: Hinabgleiten mit dem Kopf voran, die Wahrnehmung konzentrischer Kreise des Tunnels, Luftmangel in einem geschlossenen Raum, Atemschwierigkeiten, skatologische Elemente usw.

Viele Sterbende berichten von Begegnungen mit anderen Wesen, wie zum Beispiel toten Verwandten oder Freunden, »Schutzgeistern« oder Geistführern. Besonders häufig sind offenbar Visionen eines »Lichtwesens«, das gewöhnlich als eine Quelle überirdischen Lichts, strahlend und leuchtend erscheint, aber doch auch gewisse persönliche Charakteristika zeigt, wie Liebe, Wärme, Mitgefühl und Sinn für Humor. Die Kommunikation mit diesem Wesen erfolgt ohne Worte, durch ungehinderte Gedankenübertragung. Im Kontext dieser Begegnung oder auch unabhängig davon kann der Sterbende eine partielle oder totale Lebensüberschau erfahren, fast immer in sehr lebhaften Farben und in dreidimensionaler, dynamischer Gestalt. Die Botschaft dieser Erfahrung scheint die Erkenntnis zu sein, daß die wichtigsten Werte im menschlichen Leben sind, andere lieben zu lernen und ein Wissen höherer Art zu erlangen. In vielen Berichten werden das Erreichen einer Grenze und die Rückkehr von dort geschildert. Diese Grenze kann rein abstrakter Art sein oder wird symbolisch dargestellt durch eine Wasserfläche, einen grauen Nebel, eine Tür oder ein Tor, einen Zaun oder eine Linie.

Die Einstellung zur Rückkehr scheint sich während des Sterbeprozesses zu verändern. In den ersten paar Augenblicken nach dem Tod bestehen gewöhnlich ein verzweifeltes Verlangen, in den Körper zurückzukehren, und Trauer über das eigene Ende. Nachdem eine gewisse Tiefe erreicht ist und insbesondere nach der Begegnung mit dem »Lichtwesen«, verwandelt sich dieses Gefühl in Abneigung gegen eine Rückkehr. Einige wissen nicht, wie sie zurückgekehrt sind, oder sie schreiben ihre Rückkehr ihrem eigenen Entschluß zu. Andere meinen, daß sie durch das »Lichtwesen« zurückgesandt wurden oder daß sie durch die Liebe bzw. die Wünsche und Gebete anderer, ohne Rücksicht auf ihre eigenen Wünsche zurückgebracht wurden.

Moody beschäftigte sich insbesondere mit der Tatsache, daß es Menschen, die eine solche Begegnung mit dem Tod erfahren haben, schwerfällt, anderen dieses Erlebnis mitzuteilen, das sie selbst als so tief, so wirklich und bedeutsam betrachten. Er legt dar, daß die Schwierigkeiten, diese ungewöhnlichen Zustände zu beschreiben, zusammen mit der Unfähigkeit der anderen, sie zu verstehen, und deren häufig herablassender oder spöttischer Einstellung, dafür verantwortlich sind, daß wir so wenig über diese relativ häufigen Erlebnisse hören. Dies läßt sich am besten durch die Tatsache belegen, daß mit Ausnahme eines einzigen Falles unter den von Moody befragten Personen die beteiligten Ärzte so gut wie nichts über Erfahrungen der Todesnähe wußten!

Die Menschen, die Situationen einer unmittelbaren, extremen Todesgefahr überlebten oder nach dem klinischen Tod wieder ins Leben zurückgerufen wurden, entwickelten neue Vorstellungen vom Tod. Viele verloren ihre Angst vor dem Tod und entwickelten eine positive Einstellung zu ihm, ohne daß damit der Wunsch zu sterben oder Selbstmordneigungen verbunden gewesen wären. Ihre Zweifel an der Möglichkeit eines Weiterlebens nach dem Tod waren zerstreut; die Fortdauer des Bewußtseins über das physische Ende hinaus war für sie zu einer Erfahrungstatsache geworden.[4]

Einer der wichtigsten Aspekte der Untersuchung Moodys ist seine Beschreibung, wie sich diese Erfahrungen auf das Leben der Betroffenen auswirkten. Sie waren überzeugt, daß ihr Leben an Weite und Tiefe gewonnen hatte. Sie entwickelten ein ernsthaftes Interesse an letzten philosophischen und spirituellen Fragen, und ihr Streben begann sich auf ganz andere Lebenswerte zu richten als vorher. Das Dasein erschien ihnen plötzlich viel wertvoller, und das volle Erleben des gegenwärtigen Augenblicks, das Hier und Jetzt, rückte viel stärker in den Vordergrund. Ihre Auffassung von der Bedeutung des physischen Leibes im Verhältnis zum Geistigen veränderte sich stark; die Entwicklung übersinnlicher Fähigkeiten war damit nur selten verbunden.

Diese Feststellungen stimmen voll mit Walter Pahnkes Ergebnissen bezüglich der Folgen mystischer Erfahrungen überein, die spontan oder im Zusammenhang mit religiösen Praktiken, auch unabhängig von einer Notsituation eintreten. Eine seiner Kategorien, die das

---

[4] Trotz großer Ähnlichkeiten zwischen den Feststellungen Moodys und unseren eigenen Beobachtungen gibt es doch einen fundamentalen Unterschied, der besondere Beachtung verdient: Moody hebt das Fehlen mythologischer Elemente in diesen neuentwickelten Todesvorstellungen hervor, das Fehlen des »Cartoon-Himmels«, wie er sich ausdrückt, »mit seinen Perlentoren, goldenen Straßen und harfenspielenden Engeln mit Flügeln, oder einer Hölle voller Flammen und Dämonen mit Heugabeln«. Nach unseren Erfahrungen dagegen waren archetypische Bilder von Gottheiten und Dämonen ebenso häufig wie göttliche oder dämonische Wesen ohne Gestalt.

mystische Bewußtsein beschreiben, umfaßt dauerhafte, positive Veränderungen der Gefühle, der Einstellungen und des Verhaltens im Anschluß an die mystische Erfahrung. Das Wesen dieser Veränderungen scheint mit den von Moody beschriebenen identisch zu sein. Russell Noyes kam bei seiner Analyse einer großen Zahl von Erfahrungen der Todesnähe und des Todes zu ähnlichen Ergebnissen. Rosen, der das Leben von Personen untersuchte, die einen Selbstmordversuch überlebt hatten, entdeckte gleichfalls dauerhafte positive Veränderungen ihres seelischen Zustandes, ihres Denkens und Verhaltens. Der auffallendste Aspekt dieser Verwandlung war ein mächtiges Aufwallen spiritueller Empfindungen, das manchmal zu einer religiösen Bekehrung oder zur Stärkung bereits bestehender religiöser Überzeugungen führte. Das Gefühl einer geistigen Wiedergeburt war begleitet von einer neuen Art, die Welt wahrzunehmen und in ihr zu existieren. Die wichtigste praktische Folge dieser neuen Lebenseinstellung waren der Rückgang selbstzerstörerischer Neigungen, eine gesteigerte Vitalität und eine freudige Bejahung der menschlichen Existenz. Einer der Überlebenden schilderte dies so:

»Ich war von neuer Hoffnung und Lebenszuversicht erfüllt. Es ist etwas, das über das Begriffsvermögen der meisten Menschen geht. Ich freue mich an dem Wunder des Lebens — wie man dem Flug eines Vogels zuschaut —, alles bekommt eine tiefere Bedeutung, nachdem man es beinahe verloren hätte. Ich erlebte ein Gefühl der Einheit mit allen Dingen und des Einsseins mit allen Menschen. Nach meiner geistigen Wiedergeburt fühlte ich auch mit dem Leiden aller Menschen mit. Daß ich am Leben blieb, hat meinen Glauben an den Sinn und Zweck meines Lebens neu bekräftigt. Alles war jetzt klar und hell — ich erkannte meine Beziehung zu meinem Schöpfer.«

Vorübergehende oder bleibende Veränderungen dieser Art sind bei Menschen sehr häufig, die eine sehr nahe Begegnung mit dem Tod erfuhren, sei es bei einem Unfall, einem Selbstmordversuch, einer schweren Krankheit oder einer Operation; oder auch in symbolischer Form, wie während einer psychedelischen Sitzung, einer spontanen mystischen Erfahrung, einem akuten psychotischen Schub oder bei einem Durchgangsritus.

In den vorangehenden Kapiteln haben wir die Erfahrungen des Todes und die transpersonalen Phänomene, die im Verlauf psychedelischer Sitzungen auftreten, ausführlich dargestellt und ihre Ähnlichkeit mit Erfahrungen dargelegt, die im Zusammenhang mit dem tatsächlichen klinischen Tod und verschiedenen Situationen der Todesnähe gemacht werden. Wir wollen diese Beobachtungen

8
Die posthume Reise
der Seele:
Mythos und Wissenschaft

jetzt heranziehen, um das umstrittene Problem eines Bewußtseins und Weiterlebens nach dem Tod bzw. der posthumen Reise der Seele zu untersuchen. Es gibt keinen Zweifel, daß der feste Glaube an das Jenseits das Sterben leichter macht. Das allein ist für die meisten Menschen der westlichen Welt, die von einem starken Verlangen nach Wissen und Wahrheit beherrscht sind, keine ausreichende Rechtfertigung dieser Vorstellung. In unserer Zivilisation ist das entscheidende Kriterium für die Annahme oder Ablehnung einer Idee ihre Vereinbarkeit mit den naturwissenschaftlichen Beobachtungen und dem gegenwärigen Stand unseres Wissens.

In psychiatrischen und psychologischen Büchern wurden und werden Vorstellungen vom Weiterleben nach dem Tode und von der spirituellen Reise nach dem Tod gewöhnlich als Manifestationen primitiven magischen Denkens oder als Ausdruck der Unfähigkeit behandelt, die Tatsache der Vergänglichkeit und des Todes zu akzeptieren. Bis vor kurzem wurde kaum je auch nur in Erwägung gezogen, daß Schilderungen der posthumen Erlebnisse der Seele eine Erfahrungswirklichkeit widerspiegeln könnten und nicht nur menschlichem Wunschdenken entspringen. Wir beginnen jetzt zu begreifen, daß die westliche Wissenschaft mit ihren ablehnenden und herablassenden Urteilen über uralte Gedankensysteme vielleicht etwas voreilig gewesen sein könnte. Wenn man die Berichte, in denen subjektive Erfahrungen des klinischen Todes beschrieben werden, sorgfältig und unvoreingenommen studiert, findet man in ihnen reichliches Beweismaterial dafür, daß verschiedene eschatologische Mythologien reale kartographische Aufnahmen ungewöhnlicher Bewußtseinszustände, wie sie von Ster-

191

benden erfahren werden, darstellen. Die psychedelischen Forschungen der beiden letzten Jahrzehnte haben wichtige phänomenologische und neurophysiologische Daten erbracht, aus denen hervorgeht, daß Erfahrungen, die komplexe mythologische, religiöse und mystische Erlebnisse vor, während und nach dem Sterben enthalten, sehr wohl der klinischen Realität entsprechen könnten. In den folgenden Darlegungen wollen wir den Versuch machen, das uralte Wissen und die Mythologie von Kulturen vor der Stufe der schriftlichen Überlieferung mit modernen klinischen und experimentellen Beobachtungen in Einklang zu bringen und einen neuen methodischen Ansatz zum Verständnis der Todeserfahrung vorzulegen.

Der Gedanke des Weiterlebens nach dem Tode hat in verschiedenen Kulturen viele unterschiedliche Formen angenommen, aber die Grundidee ist immer die gleiche: daß der Tod die menschliche Existenz nicht völlig beendet und daß das Leben oder das Bewußtsein in der einen oder anderen Weise weiterdauert, auch nachdem das körperliche Leben erloschen ist. Manchmal ist das Bild von der Welt nach dem Tode sehr konkret und real, der irdischen Existenz nicht unähnlich. Häufiger haben die Bereiche der jenseitigen Welt besondere Charakteristika, die sie von allem unterscheiden, was wir auf der Erde kennen. Ob der Ort, an dem die Seele verweilt, nun eine vertraute Umgebung ist oder nicht — es wird oft angenommen, daß die Reise der Seele in die andere Welt, die Welt nach dem Tode, ein komplexer Prozeß von Übergängen und Verwandlungen durch viele verschiedene Schichten und Bereiche hindurch ist.

Vergleichende Untersuchungen der Vorstellungen vom Leben nach dem Tod und von der posthumen Reise der Seele zeigen auffallende Ähnlichkeiten zwischen Kulturen und ethnischen Gruppen, die historisch und geographisch weit voneinander getrennt sind; die Wiederkehr bestimmter Motive und Themen ist sehr bemerkenswert. Der Gedanke, daß die Gerechten nach dem Tod eine endgültige Heimat finden — im Himmel oder im Paradies —, taucht in vielen verschiedenen Variationen auf. In der christlichen Tradition gibt es zwei unterschiedliche Arten, den Himmel darzustellen: die eine spiegelt eine theologische und metaphysische Vorstellung vom Himmel wider als einem Zustand, in dem Scharen von Engeln und Heiligen sich der

Gegenwart Gottes in der Kontemplation Seiner Existenz erfreuen. Die mit dieser Konzeption verknüpfte Symbolik verbindet die hebräische Vorstellung von der himmlischen Region mit der griechischen Vorstellung konzentrischer himmlischer Sphären und der Idee der spirituellen Reise nach dem Tod.

Die Mythen vom Goldenen Zeitalter und vom Garten Eden sind die Wurzeln der Idee des Paradieses oder des Gartens der Liebe. Zu der mit dieser Konzeption einhergehenden Symbolik gehören u. a. eine bestimmte geographische Lokalisierung, Elemente einer ursprünglichen Natur, Mauern aus Gold und Straßen, die mit Smaragden gepflastert sind.

Der Koran verheißt den Gläubigen ein Paradies nach dem Geschmack arabischer Männer. Es hat die Gestalt einer schönen Oase mit Gärten, Flüssen und üppigen Bäumen. Die Männer tragen seidene Kleider, liegen auf Sofas und erlaben sich an Früchten und Wein; unzählige schwarzäugige Huris dienen dem Vergnügen der gläubigen Muslims. Wenn sie die sexuellen Begierden der Männer befriedigt haben, kehren diese Frauen wieder in den Stand der Jungfräulichkeit zurück. Die Griechen des klassischen Altertums glaubten an die Inseln der Seligen bzw. an das Elysium, das am Ende der Welt über den Wassern des Atlantik gelegen war. Die Gefilde des Elysiums hatten ein ideales Klima ohne Regen, Schneefall oder starken Wind, und ihr fruchtbares Land trug dreimal im Jahr honigsüße Früchte. Die orphischen Mystiker, die die Erlösung als Befreiung von der Materie und irdischen Bindungen lehrten, sahen die elysischen Gefilde als heitere Ruhestatt reiner Geister, die zuerst in einer Unterwelt von seltsamer Helligkeit, später in den oberen Regionen des Himmels gelegen war.

Die Azteken unterschieden drei verschiedene Paradiese, in die die Seelen nach dem Tode gingen. Das erste und unterste dieser Paradiese, Tlalocan, Land von Wasser und Nebel, war ein Ort des Überflusses, der Seligkeit und Heiterkeit. Das Glück, das man dort erlebte, war von sehr irdischer Art. Die Toten sangen Lieder, spielten Bockspringen und jagten Schmetterlingen nach. Die Bäume waren beladen mit Früchten, und das Land war bedeckt mit Mais, Kürbissen, Paprika, Tomaten, Bohnen und Blumen. Tlillan-Tlapallan war das Paradies der Eingeweihten, der Jünger von Quetzalcoatl, dem Gottkönig, der die Wiedergeburt symbolisierte. Man nannte es das Land der Fleischlosen; es war der Aufenthaltsort für jene, die gelernt hatten, außerhalb ihres physischen Leibes und ohne Bindung an ihn zu leben. Das höchste Paradies war Tonatiuhichan, das »Haus der Sonne«. Dieses Paradies war anscheinend der Platz für jene, die die volle Erleuchtung erlangt hatten. Sie waren die Privilegierten, die als tägliche Gefährten der Sonne auserwählt waren und ein Leben reinen Entzückens lebten.

In der nordischen Tradition erwarb man durch Heldentaten den Einlaß ins Walhall. Hier nahmen die Krieger den Tag über an glänzenden Turnieren teil, und abends feierten sie Festmähler mit Schweinebraten und Met. Die indische Mythologie enthält zahlreiche Bilder von Himmelreichen und Paradiesen. Nach der alten Veda-Überlieferung herrschte Yama, der Herrscher der Toten, im Reiche des Lichts im äußeren Himmel. Das Leben aller würdigen Toten war frei von Schmerzen und Sorge; sie genossen Musik, sexuelle Erfüllung und sinnliche Freude. Im Hinduismus sind die Regionen über den Wolken Orte der Schönheit und der Freude, die von vielerlei Gottheiten bewohnt sind; in diese Regionen gelangt man durch ein fehlerloses Leben und die richtige Erfüllung der Rituale. Die buddhistischen Vorstellungen von der Ruhestätte der Seele sind weitgehend von der hinduistischen Mythologie abgeleitet. Der Mahayana-Buddhismus hat eine Hierarchie verschiedener Paradiese, die von Gottheiten und geistigen Wesen bewohnt sind. Diese Himmelreiche stellen jedoch nicht das letzte Ziel der buddhistischen Religion und Philosophie dar. Es sind zeitweilige Stationen für jene Menschen, die noch nicht bereit sind, ihre persönlichen Wünsche und Bindungen aufzugeben, und noch nicht die völlige Lösung von den Fesseln der Persönlichkeit erreicht haben.

Das Bild vom Paradies als einem Ort der Toten existiert in vielen ursprünglichen Kulturen. So glauben manche nordamerikanischen Indianerstämme wie die Ojibway, die Choctaw und die Sioux, daß die Toten die Region des Sonnenuntergangs oder die Ewigen Jagdgründe bewohnen. Manche Eskimovölker sehen ihre Toten im Glanz des Nordlichts fröhlich mit dem Kopf eines Walrosses spielen. In der

Mythologie der Tumbuka in Malawi gibt es ein Reich der Geister in der Unterwelt, wo die Verstorbenen immer jung und nie unglücklich oder hungrig sind.

Die Idee der Hölle oder des Fegefeuers, wo die Toten unmenschlichen Qualen ausgesetzt sind, ist gleichfalls auf der ganzen Welt anzutreffen. Nach der hebräischen Überlieferung gehen die Toten in die Scheol, eine große Grube oder eine ummauerte Stadt, »das Land des Vergessens«, »das Land des Schweigens«. Dort leben sie in Staub, Dunkelheit und Unwissen, ganz von Maden bedeckt und von Jahwe vergessen. Gehenna ist ein tiefes Tal, das von loderndem Feuer erfüllt ist, wo die Bösen in den Flammen gemartert werden. Die christliche Vorstellung von der Hölle schließt Scharen bösartiger Teufel ein, die die Verdammten durch körperliche Schmerzen, Würgen und sengende Hitze quälen. Diese Hölle liegt tief unter der Erde, die Eingänge führen durch dunkle Wälder, Vulkane oder den Schlund des Leviathan. Die »Offenbarung« spricht von einem »Pfuhl, der mit Feuer und Schwefel brennt«; in diesen feurigen Pfuhl werden die »Feigen, die Ungläubigen, die Zauberer und Götzendiener und alle Lügner« geworfen. Weniger häufig werden Kälte und Eis als Mittel der Folter geschildert. Sie spielen eine Rolle in dem mittelalterlichen Bild der kalten Hölle und im untersten Kreis der Hölle in Dantes Inferno. Eisige Kälte charakterisiert auch Nifelheim, die nordische Unterwelt, in der die zornige, gnadenlose Göttin Hel herrscht. Das islamische Bild der Hölle zeigt eine große Ähnlichkeit mit dem der jüdisch-christlichen Überlieferung, aus dem es abgeleitet ist.

Die griechische Unterwelt, der Hades, war ein Ort trostloser Finsternis, der nach der Schilderung Homers »selbst die Götter mit Schrecken erfüllte«. Der Hades lag entweder tief unter der Erde oder fern im Westen; der Hauptfluß der Unterwelt war der Styx, über den der Fährmann Charon die Toten übersetzte. Jene, die Zeus persönlich beleidigt hatten, wurden in den bodenlosen Abgrund des Tartarus geworfen und dort qualvollen Foltern ausgesetzt. Die Leiden des Prometheus, des Sisyphus, des Tantalus und Ixion waren wahrhaft heroischen Ausmaßes. Nach der persischen Lehre des Zarathustra liegt die Hölle im fernen Norden, in den Tiefen der Erde. Sie ist ein finsterer, schmutziger und stinkender Ort, wo es von Dämonen wimmelt. Dort müssen die verdammten Seelen, die »Jünger der Lüge«, nach dem Tod in Schmerzen und Elend bleiben, bis der Gott der Dunkelheit, Ahriman selbst, vernichtet wird.

Mictlan, die Unterwelt der Azteken, war eine Region absoluter Finsternis, die von dem schrecklichen »Herrn der Toten«, Mictlantecuhtli, regiert wurde. Sein Gesicht war von einer Maske in der Gestalt eines menschlichen Schädels verdeckt. Sein schwarzes, lockiges Haar war mit Augen wie Sternen besteckt, und aus seinem Ohr ragte ein Menschenknochen hervor. Nach der aztekischen Überlieferung bestimmte nicht das Verhalten des Gestorbenen dessen Schicksal nach dem Tod, sondern sein Beruf und die Art seines Todes. Jene Toten, die nicht für eines der Paradiese auserwählt wurden, wurden in Mictlan einer Reihe von magischen Prüfungen unterworfen. Sie mußten neun Höllen durchlaufen, bevor sie ihre endgültige Ruhe fanden. Man darf diese Hölle nicht als Orte ansehen, in die die Bösen zur Bestrafung kamen. Sie wurden als ein notwendiger Durchgang im Zyklus der Schöpfung betrachtet. Es war im kosmischen Prozeß unausweichlich, daß alle geschaffenen Dinge in der Materie aufgingen und zum Licht, zu ihrem Schöpfer zurückkehrten.

Im Hinduismus und Buddhismus gibt es zahlreiche Arten und Stufen von Höllen. Wie die verschiedenen Paradiese sind es nicht Orte, wo die Gestorbenen für immer bleiben; es sind nur Durchgangsstadien im Zyklus von Geburt, Tod und Wiedergeburt. Die Torturen in diesen Höllen sind mindestens genauso vielfältig, diabolisch und raffiniert wie jene, die in anderen Überlieferungen beschrieben werden.

Ein anderes immer wiederkehrendes Thema in der eschatologischen Mythologie ist das Gericht über die Toten. In der christlichen Kunst wimmelt es von Teufeln und Höllen, die um die Seele der Toten kämpfen, und von Darstellungen des Jüngsten Gerichts, wo die Gerechten in den Himmel aufsteigen und die Verdammten vom Schlund der Hölle verschlungen werden. In der islamischen Religion kommen zwei Engel, Munker und Nakeer, um die Toten zu prüfen und zu befragen. Werden diese für rechtschaffen befunden, so werden sie durch Luft und wohlriechende Düfte erfrischt, und eine Tür zum Paradies wird ihnen aufgetan. Die Ungläubigen werden in Höllengewänder gekleidet, und ihnen öffnen sich die Tore der Hölle; sie werden von der Hitze und dem Pestwind der Hölle umfangen, das Grab schließt sich um sie und zermalmt ihnen die Knochen. Dort, in der Hölle, müssen sie in tiefster Qual aushalten bis zum Tag der Auferstehung. Die islamische Überlieferung spricht auch von Sirat, der Brücke über die Hölle,»schmäler als ein Haar und schärfer als ein Schwert«, die alle Toten überqueren müssen. Den Gläubigen gelingt es, das Gleichgewicht zu behalten und hinüberzukommen; die Ungläubigen verlieren den Halt und stürzen in den Höllenschlund hinab. Das Überqueren der Brücke spielt auch in der Zarathustra-Religion, beim Gericht über die Toten, eine bedeutsame Rolle. Eine Gottheit mit dem Namen»gerechter Rashnu« wägt die bösen Taten der Toten ab gegen ihre guten Taten. Danach müssen die Toten eine spezielle Prüfung durchmachen: Sie müssen versuchen,»die Brücke des Trennenden« (*Cinvato paratu*) zu überqueren. Die Gerechten gelangen ohne Schwierigkeiten über die Brücke in die ewige Seligkeit, während die als böse Befundenen von dem Dämon Vizarsh ergriffen werden.

Die frühesten Schilderungen der Vorstellung eines Gerichts über die Toten finden sich in den Bestattungstexten, die als *Ägyptisches Totenbuch* bekannt sind und ungefähr auf das Jahr 2400 v. Chr. zurückgehen. Die Urteilsszene, die»Psychostasis«, findet in der»Halle der beiden Wahrheiten« oder»Halle der Maat« statt. In den Waagschalen einer großen Waage wird das Herz des Gestorbenen gegen die Feder der Göttin Maat aufgewogen, welche die Wahrheit und Gerechtigkeit symbolisiert. Die Waage wird von dem schakalköpfigen Gott Anubis bedient, während der ibisköpfige Gott Thot, Gott der Weisheit und göttlicher Schreiber, als unparteiischer Richter den Urteilsspruch aufzeichnet. Das dreigestaltige Ungeheuer Amemet (Krokodil-Löwe-Nilpferd),»Verschlinger der Seelen«, steht daneben bereit, um jene zu verschlingen, die bei der Prüfung durchgefallen sind. Die Gerechten werden von Horus zu Osiris gebracht, der sie in die Freuden seines Reiches aufnimmt.

In der tibetanischen Version der Urteilsszene heißt der Verwalter von Wahrheit und Gerechtigkeit Dharma-Radscha, König der Wahrheit, oder Yama-Radscha, König der Toten. Er ist mit menschlichen Schädeln, Menschenhaut und einer Schlange geschmückt und hält das Schwert der Unterscheidung in seiner Rechten und den Spiegel des Karma in seiner Linken. Der Spiegel spiegelt jede gute und böse Tat des Toten wider; diese Taten werden durch weiße und schwarze Kieselsteine symbolisiert und gegeneinander abgewogen. Vom Ort des Gerichts führen sechs karmische Pfade zu getrennten Reichen (*lokas*), in denen der Tote je nach seinen Verdiensten oder Schuldposten wiedergeboren wird. Zu den typischen Strafen in den verschiedenen Höllen der unteren Welt gehören Folterungen durch Hitze und Kälte, Zerstückelung, Anheften an den »Stachelbaum«; dem für böse Befundenen wird geschmolzenes Metall in die Körperöffnungen gegossen, und er wird in der schrecklichen Avitchi-Hölle gefangengehalten, wo jene, die besonders schwere Sünden begangen haben, für unermeßlich lange Zeit unzählige Strafen erdulden.

Das Schicksal der Gestorbenen wird oft als Pfad, Reise oder als eine spezifische Folge von Ereignissen dargestellt. Einige der Schilderungen erscheinen ziemlich naiv, während andere komplizierte und höchst subtile Aufzeichnungen ungewöhnlicher subjektiver Erfahrungen darstellen. Die Guarayo-Indianer von Bolivien glauben, daß die Seele nach dem Tod zwischen zwei Wegen wählen muß. Der eine ist breit und bequem, der andere schmal und gefährlich; die Seele darf sich nicht durch die scheinbaren Vorteile des leichten Weges verleiten lassen, sondern sollte den schwierigen Weg einschlagen. Sie muß zwei Flüsse überqueren, den einen auf dem Rücken eines riesigen Alligators, den anderen auf einem Baumstamm. Noch andere Gefahren erwarten die Seele auf dieser Reise. Sie muß beim Licht eines brennenden Strohhalms durch ein dunkles Gebiet hindurchfinden und zwischen zwei aneinanderstoßenden Felsen hindurch. Wenn alle Gefahren erfolgreich bestanden sind, gelangt die Seele in ein schönes Land mit blühenden Bäumen und zwitschernden Vögeln, wo sie glücklich ist für alle Ewigkeit.

Ähnlich, wenn auch komplizierter, ist die Reise der Seelen in die geistige Welt nach der Überlieferung der Huchol-Indianer in Mexiko, die von Generation zu Generation mündlich weitergegeben und in bunten Garnbildern, den *Nearikas*, dargestellt wurde. Der erste Teil des Weges führt geradeaus, aber an einer Stelle mit dem Namen »Ort der Schwarzen Felsen« teilt er sich in zwei Richtungen. Von da aus schlägt der Huichol, der ein reines Herz hat, den rechten Weg ein;

Huichol, die zu Lebzeiten Inzest begangen oder mit Spaniern sexuellen Verkehr gehabt hatten, müssen den linken Weg nehmen. Auf diesem Weg müssen sie eine Reihe von Martern erdulden; sie werden auf einem großen Dorn aufgespießt und von den Seelen der Menschen geprügelt, mit denen sie zu Lebzeiten unerlaubten Verkehr hatten, sie werden von einem reinigenden Feuer versengt, von herabstürzenden Felsen zerschmettert und dazu gezwungen, heißes, übelriechendes Wasser voller Würmer und Schleim zu trinken. Danach dürfen sie zu der Wegegabelung an den schwarzen Felsen zurückkehren. Hier können sie dann auf dem rechten Weg weitergehen, der sie zu ihren Ahnen führt. Auf diesem Teil der Reise müssen sie symbolisch einen Hund und eine Krähe besänftigen, zwei Tiere, die von den Huichol traditionell schlecht behandelt werden. Sie begegnen einem Opossum (*coati*) und müssen beweisen, daß sie nicht das Fleisch dieses Tieres gegessen haben, das den Huichol-Indianern heilig ist. Dann begegnen sie einer Raupe, dem Symbol der ersten sexuellen Erfahrung. An einem wilden Feigenbaum legen die Seelen die Bürde der Geschlechtsorgane ab und erhalten dafür die Frucht des Baumes. Nach einem großen Festmahl mit Feigen, Maisbier und Peyotl versammeln sich alle Seelen und tanzen zusammen um das *Tatewari* (Unser Großvater Feuer).

Die Vorstellung der Huichol-Indianer von der posthumen Reise der Seele hat gewisse Elemente mit den Schilderungen der alten Azteken gemein. Nach der aztekischen Religion mußten die Toten eine Reihe von Prüfungen durchmachen, zum Beispiel einen tiefen Fluß überqueren, der von einem gelben Hund bewacht wurde, zwischen zwei aneinanderhängenden Bergen hindurchgehen, über einen Berg aus Obsidian klettern; sie wurden eisigem Wind ausgesetzt, von scharfen Pfeilen durchbohrt und von wilden, Menschenherzen fressenden Tieren angefallen. Die Azteken führten komplizierte Rituale durch, um ihren Verstorbenen die posthume Reise zu erleichtern.

Zwei Kulturen in der Geschichte der Menschheit beschäftigten sich besonders intensiv mit dem Vorgang des Sterbens und wußten ungewöhnlich viel darüber: Ägypten und Tibet. Die Priester in diesen beiden Kulturen führten ausführliche, sorgfältig ausgearbeitete Rituale durch, um den Toten den letzten Übergang zu erleichtern, und entwickelten komplizierte Anleitungen für die posthume Reise der Seele. Die schriftlichen Formen dieser Anleitungen wurden im Westen als das *Ägyptische Totenbuch*[1] und das *Tibetanische Totenbuch* bekannt. Diese beiden heiligen Texte sind Dokumente von großer Bedeutung für das Thema dieses Kapitels.

Das *Ägyptische Totenbuch* ist eine Sammlung von Bestattungstexten, die die alten ägyptischen Schreiber für die Edlen unter den Toten verfaßten. Diese Texte bestehen aus Zaubersprüchen und Beschwörungen, Hymnen und Litaneien, magischen Formeln und Gebeten. Das *Totenbuch* war das Produkt einer langen Entwicklung religiöser Glaubensüberzeugungen und ritueller Praxis. Viele Teile lassen sich auf frühere Sammlungen von Bestattungstexten zurückverfolgen, die in Hieroglyphenschrift auf den Innenwänden bestimmter Pyramiden in Sakkara (die Pyramidentexte) und später auf den Seiten hölzerner Särge (die Sargtexte) eingeschrieben waren. Die Pyramidentexte entstanden zwischen 2350 und 2175 v. Chr. und sind die ältesten schriftlichen Quellen, nicht nur in Ägypten, sondern der ganzen Menschheitsgeschichte; das Material, das sie enthalten, weist indessen auf noch archaischere Quellen zurück.

Vom ersten bis zum letzten enthüllen diese Texte den unwandelbaren Glauben der Ägypter an die Wiederauferstehung und die Unsterblichkeit der Seele. Die Ägyptologen haben jedoch auf einen anscheinenden Widerspruch in dem heterogenen Material der Texte hingewiesen. Auf der einen Seite wurde die Rolle des Sonnengottes und seines göttlichen Gefolges besonders hervorgehoben. Die Texte sollen Zaubermittel bieten, um den Aufstieg der Toten in den Himmel zu erleichtern, wo sie in alle Ewigkeit ein seliges Leben genießen und den Sonnengott auf der Sonnenbarke begleiten würden. Daneben durch-

---

[1] Der Titel *Ägyptisches Totenbuch* ist irreführend. Die Texte bilden kein umfassendes und zusammenhängendes Werk und gehören nicht zu einer einzigen geschichtlichen Periode; sie überspannen einen Zeitraum von mehreren Jahrtausenden. Die Bezeichnung »Ägyptisches Totenbuch« ist in Wirklichkeit eine Übersetzung des Namens, den die ägyptischen Grabräuber jeder Rolle von beschriebenem Papyrus gaben, den sie bei den Mumien fanden — *Kitab al-Mayyitun*, das »Buch der toten Personen«. Der alte ägyptische Titel war *pert em hru*, gewöhnlich übersetzt als »Manifestation im Licht« oder »Hervorkommen am Tag«.

dringt noch eine andere, ältere Überlieferung von dem alten Todesgott Osiris die Texte.[2] Ein Toter, der rituell mit Osiris identifiziert wurde, konnte wieder zum Leben erweckt werden. So enthalten die Texte Riten zur Anwendung bei der Einbalsamierung und Bestattungsriten zusammen mit Hymnen, Beschwörungen, Mythen, Gebeten und magischen Zauberformeln.

Nach der ägyptischen Mythologie fuhr der Sonnengott Afu-Re während des Tages in seinem Schiff über den Himmel. Bei Sonnenuntergang durchquerte das Sonnenschiff die Bergkette im Westen und setzte während der Nacht seine Fahrt durch das Tuat, die andere Welt und der Wohnort der Toten, fort. Eine Region des Tuat mit Namen Sekhet Aaru, Riedfelder, war das Königreich des Osiris, wo er mit seinem Hof lebte. Nur jene, die vor dem Urteilsspruch in der Halle der Maat bestanden hatten (siehe S. 197), wurden in dieses Reich eingelassen. Das Tuat hatte zwölf Regionen, eine für jede Stunde, die die Sonnenbarke zur Nachtzeit in der anderen Welt verbrachte. Jede Region des Tuat hatte ein Tor, das durch drei Schutzgottheiten bewacht wurde, und in jeder Region harrten spezielle Gefahren für die Besatzung des Sonnenschiffes. Die Gefährten des Sonnengottes mußten sich durch lodernde Feuer hindurchkämpfen, wo Hitze, Rauch und Gase Nase und Mund angriffen. Zahlreiche scheußliche Wesen, phantastische Ungeheuer und gräßliche Schlangen bedrohten sie auf ihrem Weg. Die gefährlichste dieser Bedrohungen war Osiris' Bruder Set, in der Gestalt von Aapep, einer riesigen Schlange, die versuchte, die Sonnenscheibe zu verschlingen. Jeden Tag vollendete Afu-Re seine Reise durch das Tuat, triumphierte über alle Gefahren dort, tötete Aapep mit Hilfe der katzenköpfigen Göttin

---

[2] Osiris, einer von vier göttlichen Geschwistern des ägyptischen Pantheons, wurde von seinem bösen Bruder Set getötet und zerstückelt. Seine Schwester Nephthys und seine Schwester und Frau Isis fanden die Teile seines Körpers im Nildelta verstreut, setzten sie in einem ungegerbten Fell zusammen und erweckten Osiris mit der Hilfe seines Sohnes Horus wieder zum Leben. In einem darauffolgenden erbitterten Kampf tötete Horus Set und rächte seinen Vater. Die Legende vom Tod und von der Wiederauferstehung Osiris' ist von zentraler Bedeutung für das Verständnis seiner Rolle in der ägyptischen Totenmythologie und in den Mysterien von Tod und Wiedergeburt.

Bastet und erhob sich in den Himmel über die östlichen Berge, um Wärme, Licht und Leben zu spenden. Die Ägypter nahmen an, daß die Seelen der Toten die gleichen Kämpfe und Verwandlungen durchmachten wie Afu-Re.

Bardo Thödol,[3] das *Tibetanische Totenbuch*, ist sehr viel jüngeren Ursprungs als sein ägyptisches Gegenstück und scheint mehr innere Folgerichtigkeit und Zusammenhalt zu haben. Niedergeschrieben wurde es zum ersten Mal im achten Jahrhundert n. Chr. durch den großen Guru Padma Sambhava, der den Tantra-Buddhismus in Tibet einführte. Es enthält jedoch Elemente viel älterer, geheimer mündlicher Überlieferungen. *Bardo Thödol* ist ein Führer für die Sterbenden und die Toten, eine Anleitung, die ihnen hilft, verschiedene Stadien des Zwischenzustandes zwischen Tod und Wiedergeburt zu erkennen und die Befreiung zu erlangen. Die Tibeter unterscheiden insgesamt sechs sogenannte Zwischenzustände oder *Bardos*. Der erste ist der natürliche *Bardo*-Zustand im Mutterleib. Der zweite ist das *Bardo* des Traumzustandes. Der dritte ist das *Bardo* des ekstatischen Gleichgewichts in der tiefen Meditation. Die übrigen drei *Bardos* hängen mit Tod und Wiedergeburt zusammen; sie werden im *Tibetanischen Totenbuch* ausführlich beschrieben. Es sind: das *Bardo* des Todesaugenblicks, das *Bardo* der Erfahrung karmischer Trugbilder während des Traumzustandes, der auf den Tod folgt, und schließlich das *Bardo* des umgekehrten Prozesses der sangsarischen Existenz während des Strebens nach Wiedergeburt.

Der erste Teil von *Bardo Thödol*, *Chikhai Bardo* genannt, beschreibt die psychischen Vorgänge im Augenblick des Todes. Die drei Hauptsymptome, die den bevorstehenden Tod ankündigen, sind: eine körperliche Empfindung des Drucks (»die Erde versinkt im Wasser«), eine feuchte Kälte, die sich allmählich in fiebrige Hitze verwandelt (»das Wasser versinkt in Feuer«), und ein Gefühl, als zerspringe der Körper in winzige Teile (»das Feuer versinkt in Luft«). Im Augenblick des Todes haben die Gestorbenen eine Vision des »Ursprünglichen Klaren Lichtes« oder der »Reinen Wirklichkeit«. Wenn sie vor der überwältigenden Intensität der Vision nicht erschrecken, können sie

---

[3] *Bardo Thödol* bedeutet wörtlich »Befreiung durch Hören auf der Ebene nach dem Tode«.

die sofortige Befreiung erlangen. Wenn sie sich abschrecken lassen, haben sie später noch einmal eine Chance, wenn das nächste klare Licht über ihnen aufscheint. Wenn sie auch diese Gelegenheit versäumen, werden sie in eine komplizierte Abfolge spiritueller Geschehnisse verwickelt, in deren Verlauf ihr Bewußtsein sich von der befreienden Wahrheit immer mehr entfernt, während sie sich einer weiteren Wiedergeburt nähern.

Im *Chönyid Bardo*, dem »Bardo der Erfahrung der Wirklichkeit«, erblicken die Gestorbenen nacheinander ein Pantheon »Friedlicher Gottheiten«, die von hellem Licht in verschiedenen Farben umstrahlt sind, Torwächter-Gottheiten, grimmige Gottheiten, das Wissen bewahrende Gottheiten und Yogini der vier Himmelsrichtungen. Zugleich mit der überwältigenden Gegenwart dieser Gottheiten gewahren die Gestorbenen verschiedenfarbige matte Lichter, die die einzelnen *lokas* oder Reiche anzeigen, in die man geboren werden kann: das Reich der Götter (*devaloka*), das Reich der Titanen (*asuraloka*), das Reich der Menschen (*manakaloka*), das Reich tierischer, untermenschlicher Geschöpfe *(tiryakaloka)*, das Reich der hungrigen Geister *(pretaloka)* und das Reich der Hölle *(narakaloka)*. Wird der Tote von diesen matten Lichtern angezogen, so kann das der geistigen Befreiung im Wege stehen und eine Tendenz zur Wiedergeburt anzeigen.

Wenn die Toten die Gelegenheit zur Befreiung in den ersten beiden *Bardos* versäumt haben, treten sie in das *Sidpa Bardo* ein, das *Bardo* des Strebens nach Wiedergeburt. In diesem Stadium werden die Verstorbenen davor gewarnt, die übernatürlichen karmischen Fähigkeiten zu begehren, die sie zu besitzen scheinen, und an ihnen festhalten zu wollen. Ihre *Bardo*-Körper, die nicht aus kompakter Materie bestehen, sind mit der Fähigkeit ungehinderter Bewegung ausgestattet und können durch feste Gegenstände hindurchgehen. Sie können willentlich erscheinen oder verschwinden, Größe, Gestalt oder Zahl verändern und augenblicklich an jedem beliebigen Ort erscheinen.

Glück oder Elend, die im *Sidpa Bardo* erlebt werden, hängen von der karmischen Vergangenheit des Verstorbenen ab. Jene, die viel schlechtes Karma angesammelt haben, werden in diesem *Bardo* von schrecklichen Dingen gequält, wie fürchterlichen Schreien, fleischfressenden, waffentragenden *rakshasas*, schrecklichen Raubtieren und rasenden elementaren Naturkräften — herabstürzenden und zusammenbrechenden Felsen, zornigen Meeresfluten, wild loderndem Feuer oder bedrohlichen Schluchten und jähen Abgründen. Jene, die karmische Verdienste angesammelt haben, erleben köstliche Freuden verschiedenster Art, während die mit neutralem Karma farblose Dumpfheit und Gleichgültigkeit erleben. Ein wichtiger Teil des *Bardos* ist die Gerichtsszene (siehe S. 197), in der der König und Richter der Toten, Yama-Radscha, die früheren Handlungen des Verstorbenen mit Hilfe seines karmischen Spiegels prüft und ihm das angemessene Schicksal zuteilt.

Während des *Sidpa Bardo* unternimmt der Verstorbene enttäuschende Versuche, in seinen toten Leib zurückzukehren, findet diesen aber verwest, verbrannt, begraben, gefroren, ins Wasser geworfen oder den Vögeln und Raubtieren überlassen. An diesem Punkt ist es für ihn entscheidend wichtig zu erkennen, daß alle diese Erfahrungen nur Halluzinationen sind, Produkte des Geistes und eigentlich ein Nichts. Wird dieser Augenblick versäumt, so folgt unweigerlich die Wiedergeburt, und es wird unzählige Äonen dauern, bis man aus dem Morast des Elends herauskommt. Wenn die Lichter der sechs *lokas* dem Verstorbenen aufdämmern, kann man noch den Versuch unternehmen, die Tür des Mutterleibs zu verschließen. Das *Bardo Thödol* gibt mehrere Methoden an, um dies zu erreichen. Man kann über seine Schutzgottheit meditieren, man kann versuchen zu erkennen, daß alle Erscheinungen sangsarische Trugbilder sind, über das klare Licht meditieren, sich auf die Kette guten Karmas konzentrieren, sich der Verlockung von Visionen männlicher und weiblicher Gestalten in der Vereinigung entziehen oder nach der Loslösung von den ambivalenten Kräften ödipaler Bindungen an seine künftigen Eltern streben. Wenn die Befreiung nicht stattgefunden hat, wird man durch lebhafte Trugbilder unwiderstehlich zur neuen Geburt hingetrieben. Es treten verschiedene Zeichen auf, die für die einzelnen Geburtsorte oder *lokas* charakteristisch sind. Mit der richtigen Anleitung kann der Verstorbene, der die vielen Gelegenheiten versäumt hat, in den drei *Bardos* die Befreiung zu erlangen, immer noch die Wahl des Mutterleibes, in den er hineingeboren wird, beeinflussen.

Es ist im allgemeinen weniger bekannt, daß das *Ägyptische Totenbuch* und das *Tibetanische Totenbuch* ein Gegenstück in unserer eigenen kulturellen Überlieferung hatten. Gegen Ende des Mittelalters gehörten die Werke, die gewöhnlich global mit dem Titel *Ars moriendi*, »Kunst des Sterbens«, bezeichnet werden, zu den verbreitetsten literarischen Gattungen in vielen europäischen Ländern, vor allem in Österreich, Deutschland, Frankreich und Italien. Das große Interesse für Sterben und Tod wurde durch die allgemeine Unsicherheit des Lebens im Mittelalter stark beeinflußt; die Sterblichkeitsziffer war erschreckend hoch, die Menschen kamen zu Tausenden in Kriegen und Schlachten um, auf Reisen, durch Massenhungersnot, durch Seuchen und die unhygienischen Lebensbedingungen. Es war nicht außergewöhnlich, daß bei Pestausbrüchen ein Viertel, ein Drittel oder sogar die Hälfte einer ganzen Bevölkerung ausgerottet wurde. Die Menschen waren daran gewöhnt, den Tod von Verwandten, Freunden und Nachbarn zu erleben, und fast ununterbrochen war das unheimliche Läuten der Todesglocke zu hören. Leichenzüge und Prozessionen mit Särgen waren keine außergewöhnlichen Ereignisse, sondern Teil des Alltags. Massenbegräbnisse, Leichenverbrennungen, öffentliche Hinrichtungen und die Verbrennung von Ketzern und angeblichen Hexen waren an der Tagesordnung. Die weitgehende Zerrüttung und Auflösung des sozialen, politischen und religiösen Gefüges in Europa trugen gleichfalls zu der Entwicklung der eschatologischen Literatur bei. Sowohl die scholastische als auch die mystische Tradition leisteten ihren Beitrag zu dieser Literatur, und viele hervorragende Theologen hielten das Thema für so wichtig, daß sie ihm einen großen Teil ihrer Zeit und Kraft widmeten.

Im allgemeinen zerfällt die *Ars-moriendi*-Literatur in zwei Hauptkategorien: die erste behandelt vor allem die Bedeutung des Todes im Leben; die zweite befaßt sich mit der Erfahrung des Todes, mit der Vorbereitung auf das reale biologische Ende und der Betreuung der Sterbenden.

Für die erste Gruppe wäre eigentlich die Bezeichnung *Ars vivendi*, die Kunst des richtigen Lebens, zutreffender. Ein ständig wiederkehrendes Thema in vielen Werken dieser Kategorie ist die Meditation über den Tod *(contemplatio mortis)*, die zur Verachtung der Welt *(contemptus mundi)* führt. Das Grundproblem der menschlichen Existenz findet seinen zutreffendsten Ausdruck in dem lateinischen Diktum *mors certa, hora incerta:* Nichts im Leben ist gewisser als der Tod und nichts ungewisser als die Stunde des Todes. Wir sollten deshalb jeden Augenblick unseres Lebens so leben, als wäre es der letzte. Die Angst vor dem Tod ist der Anfang aller Weisheit; sie führt zu ständiger Wachsamkeit im Leben und zu dem Bemühen, schädliches Verhalten zu vermeiden. Wir sollen nicht danach streben, so lange wie möglich zu leben, sondern richtig zu leben. Die Werke, die von der Verachtung der Welt handeln, schildern in vielerlei symbolischen Bildern, Gleichnissen und Parabeln die Vergänglichkeit und Nichtigkeit aller weltlichen Bestrebungen. Besonders beliebte Angriffsziele der Literatur des *contemptus mundi* waren die Mächtigen, die Berühmten und Einflußreichen dieser Welt. Die führenden Gestalten der religiösen Hierarchie — Bischöfe, Kardinäle und Päpste — und der weltlichen Macht — Richter, Herzöge, Könige und Kaiser — waren häufig Gegenstand der Betrachtung. Die Tatsache, daß selbst diese illustren Personen den gleichen biologischen Abläufen unterworfen sind wie alle anderen, diente als niederschmetternder Beweis für den Spruch Salomons:»Es ist alles ganz eitel« *(vanitas vanitatum est omne vanum).* Das stärkste Argument für die Weltverachtung waren die Kontemplation der Häßlichkeit des Todes und die realistische Beschreibung des menschlichen Körpers in verschiedenen Stadien der Zersetzung und des biologischen Verfalls.[4] Daraus ergab sich die Folgerung, nicht

---

[4] Beobachtungen aus der LSD-Forschung werfen ein völlig neues Licht auf die mittelalterliche Beschäftigung mit dem Tod und den negativen Aspekten der Existenz, die gewöhnlich im Rahmen der Sozialpathologie gesehen wurden, als Manifestation einer generell pessimistischen, lebensfeindlichen Einstellung. Unter diesem Gesichtspunkt ist die Feststellung interessant, welch starke Ähnlichkeiten bestehen zwischen der Literatur, die sich mit der Kontemplation des Todes und der Weltverachtung befaßt, und der Phänomenologie der existentiellen Krise im Zusammenhang mit der Situation der Ausweglosigkeit auf der perinatalen Ebene (siehe S. 63 ff). Nach den klinischen Erfahrungen aus der LSD-Psychotherapie bewirkt die tiefe erlebnismäßige Konfrontation mit den erschreckendsten und abstoßendsten Aspekten der menschlichen Existenz nicht nur, daß die Menschen für die spirituellen Dimensionen ihres Seins aufgeschlossen werden, sondern kann schließlich zu einer qualitativ anderen Art des In-der-Welt-Seins führen.

nach weltlichen Freuden, Macht und Reichtümern zu streben, da sich alle diese Dinge zum Zeitpunkt des Todes in Trübsal verwandeln. Vielmehr sollte man seine Aufmerksamkeit auf die transzendentalen Wirklichkeiten richten.

Das Thema des Todes, das in der Prosaliteratur in der Kontemplation des Todes und der Weltverachtung so machtvoll zum Ausdruck kam, fand auch Eingang in die Poesie, und zwar in Gestalt der zahlreichen *Memento-mori*-Gedichte, die die Menschen an ihre Sterblichkeit erinnerten. Besonders interessant waren die *Streitgedichte*, in denen philosophische und religiöse Probleme von Leben und Tod in polemischen Dialogen zwischen Mensch und Tod, Welt und Mensch, Leben und Tod, Seele und Leib oder zwischen dem Sterbenden und dem Teufel vorgetragen wurden. In den *Vado-mori*-Gedichten teilten vor dem Tod stehende Repräsentanten verschiedener menschlicher Charaktereigenschaften ihre Gefühle und Überlegungen mit. Diese Gedichte sind in mancherlei Hinsicht Vorläufer der Texte, die in den *Totentänzen (danses macabres)* verwendet wurden. Die Totentänze breiteten sich in vielen europäischen Ländern wie eine Epidemie aus und waren auf Grund ihrer ungewöhnlichen psychologischen Kraft, die die Grenzen von Geschlecht, Alter und sozialer Klasse übersprang, der dramatischste Ausdruck der Beschäftigung mit dem Tod.

Die zweite Kategorie mittelalterlicher Werke über das Todesthema umfaßte Texte, die sich in erster Linie mit der Erfahrung des Sterbens selbst befassen sowie mit der Kunst, Sterbenden auf ihrer letzten Reise Beistand und Geleit zu geben. Dies ist die Literatur der *Ars moriendi* im engeren Sinn. Ihre Aufträge lassen sich auf das Ende des vierzehnten Jahrhunderts zurückverfolgen, als die Sterblichkeitsziffer so beängstigend anstieg, daß es für die Geistlichen praktisch unmöglich wurde, alle Kranken persönlich zu besuchen, um sie auf den Tod vorzubereiten. Infolgedessen starben viele Menschen ohne geistlichen Beistand »inmitten ihrer Sünden«. Unter diesen Umständen begann sich das Interesse besorgter Vertreter der Kirche auf die Vorbereitung der Sterbenden auf den Tod zu richten. Vor allem die Franziskaner- und Dominikanermönche lehrten und predigten über den Tod und die letzte Zeit im Menschenleben. Die *Ars-moriendi*-Literatur war ursprünglich als seelsorgerischer Leitfaden für junge Geistliche gedacht, der sie auf ihre Arbeit mit Sterbenden vorbereiten sollte. Später, als die Zahl der Geistlichen nicht mehr ausreichte, wurden die Texte in die Volkssprache übersetzt, um sie auch Laien zugänglich zu machen.

Die Zahl der Handbücher über den Tod erscheint zwar auf den ersten Blick wahrhaft überwältigend groß, aber in Wirklichkeit waren viele von ihnen modifizierte Übersetzungen oder Abwandlungen verhältnismäßig weniger Originalquellen. Man kann den Arbeiten über die Kunst des Sterbens eine Reihe grundlegender Gedankengänge und bestimmte immer wiederkehrende Themen entnehmen. Einige davon waren mehr formaler Natur und stellten ein mehr oder weniger kompliziertes System bestimmter Fragen dar, die an die Sterbenden gerichtet wurden und »richtige« Antworten verlangten, einen Standardbestand konkreter Anweisungen und Ermahnungen und Beispiele von Gebeten an Gott, Christus, Maria und den Erzengel Michael. Dieser Aspekt der Betreuung der Sterbenden war ganz unmittelbar von den traditionellen christlichen Glaubensüberzeugungen beeinflußt, ein unmittelbares Produkt der dogmatischen Lehren. Andere Teile der Texte waren zwar gleichfalls von der traditionellen christlichen Symbolik gefärbt, bezogen sich aber auf die tatsächlichen, erlebnismäßigen Aspekte des Sterbens. Von diesen verdienen die gewöhnlich als »Anfechtungen des Satans« bezeichneten Phänomene besondere Beachtung. Dies waren besondere Geisteszustände, die die Sterbenden gewöhnlich in ihren letzten Stunden erlebten. Die maßgeblichen kirchlichen Stellen deuteten sie als Folge des Versuchs seitens des Teufels, die Seelen in diesem entscheidenden und günstigen Zeitpunkt von ihrem Weg zum Himmel abzubringen. Die meisten Manuale erörterten fünf Hauptanfechtungen des Satans: erste Zweifel am Glauben selbst; Verzweiflung und quälende Gewissensbisse; Ungeduld und Reizbarkeit infolge des Leidens; Dünkel, Eitelkeit und Stolz; Habgier, Geiz und andere weltliche Strebungen und Bindungen. In manchen Texten wird außer diesen fünf Anfechtungen noch die mangelnde Bereitschaft, sich dem Sterben zu unterwerfen, angeführt. Diesen Versuchen des Teufels wirkten göttliche Einflüsse entgegen, die den Sterbenden einen Vorgeschmack des Himmels gaben, das Gefühl, dem Höchsten Gericht unterworfen zu sein, die Gewißheit, höhere Hilfe zu erlangen, und das Versprechen der Erlösung.[5]

Einen weiteren wichtigen Aspekt der *Ars-moriendi*-Literatur bilden konkrete Anweisungen für die Sterbenden selbst und Anleitungen für ihre Helfer, wie sie ihnen in den letzten Stunden beistehen konnten. Die meisten mittelalterlichen Todesmanuale stimmen darin überein, daß die Vorbereitung auf den Tod entscheidend davon abhängt, bei dem Sterbenden die richtige Einstellung zu schaffen. Sehr wichtig ist es, keine falschen Hoffnungen auf eine Genesung zu erwecken. Man muß dem Sterbenden jeden nur möglichen Beistand leisten, daß er dem Tod ins Auge sehen und ihn annehmen kann. Die Konfrontation mit dem Tod wurde als absolut entscheidend angesehen und das Ausweichen davor als eine der Hauptgefahren, denen der Sterbende gegenübersteht. Einige der Handbücher stellen ausdrücklich fest, daß es weniger tadelnswert und schädlich ist, wenn die Helfer bei dem Sterbenden Angst erwecken, die sich später als ungerechtfertigt erweist, als wenn sie ihm gestatten, daß er sich hinter Verleugnung verschanzt und deshalb unvorbereitet stirbt.

Das *Ägyptische* und das *Tibetanische Totenbuch* sowie die *Ars-moriendi*-Literatur des Mittelalters waren notwendigerweise durch die Kulturen und religiösen Traditionen beeinflußt, denen sie entstammten, und durch die besonderen Erfordernisse des historischen Zeitpunkts und

---

[5] Die nähere Untersuchung dieser Beschreibungen zeigt, daß diese Phänomenologie des Sterbens alle Grundmerkmale der oben beschriebenen perinatalen Erfahrungen aufweist (siehe S. 63 ff). Hoffnungslosigkeit, Verzweiflung, Schuldgefühl und Minderwertigkeitsgefühle sind typisch für die Matrix der Ausweglosigkeit. Reizbarkeit, Aggression, Triebhaftigkeit, Habsucht, Besitzgier, Wollust und Elemente des »Gerichtetwerdens« gehören zu der Erfahrung des Kampfes um Tod und Wiedergeburt. Das Festklammern an weltlichen Dingen und persönlichen Stolz sowie der hartnäckige Widerstand dagegen, sich in das Sterben zu fügen, sind die schwierigsten psychologischen Hemmnisse gegenüber dem Ichtod und der Erfahrung der Wiedergeburt. Visionen des Göttlichen, die Erfahrung der Gnade, der Rettung und Erlösung und andere Elemente der Kommunikation mit den jenseitigen Bereichen entsprechen den Charakteristika eines vollendeten Wiedergeburtsprozesses. Diese weitgehenden Parallelen zeigen, daß viele der Beschreibungen in den Sterbe-Anleitungen als empirische Landkarten zu betrachten sind und nicht als willkürliche symbolische Konstrukte.

der örtlichen Situation. Der unvoreingenommene Forscher wird jedoch feststellen, daß diese Werke einzigartige Informationsquellen über das menschliche Bewußtsein und den menschlichen Geist sind.

Viele der Beschreibungen ungewöhnlicher Zustände, wie sie von Sterbenden erfahren werden, und einige der in diesen Schriften postulierten empirischen Grundsätze haben in jüngster Zeit durch die moderne klinische und experimentelle Forschung unerwartet Bestätigung gefunden. Möglicherweise werden sie in nicht allzu ferner Zukunft in moderner Terminologie neu formuliert werden.

Schilderungen spiritueller Reisen, sowohl in urtümlichen mythologischen Darstellungen als auch in weiterentwickelten Versionen, wie man sie etwa im Tantra-Buddhismus findet, sind von der westlichen Wissenschaft bisher wenig beachtet worden. Diese Situation wurde auch durch die Tatsache nicht merklich beeinflußt, daß tatsächlich vorliegende subjektive Berichte über Todeserfahrungen und Erfahrungen der Todesnähe sowie Beobachtungen am Sterbebett durch Ärzte und Krankenschwestern, die in einigen Untersuchungen wiedergegeben werden, in vieler Hinsicht mit den alten, urtümlichen Beschreibungen der Phänomenologie des Todes übereinstimmen. Zumindest zwei wichtige Ausnahmen sind jedoch zu erwähnen.

Carl Gustav Jung erkannte auf Grund seiner umfangreichen Studien in vergleichender Mythologie, seines ungewöhnlichen Intuitionsvermögens und seiner eigenen Erfahrung der Todesnähe die außerordentliche Bedeutung des *Bardo Thödol* und ähnlicher Texte, die *Post-mortem*-Erfahrungen schildern, für das Verständnis des menschlichen Geistes. Und Aldous Huxley hat in seinem Buch *Heaven and Hell* auf Grund seiner eigenen psychedelischen Erfahrungen die Meinung vertreten, daß Vorstellungen wie Hölle und Himmel subjektive Realitäten darstellen, die in ungewöhnlichen Geisteszuständen, wie sie durch Drogen oder auch durch eine Reihe von Techniken ohne Drogenanwendung hervorgerufen werden, sehr konkret und überzeugend erlebt werden können.

Die klinischen Forschungen mit LSD haben umfangreiches Beweismaterial erbracht, das den Gedanken Huxleys bestätigt. Personen, die von Anthropologie und Mythologie nicht viel wissen, erleben — ohne jede Vorprogrammierung —Bilder, Episoden und sogar ganze thematische Sequenzen, die eine auffallende Ähnlichkeit mit den Beschreibungen der posthumen Reise der Seele und den Mysterien von Tod und Wiedergeburt in ganz verschiedenen Kulturen haben. Die psychedelischen Drogen haben es ermöglicht, ein neues Verständnis der Erfahrung des klinischen Todes und der Dynamik des Prozesses von Tod und Wiedergeburt zu entwickeln, wie er uns in der schamanischen Initiation, in Durchgangsriten, Tempelmysterien und bestimmten schizophrenen Episoden begegnet. Eine nähere phänomenologische Analyse zeigt, daß das aus der LSD-Forschung gewonnene erweiterte Kartenbild des menschlichen Unbewußten tatsächlich auf alle diese Situationen anwendbar ist.

Einige der Erfahrungen von Menschen, die sich dem Tode nähern, sind rein abstrakter und ästhetischer Natur. Karlis Osis hat in seiner Untersuchung gezeigt, daß Visionen von prachtvollen Farben und ornamentalen Mustern sehr häufig sind. Die psychodynamische Schicht des Unbewußten ist häufig in den Sterbeprozeß mit einbezogen. Sterbende erfahren in der Regel verschiedene Grade der Regression auf frühere Lebensstufen und erleben wichtige Ereignisse und Erfahrungen noch einmal oder lassen ihr ganzes Leben Revue passieren. Manchmal werden sie mit innerpsychischen oder zwischenmenschlichen Konflikten verschiedener Art konfrontiert, müssen Probleme durcharbeiten und seelische Bindungen aufgeben. Viele wichtige Phänomene, die im Zusammenhang mit dem Sterben auftreten, entstehen offenbar auf der perinatalen Ebene. Die Erfahrung der kosmischen Einheit, des Himmels oder des Paradieses tritt in enger Verbindung mit den embryonalen Gefühlen der vorgeburtlichen Existenz auf. Die Begegnung mit allerlei Bildern der Hölle fällt mit der Situation der Ausweglosigkeit zusammen, die mit dem ersten klinischen Stadium der Geburt verbunden ist. Die Idee des Fegefeuers tritt offenbar dann auf, wenn die Betroffenen das Ringen mit Tod und Wiedergeburt durchleiden, das mit dem Wiedererleben der Fortbewegung durch den Geburtskanal im zweiten Stadium der Geburt verbunden ist. In diesem Zusammenhang erleben manche die erschütternde Erfahrung des »Jüngsten Gerichts«. Typische Szenen der Errettung und Erlösung scheinen mit dem Wiedererleben des Augenblicks der biologischen Geburt zusammenzufallen. Das Thema des Abstiegs in die Unterwelt und das des Aufstiegs, beide so typisch für die eschatologische Mythologie, hängen in dieser Abfolge mit dem

Übergang von der Erfahrung kosmischer Einheit zum Erlebnis der Hölle (Beginn des Geburtsvorgangs) zusammen bzw. mit dem Übergang von dem Ringen mit Tod und (Wieder-)Geburt zur Erfahrung von Tod und Wiedergeburt (Vollendung der biologischen Geburt). Viele weitere Aspekte der spirituellen Reise nach dem Tod stehen im Zusammenhang mit transpersonalen Phänomenen, wie die Begegnung mit verschiedenen zürnenden und freundlichen Gottheiten, Kämpfe mit Dämonen, der Kontakt mit den Vorfahren, die Identifikation mit Tieren, außersinnliche Wahrnehmungen, astrale Projektion und insbesondere das Wiedererleben von Szenen, die Erinnerungen an eine frühere Inkarnation zu sein scheinen.

Ein besonderer, wichtiger Aspekt der Beobachtungen aus der psychedelischen Forschung muß eigens hervorgehoben werden: Nicht nur enthalten die LSD- und DPT-Sitzungen Erlebnisabfolgen, die mit denen identisch sind, die man in der eschatologischen Mythologie, in Durchgangsriten und Tod-Wiedergeburt-Mysterien findet, sondern diese werden häufig auch in den Ausdrucksformen der spezifischen Symbolik ganz bestimmter fremder Kulturen erlebt. So folgen die Erfahrungen von Himmel, Hölle oder Jüngstem Gericht bei Europäern oder Nordamerikanern nicht unbedingt den kanonischen Regeln der jüdisch-christlichen Überlieferung, wie zu erwarten wäre. Es gibt Fälle, wo Personen von geringem Bildungsgrad detaillierte Erlebnisabfolgen aus der hinduistischen, buddhistischen und dschainistischen Mythologie beschrieben oder komplexe Szenenabfolgen aus dem wenig bekannten *Ägyptischen Totenbuch* von Kämpfen der Besatzung der Sonnenbarke mit ihren Feinden in der Dunkelheit des Tuat erlebten. Auch die Parallelen mit bestimmten Erfahrungen, die in dem tibetanischen *Bardo Thödol* beschrieben werden, sind so auffallend, daß Leary, Metzner und Alpert Mitte der sechziger Jahre die Verwendung dieses heiligen Textes als Leitfaden für psychedelische Sitzungen empfahlen. Erlebnisabfolgen von Tod und Wiedergeburt werden von manchen Menschen im Vorstellungsrahmen der Bibel als Identifikation mit dem Leiden, dem Kreuzestod und der Auferstehung Christi erlebt. Andere jedoch identifizieren sich in diesem Zusammenhang mit Osiris, Dionysos oder mit den Menschen, die dem aztekischen Sonnengott Huitzilopochtli geopfert wurden. Der entscheidende Schlag, der den Ichtod bewirkt, kann auch als das

Werk der schrecklichen Göttin Kali, von Schiwa, dem Zerstörer, der Bacchanten oder des Ägypters Set erlebt werden. Die Symbolik einer bestimmten Kultur, die einer Erfahrung anhaften kann, ist manchmal ganz spezifisch und detailliert, und in vielen Fällen übersteigt die komplizierte Struktur solcher Erfahrungssequenzen den Bildungs- und Wissensstand des Erfahrenden. Häufig bleiben Wesen und Ursprung der zutage tretenden Informationen ein Geheimnis, trotz aller unserer Bemühungen um Aufklärung. Folgt man dem Beispiel Jungs und nennt diese Phänomene archetypisch, so hat man damit zwar ein bequemes Etikett, aber das Problem selbst bleibt ungelöst.

Im folgenden wollen wir die Parallelen zwischen dem LSD-Zustand und den subjektiven Erfahrungen bei der tatsächlichen Begegnung mit dem Tod mit Hilfe zweier Schilderungen aus dem Leben von Menschen, die beide Situationen erlebten, illustrieren. Diese Schilderungen machen nicht nur die phänomenologische Ähnlichkeit zwischen der symbolischen und der physischen Begegnung mit dem Tod deutlich, sondern auch die Tatsache, daß psychedelische Erfahrungen des Todes die Einstellung und das Verhalten eines Menschen gegenüber einer realen Lebensbedrohung verändern können. Das erste Beispiel ist die Geschichte von Beverly, einer jungen Studentin, die wir in unserem Seminar über das Thema »LSD und die Begegnung des Menschen mit dem Tod« kennenlernten. Sie trug ihre Geschichte bei einer Diskussion in dieser Arbeitsgruppe von sich aus vor, erklärte sich bereit, sie schriftlich niederzulegen, und gab uns die Erlaubnis, sie in diesem Buch zu verwenden. Sie ist von besonderem Interesse, weil Beverly auf eigene Faust, nicht in einem therapeutischen Zusammenhang, LSD nahm.

»Hier ein Bericht über die Erfahrungen von Tod und Wiedergeburt, nach denen Sie seinerzeit im Naropa-Institut fragten. Ich will versuchen, so genau wie möglich zu berichten, ohne, wie ich hoffe, allzu weitschweifig oder langweilig zu werden.
Im August 1969 nahm ich eine ›Sunshine-Tablette‹. Vor der Erfahrung hatte ich eine Menge Literatur über Philosophie, Religion und Metaphysik gelesen, was vielleicht etwas damit zu tun hat, daß diese Erfahrung ›universaler‹ Natur war und nicht bloß ›psychedelisch‹, wie bis dahin bei LSD. Ausgelöst wurde die Erfahrung offenbar durch die

Konzentration auf ein Mandala mit einem Labyrinth von Linien um ein Zentrum, in dem die Worte ›Es ist Hier‹ standen. Wie Sie sich vorstellen können, begann ich unter der Drogeneinwirkung, dies als eine Pforte zu fundamentalen Offenbarungen aller Art zu betrachten. Mein ganzes Leben lang hatte ich unablässig nach etwas gesucht, das die ganze Zeit direkt vor meinen Augen lag. Es war, als hätte ich mir selbst einen Streich gespielt, und das erschien mir zugleich komisch und erleichternd. Dann sah ich Bilder von Göttern oder himmlischen Wesen und fühlte deutlich ihre Gegenwart. Diese Wesen schienen zu sagen: ›Komm, laß uns dir zeigen, worum es geht‹; sie winkten mich weiter und enthüllten mir ein Universum, das sich in jedem Augenblick aufs neue entfaltete, bis in alle Ewigkeit. Gleichzeitig hatte ich das Gefühl, daß diese Wesen der Kern der inneren Natur von allem waren, daß sie zugleich in allen Dingen und jenseits aller Dinge existierten. Es kam mir vor, als ob ich mich an etwas erinnerte, das ich schon gewußt hatte, bevor ich geboren wurde, das ich aber vergessen hatte, weil ich mich ganz und gar mit der physischen und geistigen Welt als der totalen Wirklichkeit identifiziert hatte. Dieser Teil der Erfahrung gab mir enormen moralischen Auftrieb, aber dann kam mir der Gedanke: ›Wenn dies für das Leben gilt, wie ist es dann mit dem Tod?‹ Ungefähr um diese Zeit beschlossen wir, das Haus meiner Freundin zu verlassen, wo wir den ersten Teil der Erfahrung erlebt hatten; ihre Eltern waren da, und es gab einigen Wirbel deswegen. Wir gingen zur Bushaltestelle und bestiegen einen Autobus nach Philadelphia. Als wir im Bus waren, fing es an zu donnern und zu regnen, es war sehr heiß und schwül. Ich hatte das Gefühl, mich auf einem Kontinent inmitten von Erdbeben und Sturmfluten zu befinden, mitten in Chaos und Zerstörung. Allmählich gewann das Gefühl die Oberhand, daß ich und alle andern demnächst sterben würden, und seltsamerweise hatte dieses Gefühl etwas sehr, sehr Schönes. Der Bus begann über eine Brücke zu fahren, und aus irgendeinem Grund fühlte ich, daß der Tod kommen werde, wenn der Bus die Mitte der Brücke erreichte. Es schien mir, daß es keinen Ausweg aus dieser Lage gab und daß es zu riskant war, im Bus in offene Panik zu verfallen und ein großes Spektakel auszulösen. Irgendwie wußte ich immer noch, daß ich LSD genommen hatte und daß vielleicht alles darauf zurückzufüh-

214

ren war, obwohl es in keiner Weise von der Realität losgelöst erschien. Ich erinnere mich, daß ich einfach aufgab und mich der Erfahrung überließ, ob ich nun sterben würde oder nicht, denn zu diesem Zeitpunkt wußte ich das nicht mehr sicher. In meinem Geist blitzten Bilder auf, wie die Brücke zusammenstürzte und der Bus auf den Grund des Flusses sank, und ich sah, wie mein Körper ertrank und meine Seele sich von ihm löste und emporstieg. In diesem Augenblick erreichte der Bus das Ende der Brücke, und wie durch ein Wunder hörte der Regen auf und die Sonne kam heraus; alles sah frischgewaschen aus und glänzte vom Regen. Ich fühlte mich wie neugeboren und in einem gewissen Sinn war ich das auch, denn die Erfahrung hatte eine tiefgehende Wirkung auf mein Bewußtsein und die Ausrichtung meines Lebens.

Zwei Jahre nach dieser Erfahrung mit LSD war ich in einen Autounfall verwickelt. Nachdem ich aus dem Auto, einem Volkswagen, herausgeschleudert worden war, wirbelte der Wagen irgendwie herum, und das eine Rad rollte auf meinen Rücken. Ich erinnere mich, daß ich, als der Druck des Rades unerträglich wurde, dachte, wenn ich jetzt sterbe, ist das nicht weiter schlimm, und ich glaube, das ist weitgehend auf meine LSD-Erfahrung zurückzuführen und auf die Erkenntnis, die ich durch diese Erfahrung gewann, daß das Bewußtsein oder das Sein nach dem Tod weitergeht. Dieses Wissen milderte meine Angst so sehr, daß ich mich einfach entspannte und ›losließ‹, da die Situation ja doch ausweglos war. In dem Augenblick, als ich aufgab, konnte ich fühlen, wie die Lebenskraft meinen Körper verließ, von den Füßen aufwärts durch die Glieder hindurch und aus dem Bereich des Kopfes hinaus. Dann schien es, daß das innerste Wesen des ›Guten Seins‹ in einem Reich reiner Glückseligkeit und völliger Befreiung war. Es gab keinen Geist, keinen Gedanken, kein Gefühl mehr, und ich fühlte wieder, daß ich zu Hause oder in der ›Wahren Wirklichkeit‹ war. Nur Wissen und ›Reines Sein‹.

Unzählige Rückblenden folgten einander, von der Vergangenheit bis hin zur Gegenwart — Bilder, die ich sehr distanziert, aber intensiv beobachtete. Diese Rückblicke hatten vorwiegend mit Menschen zu tun, mit denen mich starke Familien-, Liebes- und Freundschaftsbeziehungen verbanden; mit vielen dieser Menschen hatte ich den Kontakt verloren oder die Beziehung zu ihnen mit verwirrten oder

unklaren Gefühlen abgebrochen. Im weiteren Verlauf dieser Rückblenden wurden die Bindungen an diese Menschen viel stärker, und
die letzten beiden Szenen hatten mit meiner Familie und mit einem
Mann zu tun, der meine ›erste Liebe‹ gewesen war und meinem
Herzen immer noch sehr nahestand, obwohl ich ihn (damals) seit drei
Jahren nicht mehr gesehen hatte und er dreitausend Meilen entfernt
von mir lebte. Ich erinnere mich, daß er in einem Zimmer im Haus
eines Freundes mit einigen Leuten zusammensaß, die ich nie kennengelernt hatte, und ich erinnere mich auch, daß ich befriedigt war, weil
ich erkennen konnte, daß er glücklich war. Man schien sich Gedanken
um das Wohlergehen anderer zu machen. Später rief ich an und
verifizierte diese Information: sie stimmte genau mit dem überein,
was er an diesem Abend getan hatte.

Als ich die Augen wieder aufmachte, erschien mir der Polizist, der
sich über mich beugte, wie ein Engel. Da ich wußte, daß ich mich
wegen meines Rückens nicht bewegen konnte, kam ich zu dem
Schluß, daß es das beste war, ohnmächtig zu werden. Meine nächste
Erinnerung ist, daß ich in der Unfallstation war und mich umdrehte,
um auf die Uhr an der Wand zu schauen, die genau zwei Uhr zeigte;
dies löste sofort die Erinnerung an das ganze Erlebnis aus. Ich spürte
einen überwältigenden Drang, allen zu sagen, daß es ganz in Ordnung ist, wenn man stirbt, und ich fing an, über Karma und andere
solche Dinge zu plappern, worauf die Ärzte dachten, ich sei im
Delirium. Ich erinnere mich weiter, daß ich damals dachte, wenn ich
durch den Unfall gelähmt bliebe, so könnte selbst diese Rolle auf
Erden immense Lernsituationen bieten, durch die ich mich im Leben
weiterentwickeln könnte.«

Ted, einer der schwer krebskranken Patienten, die an unserem psychedelischen Therapieprogramm teilnahmen (siehe S. 90 ff), machte
während einer chirurgischen Operation ebenfalls die Erfahrung des
klinischen Todes und wurde dann ins Leben zurückgerufen.
Im fortgeschrittenen Stadium seiner Krankheit entwickelte sich bei
Ted ganz plötzlich eine schwere Urämie. Mehrere Jahre zuvor hatte
man ihm eine Niere herausnehmen müssen, weil sie von einem
bösartigen Tumor befallen war. Jetzt führte eine Infektion zur Blok-
kierung des Harnleiters der verbliebenen Niere, und es stellten sich

Symptome einer Vergiftung durch die eigenen Abfallprodukte ein. Die Ärzte schoben die Operation immer wieder hinaus, da sie offenbar Zweifel hatten, ob ein Eingriff sinnvoll wäre, der sein Leben bestenfalls um einige wenige Wochen verlängern würde.

Nach acht Tagen, in denen die Urämie sich fortlaufend verschlimmerte, bekamen wir um fünf Uhr morgens einen dringenden Telefonanruf von Teds Frau Lilly. In dieser Nacht hatte Ted Stanislav Grof im Traum gesehen und wollte eine Frage mit ihm besprechen, die er für äußerst wichtig hielt.Wir kamen etwa eine Stunde später im Krankenhaus an; inzwischen hatte sich Teds Zustand erheblich verschlimmert, er schien im Koma zu sein. Er war von mehreren Verwandten umgeben, die ihn anzusprechen versuchten; es erfolgte keine Reaktion außer einem gelegentlichen völlig unverständlichen Murmeln. Es war offensichtlich, daß Teds Tod unmittelbar bevorstand. Während Stan Lilly und den Verwandten Trost zusprach, setzte sich Joan Halifax neben Ted und sprach leise zu ihm, wobei sie sich ihrer eigenen, dem westlichen Denken angepaßten Version der Anweisungen aus dem *Bardo Thödol* bediente. Im wesentlichen redete sie ihm zu, er solle dem Licht zustreben und mit ihm verschmelzen, ohne sich vor dessen Glanz zu fürchten. Aber nun, da alle im Raum den Tod Teds akzeptiert zu haben schienen, geschah etwas ganz Unerwartetes. Im letzten Augenblick entschloß sich das Chirurgenteam zur Operation; ohne Vorankündigung kamen zwei Pfleger herein, legten Ted auf eine fahrbare Trage und brachten ihn in den Operationssaal. Alle im Zimmer waren schockiert von diesem Vorgehen, das ihnen als brutale Einmischung in eine sehr persönliche und besondere Situation erschien.

Während der Operation hatte Ted zweimal einen Herzstillstand, der zum klinischen Tod führte; beide Male wurde er wiederbelebt. Als wir ihn am Nachmittag in der Intensivstation besuchten, wachte er gerade aus der Narkose auf. Er blickte Joan an und überraschte sie mit einer unerwarteten, aber zutreffenden Bemerkung: »Du hast ein anderes Kleid an!« Da wir nicht glauben konnten, daß jemand, der offenbar im Koma gewesen war, eine solche Kleinigkeit beobachten und sich daran erinnern konnte, begannen wir, ihn über seine Erfahrungen am Morgen dieses Tages zu befragen. Es wurde offenkundig, daß er die im Zimmer anwesenden Personen, ihre Handlungen und

Unterhaltungen korrekt wahrgenommen hatte. Er hatte sogar bemerkt, daß Joan einmal Tränen über die Wangen gelaufen waren. Zur gleichen Zeit war er jedoch in eine Reihe ungewöhnlicher Zustände verwickelt, die sich auf zumindest drei Ebenen entfalteten. Er hörte Joans Stimme und reagierte auf ihre Ratschläge. An die Stelle der anfänglichen Dunkelheit trat helles Licht, und es gelang ihm, sich dem Licht zu nähern und mit ihm zu verschmelzen. Die Gefühle beim Erleben des Lichts, die er schilderte, waren das Gefühl der Heiligkeit und eines tiefen Friedens. Aber gleichzeitig sah er an der Zimmerdecke einen Film, eine sehr lebendige Darstellung aller schlechten Dinge, die er in seinem Leben getan hatte. Er sah eine Bildergalerie der Gesichter all der Menschen, die er im Krieg getötet hatte, und alle die jungen Burschen, die er als jugendlicher Rowdy verprügelt hatte. Er mußte Schmerzen und Qual all jener Menschen erleiden, die er im Laufe seines Lebens verletzt hatte. Währenddessen war er der Gegenwart Gottes gewahr, der diese Lebensüberschau betrachtete und darüber urteilte. Bevor wir Ted an diesem Tag verließen, betonte er, wie froh er sei, daß er drei LSD-Sitzungen gehabt hatte. Er fand, daß die Erfahrung des tatsächlichen Sterbens seinen psychedelischen Erfahrungen sehr ähnlich gewesen sei, und betrachtete die letzteren als ausgezeichnete Vorbereitung auf das Sterben. »Ohne die Sitzungen hätte mich das, was geschah, zutiefst erschreckt, aber da ich diese Zustände kannte, hatte ich überhaupt keine Angst.«

Die Erfahrung Teds hatte eine weiterreichende Bedeutung als nur die einer Demonstration der formalen Parallelen zwischen der Situation des Sterbens und der Phänomenologie des LSD-Zustandes. Er war ein Mensch, der tatsächlich beide Zustände erlebt hatte und auf Grund seiner eigenen subjektiven Erfahrungen einen Vergleich anstellen konnte. Seine ausdrückliche Feststellung der tiefreichenden Ähnlichkeit zwischen seiner Erfahrung des Sterbens und den LSD-Sitzungen bestätigte unsere eigenen Eindrücke, die auf Grund der klinischen Beobachtungen in den psychedelischen Sitzungen sowie des Studiums der anthropologischen und mythologischen Literatur, der Analyse der Berichte von Menschen, die klinisch tot gewesen waren, und auf Grund der Beobachtungen mehrerer Situationen, die der Teds sehr ähnlich waren, gewonnen hatten.

Dieses Material führt uns zu der Annahme, daß das Unbewußte des Menschen ein Speicher mannigfaltiger perinataler und transpersonaler Erfahrungen ist, die die Grundelemente der spirituellen Reise bilden. Zu den Methoden und Umständen, die diese Matrizen aktivieren und ihren latenten Inhalt in eine lebendige, bewußte Erfahrung umwandeln können, gehören psychedelische Substanzen, sensorische Isolierung oder Überlastung, psychedelische Musik und Lichteffekte, Hypnose, monotoner Gesang und rhythmisches Tanzen, Schlafentzug, Fasten, verschiedene Techniken der Meditation und spiritueller Übungen. Gelegentlich haben auch pathologische Zustände eine ähnliche Wirkung; dies gilt für schweren emotionalen oder physischen Streß, erschöpfende Krankheiten, Vergiftungen und bestimmte Verletzungen und Unfälle. Aus Gründen, die beim gegenwärtigen Stand der Forschung noch nicht klar sind, werden die perinatalen und transpersonalen Schichten des Unbewußten auch bei endogenen Psychosen aktiviert, insbesondere bei Schizophrenie und manisch-depressiven Zuständen.

Bei Todkranken können diese Elemente im Unbewußten durch viele verschiedene Mechanismen aktiviert werden. Welches im Einzelfall der spezifische Auslöser ist, hängt von der Persönlichkeit des Patienten ab, seinem psychischen und physischen Zustand, der Art der Krankheit und davon, welche Organe betroffen sind. Die Untersuchungen vom Heim, Noyes, Rosen und anderen haben gezeigt, daß die plötzliche Konfrontation mit dem Tod zu ungewöhnlichen subjektiven Erfahrungen führen kann, auch wenn der Organismus selbst intakt ist. In diesem Fall ist der einzige denkbare Mechanismus psychische Regression unter dem Einfluß eines schweren emotionalen Streßzustandes oder Schocks. Es ist möglich, daß eine abgemilderte Form des gleichen Mechanismus auch bei Personen wirksam ist, die einer weniger unmittelbaren Todesdrohung gegenüberstehen. Bei Todkranken jedoch sind tiefgehende organische Veränderungen der verschiedensten Art vorhanden, von denen viele als Auslöser unbewußter Matrizen wirken können. Viele Krankheiten beeinträchtigen eine richtige Ernährung und den Schlaf und sind deshalb von Unterernährung und Schlafmangel verschiedenen Grades begleitet. Häufig ist die Überschwemmung des Organismus mit toxischen Stoffwechselprodukten für tiefgehende psychische Veränderungen verantwortlich.

Dies gilt vor allem im Falle von Leber- und Nierenerkrankungen, da die Leber eine wichtige Rolle bei der Entgiftung des Körpers spielt und die Nieren die Abfallprodukte des Organismus ausscheiden. Die psychischen Veränderungen sind besonders einschneidend, wenn der Patient an einer fortschreitenden Nierenerkrankung und daraus resultierender Urämie leidet. Eine hochgradige Selbstvergiftung kann auch die Folge von Störungen sein, die mit der Zersetzung von Körpergewebe verbunden sind, wie bei Krebs oder auszehrenden und degenerativen Krankheiten. Die psychischen Begleiterscheinungen einer physischen Krankheit sind am leichtesten zu verstehen, wenn der Krankheitsprozeß das Gehirn erfaßt; dies ist der Fall bei Patienten mit Meningitis, Enzephalitis, Kopfverletzungen, Gehirntumoren und anderen Arten organischer Gehirnschädigung.

Anoxie, ungenügende Sauerstoffversorgung der Körpergewebe, spielt eine herausragende Rolle als Auslöser unbewußter Matrizen. Bei Todkranken ist Sauerstoffmangel aber ein außerordentlich häufiger Zustand. Er kann durch Erkrankungen der Lunge verursacht sein, die die Sauerstoffaufnahme reduzieren (Emphysem, Lungentumore, Pneumonie, Tuberkulose und andere), durch unzureichende Sauerstoffzufuhr bei Anämie und Herzschwäche oder durch Beeinträchtigung des enzymatischen Sauerstofftransfers auf subzellularer Ebene. Es ist aus verschiedenen Quellen wohlbekannt, daß durch eingeschränkte Sauerstoffzufuhr oder Überschuß von Kohlendioxyd abnorme psychische Zustände hervorgerufen werden. Experimente mit der Anoxiekammer haben gezeigt, daß Sauerstoffmangel ungewöhnliche Erfahrungen hervorrufen kann, die den durch LSD bewirkten ganz ähnlich sind. R. A. McFarland hat gezeigt, daß die psychosomatische Reaktion auf Sauerstoffmangel einen direkten Zusammenhang mit der Persönlichkeit des Betroffenen hat. Neurotische Personen haben eine viel niedrigere Toleranz gegenüber dieser Situation und reagieren in der Regel schon sehr früh mit schwer faßbaren psychosomatischen Symptomen. Die Feststellungen McFarlands zeigen weitgehende Parallelen mit den Resultaten der LSD-Forschung. Das sogenannte »Meduna-Gemisch«, das 70 Prozent Sauerstoff und 30 Prozent Kohlendioxyd enthält, kann nach kurzem Einatmen die gesamte Skala von Erlebnissen und Empfindungen hervorrufen, die wir aus den LSD-Erfahrungen kennen.[6] Die Übereinstimmung ist so weitgehend, daß dieses Gemisch als prognostisches Hilfsmittel vor LSD-Sitzungen verwendet werden kann; die Art und Weise der Reaktion des Patienten auf Kohlendioxyd sagt voraus, wie er auf LSD reagieren wird.

Das Gemisch kann auch vor der Sitzung dazu dienen, den Patienten mit den ungewöhnlichen Geisteszuständen bekannt zu machen, die unter der Wirkung von LSD erlebt werden, oder nach der LSD-Erfahrung zur Durcharbeitung von Restproblemen eingesetzt werden, die in der Sitzung ungelöst bleiben. Die Einschränkung der Sauerstoffzufuhr wurde in allen Geschichtsepochen zur Hervorrufung ungewöhnlicher Erfahrungen mit eingesetzt. So kommen bei gewissen primitiven Ritualen Manipulationen vor wie Würgen durch mechanische Mittel, Beinahe-Ertränken oder Einatmen von Rauch. Nach einigen Quellen gehörte zur ursprünglichen Form der Taufe eine Situation des Beinahe-Ertrinkens, die ein starkes Erlebnis von Tod und Wiedergeburt auslöste. Pranayama, eine indische spirituelle Übung, die auf der Wissenschaft des Atmens basiert, setzt zur Herbeiführung spiritueller Erfahrungen eine Methode ein, bei der Perioden übermäßiger Luftzufuhr mit langem Atemanhalten abwechseln. Andere indische Techniken sind: Blockierung des Kehlkopfs durch Zurückschlagen der Zunge; Abschnürung der Schlagadern; längeres Aufhängen an den Füßen, was auf die Dauer zum Stocken des Blutes im Kopf und damit zu Sauerstoffmangel im Gehirn führt. Die Taoisten empfehlen eine Atemtechnik während der Meditation, bei der die Luftaufnahme so langsam und unmerklich erfolgt, daß eine vor die Nasenflügel gehaltene winzige Feder sich nicht bewegt.

Es ist möglich, daß die Übereinstimmungen zwischen LSD-Erfahrungen und subjektiven Begleiterscheinungen des Sauerstoffmangels mehr als nur zufällig sind. Zur Erklärung der pharamakologischen und biochemischen Wirkungen von LSD sind zahlreiche Hypothesen entwickelt worden. Es gibt experimentelle Daten, die darauf hindeuten, daß LSD die Sauerstoffübertragung auf der Enzymebene beeinträchtigt. Abramson und Evans, die die Wirkungen von LSD auf den

---

[6] In seiner Monographie aus dem Jahre 1950 empfiehlt Meduna wiederholte Inhalationen dieses Gemischs zur Behandlung seelischer Störungen.

siamesischen Kampffisch *(Betta splendens)* untersuchten, beschrieben eine Reihe spezifischer vegetativer, motorischer und verhaltensmäßiger Reaktionen dieser Tiere auf die Droge. Die Fische reagierten mit verstärkter Pigmentation und grotesken Stellungen und Bewegungen. In einer getrennten Untersuchung erzielten Weiss, Abramson und Baron ähnliche Wirkungen durch Anwendung von zwei die Gewebsatmung hemmenden Stoffen, Zyankali und Natriumazin, in nichtletalen Konzentrationen; einige dieser Phänomene ließen sich auch durch Anoxie und Erstickung hervorrufen. Obwohl die experimentellen Forschungen über die hemmende Wirkung von LSD auf die Gewebeoxydation widersprüchliche Resultate erbrachten, ist doch die Möglichkeit einer solchen Wirkung unter dem Gesichtspunkt unserer Thematik äußerst interessant.

Wir erwähnten schon, daß Anoxie (Sauerstoffmangel im Gewebe) bei Sterbenden ziemlich häufig ist. In der von Karlis Osis durchgeführten Untersuchung über Beobachtungen von Ärzten und Krankenschwestern am Sterbebett wurde von den behandelnden Ärzten Anoxie am häufigsten als Ursache für das Auftreten von Visionen, Erscheinungen und anderen ungewöhnlichen Erfahrungen angegeben. Wenn Mangel an Sauerstoff und Überschuß von Kohlendioxyd ähnliche Wirkungen wie LSD hervorrufen können, dann könnte eine Kombination dieser Faktoren für einige der ungewöhnlichen Erfahrungen bei oder nach dem klinischen Tod verantwortlich sein. In den Fällen, wo der Tod durch Aufhören des Herzschlags eintritt, können die Körpergewebe noch eine gewisse Zeitlang weiterleben, indem sie den im Blut vorhandenen Sauerstoff verbrauchen und ihn in Kohlendioxyd umwandeln. Im Falle der Gehirnzellen dauert es mehrere Minuten, bis Ischämie eine irreversible Schädigung bewirkt. Wenn wir davon ausgehen, daß eine Verbindung zwischen dem Bewußtsein und subkortikalen Bezirken des Zentralnervensystems besteht, dann könnte dieser Zeitabschnitt sogar noch länger sein, da die Zellelemente in den entwicklungsgeschichtlich älteren Teilen des Gehirns weniger empfindlich gegen Sauerstoffmangel sind und länger überleben können.

Unter diesen Umständen könnte der Sterbende verschiedene ungewöhnliche Bewußtseinszustände erfahren, die denen ähnlich sind, die durch LSD oder das »Meduna-Gemisch« hervorgerufen werden. Die

Aktivierung psychodynamischer, perinataler und transpersonaler Matrizen im Unbewußten würde zu Erfahrungen der Lebensüberschau, des göttlichen Gerichts, der Hölle, des Fegefeuers, des Himmels oder anderer Elemente der posthumen Reise der Seele führen, wie sie in verschiedenen Überlieferungen dargestellt werden. Menschen in ungewöhnlichen Bewußtseinszuständen erleben auch die Zeit in einer Weise, die von unserer alltäglichen Zeitwahrnehmung ganz verschieden ist. Im Verlauf von wenigen Minuten in der objektiven Zeit können Personen unter der Wirkung von LSD subjektiv ganze Lebenszeiten, Jahrhunderte, Jahrtausende, ja sogar Äonen erleben. Unter diesen Gegebenheiten kann eine Stunde als eine Sekunde wahrgenommen werden, und ein Sekundenbruchteil kann zur Ewigkeit werden.

Der nächstliegende Einwand gegen die Idee einer »spirituellen Reise nach dem Tod« ist die Möglichkeit eines sofortigen und dauernden Bewußtseinsverlustes zum Zeitpunkt des klinischen Todes, wie er bei der Vollnarkose oder nach einer Gehirnerschütterung eintritt. Die subjektiven Berichte von Menschen, die den klinischen Tod überlebten, deuten jedoch darauf hin, daß es mehr als nur eine Alternative gibt. Manche Personen, die physiologisch tot waren, haben keine Erinnerung daran; andere berichten von höchst ungewöhnlichen Abenteuern des Bewußtseins. Manche Personen, die den klinischen Tod mehr als einmal erfuhren, erlebten das eine Mal keine subjektiven Begleiterscheinungen, während die Erfahrung des klinischen Todes das andere Mal reich an Inhalt war. Da der Verlust des Bewußtseins unter dem Einfluß einer Vollnarkose so häufig als Modell der Situation beim Tode betrachtet wird, wollen wir einige Beobachtungen aus diesem Bereich erwähnen, um die Komplexität der dabei zur Diskussion stehenden Probleme zu zeigen. In der durch Ketamin herbeigeführten dissoziativen Narkose erleben Menschen eine Vielzahl ungewöhnlicher Bewußtseinszustände, während sie dem äußeren Beobachter bewußtlos erscheinen. Operationen sind dann nicht deshalb möglich, weil das Bewußtsein ausgelöscht wäre, sondern weil sein Fokus radikal verändert und umgestellt ist. Bei unseren eigenen psychedelischen Forschungen haben wir in einigen Fällen beobachtet, daß die Versuchspersonen unter der Einwirkung von LSD alle Empfindungen von Operationen wiedererlebten, die unter tiefer Narkose konventioneller Art durchgeführt wurden. Bei anderen Experimenten waren die Patienten in der Lage, unter Hypnose die Unterhaltungen des Chirurgenteams während einer Operation zu rekonstruieren, die unter Vollnarkose durchgeführt wurde (Kenneth Godfrey).

Da gute Gründe für die Annahme sprechen, daß die Erfahrung des Sterbens ein komplexer und verzweigter Vorgang ist, müssen die nachhaltigen Bemühungen archaischer und primitiver Kulturen um dieses Problem in einem neuen Licht erscheinen. Angesichts der psychologischen Relevanz dieses Geschehens ist es nur vernünftig, wenn wir versuchen, soviel wie möglich über den Vorgang des Sterbens zu erfahren, uns mit den Landkarten der posthumen Reise vertraut zu machen und uns hinreichende Kenntnis über die damit verknüpften ungewöhnlichen Bewußtseinszustände zu verschaffen. Viele nichtwestliche Kulturen bieten ihren Angehörigen Veranstaltungen an, bei denen sie mit einem breiten Spektrum von Realitäten außerhalb der gewöhnlichen Wirklichkeit vertraut werden können. In anderen Kulturen wird die Todeserfahrung im Rahmen von Durchgangsriten regelmäßig geprobt. In unserer Welt dagegen werden die meisten Menschen vom Tod überrascht und sind völlig unvorbereitet auf ihn.

Prozeduren, die es ermöglichen, tiefreichende Erfahrungen des psychischen Todes und der Wiedergeburt und transpersonale Erscheinungen verschiedener Art zu erleben, sind vielleicht mehr als nur eine Vorbereitung auf das Sterben und den Tod. Es gibt Anzeichen dafür, daß diese ungewöhnlichen Bewußtseinszustände die Art, wie der einzelne seinen biologischen Tod erfährt, tatsächlich verändern. Wir glauben, daß der Kampf und die Qual, die für manche Menschen mit dem Tod verbunden sind, sich darauf zurückführen lassen, daß die physiologischen und biochemischen Veränderungen im Organismus schmerzliches unbewußtes Material aus der Lebensgeschichte des Individuums aktivieren, das nicht zur Lösung gelangt ist, sowie die Spuren der Geburtsqual, die nicht durchgearbeitet und bewußt integriert wurden.

Eine wichtige Beobachtung aus der LSD-Psychotherapie stützt diese Annahme: Bei Personen, die serienmäßige LSD-Sitzungen haben, enthalten die früheren LSD-Erfahrungen gewöhnlich viel psychodynamisches Material und dramatische perinatale Sequenzen. Werden die Sitzungen fortgesetzt, so können diese Bereiche vollständig durchgearbeitet werden, und alle folgenden Sitzungen sind transpersonaler, religiöser und mystischer Natur. Wenn diese Patienten im Verlaufe ihrer LSD-Therapie Inhalationen des »Meduna-Gemischs« erhalten, dann ist ihre Reaktion davon abhängig, in welchem Stadium der LSD-Behandlung sie sich befinden. In den Pausen zwischen den frühen LSD-Sitzungen ruft dieses Gemisch Visionen abstrakter geometrischer Muster und das Wiederaufleben von Kindheitserinnerungen hervor. Wird die gleiche Kombination von Gasen später angewandt, zu einem Zeitpunkt, da die Patienten das perinatale Material durcharbeiten, so löst sie Sequenzen des Ringens mit Tod und Wiedergeburt aus. In fortgeschrittenen Stadien der LSD-Therapie, wenn die Sitzungen vorwiegend transpersonaler Natur sind, ruft das »Meduna-Gemisch« transpersonale Erscheinungen hervor — mystische und religiöse Zustände verschiedener Art, archetypische Elemente oder sogar Erfahrungen einer früheren Inkarnation. Alle diese Beobachtungen scheinen die Auffassung zu bestätigen, die der Augustinermönch Abraham a Sancta Clara im siebzehnten Jahrhundert so klar und knapp ausdrückte: »Der Mensch, der stirbt, bevor er stirbt, stirbt nicht, wenn er stirbt.«

Wie wir schon sagten, treten bei vielen Sterbenden ungewöhnliche Bewußtseinszustände auf, die den durch LSD erzeugten Zuständen ähnlich sind, und zwar aus Gründen physiologischer, biochemischer und psychologischer Natur. Solche Zustände werden gewöhnlich als psychiatrische Komplikationen betrachtet und routinemäßig durch die Verabreichung von Beruhigungsmitteln unterdrückt. Nach unseren Erfahrungen kann ein einfühlsamer Psychologe oder Psychiater zumindest einige dieser Zustände in konstruktiver Weise nutzen, ähnlich wie bei einer LSD-Erfahrung. Bei geeignetem Beistand und richtiger Anleitung können solche Erlebnisse für den Sterbenden sehr hilfreich sein. Dieses Vorgehen setzt eine entscheidende Verlagerung in unserem Wertesystem voraus: nicht mehr die mechanische Verlängerung des Lebens darf im Vordergrund stehen, sondern die Qualität des Sterbens und des Todes muß unser Hauptanliegen sein.

An dieser Stelle sind einige Worte über die neue Beziehung zwischen Religion und Wissenschaft angebracht, die sich aus dem Studium ungewöhnlicher Bewußtseinszustände zu ergeben scheint. Nach der vorherrschenden Auffassung haben die Entdeckungen und Entwicklungen der Wissenschaft der Gültigkeit religiöser Glaubensüberzeugungen den Boden entzogen. Die grundlegenden Vorstellungen und Annahmen der Religionen erscheinen, wenn sie wörtlich genommen werden, dem hochentwickelten und wissenschaftlich denkenden Geist naiv und absurd. Die Astronomen haben riesengroße Fernrohre auf den Himmel gerichtet und weite Bezirke des Weltalls systematisch erforscht. Es bleibt kein unerkundeter Raum mehr übrig für himmlische Sphären, Engelscharen oder Gott. Geologische und geophysikalische Daten über den Aufbau und die Zusammensetzung der Erdrinde sind an die Stelle der Vorstellung feuriger, von Teufeln wimmelnder unterirdischer Höhlen getreten. Was von der modernen Wissenschaft jedoch angegriffen und als unbrauchbar verworfen wurde, war der primitive und naive Glaube, die grundlegenden religiösen Vorstellungen besäßen eine objektive Existenz in dem dreidimensionalen physischen Universum, wie wir es in gewöhnlichen Bewußtseinszuständen erleben. Beobachtungen aus der LSD-Forschung zeigen deutlich, daß in einer Reihe besonderer Geistes- und Bewußtseinszustände die Seligkeit des Paradieses, die Schrecken der Hölle und die ekstatischen Verzückungen der Erlösung so lebendig und mit einem solchen Gefühl der Wirklichkeit erlebt werden können, daß diese Erfahrungen unseren alltäglichen Wahrnehmungen in nichts nachstehen oder sie sogar übertreffen. Die Matrizen für diese Erfahrungen und eine Reihe anderer religiöser und mystischer Phänomene sind offenbar ein untrennbar zu ihrem Wesen gehörender Teil der menschlichen Persönlichkeit. Die Anerkennung und Erforschung dieser Dimension ist deshalb für ein tieferes Verständnis der menschlichen Natur unerläßlich.

In den vorangehenden Kapiteln schilderten wir eine Reihe von Beobachtungen, die im Rahmen klinischer Forschungen gemacht wurden, sowie bestimmte Extremsituationen im Leben, die zeigen, daß eine tiefinnerliche Begegnung mit dem Tod die Vorstellung des Betroffenen vom Sterben und seine Einstellung zum Tod dauerhaft verändern kann. Dies ist offenbar der Fall ganz unabhängig davon, ob nun eine solche Begegnung tatsächlich stattgefunden hat — wie bei gefährlichen Unfällen und dann, wenn jemand den klinischen Tod überlebt — oder in rein subjektiver, symbolischer Form, wie beispielsweise im Zusammenhang mit den Erfahrungen von Tod und Wiedergeburt in psychedelischen Sitzungen und spontanen mystischen Erfahrungen. Solche Erlebnisse verändern nicht nur die Auffassung des Betroffenen über die Vergänglichkeit der menschlichen Existenz, sondern können darüber hinaus eine tiefgehende Verwandlung bewirken. Nach verschiedenen mystischen Überlieferungen werden Menschen, die den Tod oder tödliche Gefahr erfahren haben und ins Leben zurückgekehrt sind, als zweimal geboren und als erleuchtet bezeichnet.

In den meisten vorindustriellen Gesellschaften und alten Zivilisationen gab es machtvolle Rituale, um Einzelpersonen, Gruppen oder sogar ganze Kulturen zu verwandeln und zu weihen. Diese Ereignisse, die von den Anthropologen Durchgangsriten genannt werden, sind von grundlegender Bedeutung für die Untersuchung der Erfahrung des symbolischen Todes und der Wiedergeburt. Durchgangsriten sind jene rituellen Veranstaltungen, deren Zweck es ist, einen Rahmen und Kontext für die vollständige Neudefinition des einzelnen bereitzustellen. Dieser Prozeß schließt nicht nur psychologische und soziale Variablen ein, sondern auch grundlegende philosophische und spirituelle Dimensionen der menschlichen Existenz. Durchgangsriten finden in der Zeit wichtiger Übergänge im Leben des einzelnen oder im Leben einer ganzen Kultur statt. Im persönlichen und biologischen Lebensablauf fallen sie häufig mit wichtigen physiologischen Über-

9
Tod und Wiedergeburt in ritueller Verwandlung

gängen zusammen; sie können bei der Geburt stattfinden, während der Pubertät, zur Zeit der ersten Reife (Beginn des Erwachsenenalters, Ehe, Geburt eines Kindes), der zweiten Reife und des Todes. An jedem dieser Wendepunkte im Leben machen Körper, Psyche, sozialer Status und religiöse Rolle des einzelnen eine mehr oder weniger starke Veränderung durch.[1] Durchgangsriten können auch im Rahmen der schamanischen und heroischen Initiation stattfinden, der feierlichen Aufnahme in eine religiöse Gemeinschaft, bei kalendarisch festgelegten Erneuerungsfesten, bei der Überquerung bestimmter geographischer Grenzlinien und bei Heilungsritualen. In solchen Situationen läßt das Individuum oder die soziale Gruppe eine Lebensform hinter sich und gelangt, nach Durchlaufen einer Schwellenperiode, in einen anderen und völlig neuen Seinszustand. Wir wollen einige Aspekte solcher Wandlungsrituale beschreiben und beginnen mit der klassischen Form der Durchgangsriten, die dann stattfinden, wenn der einzelne aus einer Lebensphase in eine andere übertritt.

Arnold van Gennep, der Verfasser einer frühen Studie über Durchgangsriten, hat diese Zeremonien als Ablauf dreier aufeinanderfolgender Stadien beschrieben: Loslösung, Übergang und Inkorporation. Im ersten Stadium, der *Loslösung*, wird der einzelne aus seinem sozialen Gefüge herausgelöst. Der Novize kann völlig isoliert werden oder diesen ungewohnten Zustand mit Altersgenossen teilen, die in der gleichen Situation sind. Die Periode der Loslösung kann mit Trauerreaktionen über den Verlust der alten Seinsweise verbunden sein. Während der Zeit der Loslösung spielt auch die Angst eine

---

[1] Betrachten wir die Kultur des Westens unter dem Gesichtspunkt der Lebensstadien, so stellen wir fest, daß die Zeit größerer Übergänge von einer Lebensphase zu einer anderen gewöhnlich mit einer negativen Wertung belastet ist; ganz sicher gilt dies für die Pubertät, den Eintritt in die mittleren Lebensjahre und in das Greisenalter und natürlich für das Sterben. Selbst die Geburt hat in unserer Kultur eine gewisse negative Prägung erhalten: Die gebärende Mutter wird in die Rolle einer Kranken verwiesen und kommt in ein Krankenhaus, um ihr Kind zur Welt zu bringen. Eine andere Gruppe von Menschen, die auf der Schwelle zu einem neuen Lebensstadium stehen, sind kranke Menschen, besonders diejenigen »im Endstadium«. Solche Menschen befinden sich zwischen Leben und Tod und sind deshalb keine funktionsfähigen sozialen Wesen mehr; unter diesem Gesichtspunkt werden Schwerkranke oft als soziale und ökonomische Last betrachtet.

wichtige Rolle — Angst vor dem Unbekannten, Angst vor dem Unerwarteten, Angst, die auf die Fremdheit dieser undefinierten Welt projiziert werden kann. Und häufig ist es die Angst, die den Novizen über das eigene Ich hinaustreibt, das sich an dem festklammert, was vorhersehbar ist im Leben. Während dieser Zeit der Loslösung entwickelt sich oft ein starker Gemeinschaftssinn. Die besondere Situation der Abschließung, verbunden mit Erwartungen und Angst, schließt die Initianden in dieser gemeinsamen Erfahrung, die sie alle durchlaufen müssen, eng zusammen.

Während der Novize die Mythologie und Kosmologie der Kultur erlernt, beginnt auch die Vorbereitung auf dynamischere Aspekte des Durchgangsrituals sich zu entfalten. Das Programm für den mühseligen und häufig schreckensvollen Übergang, der zu bestehen ist, wird dem Aspiranten in Gestalt von Mythen, Sagen, Liedern und Tänzen vermittelt oder auch explizit in Gestalt einer konkreten Kartographie des inneren Territoriums, das er durchqueren wird. Diese Dimension des Lernprozesses ist sehr wichtig für das Ergebnis der Initiation. Der Novize lernt, daß dieses Territorium zwar seltsam und vielleicht bedrohlich ist, aber schon von vielen anderen vor ihm durchquert worden ist und noch von vielen anderen durchquert werden wird — nicht nur von den heiligen Ahnen, die ihm vorangegangen sind, sondern auch von künftigen Generationen. Dieses Wissen verleiht dem Initianden Mut und stellt einen weiteren Antrieb dar, sich dem uralten Vorgang zu unterwerfen.

Im zweiten Stadium, das van Gennep den *Übergang* nennt, tritt der Novize von einer Periode des verstandesmäßigen Lernens in eine Periode der Erfahrung ein, in der er das innere Wesen der Mythen erlebt. Wir müssen diese Phase sowohl unter dem Gesichtspunkt der äußeren Symbole und Handlungen betrachten, die die Erfahrung des Novizen umrahmen, als auch unter dem Gesichtspunkt seines subjektiven Erlebens. Während dieser Periode des Übergangs nun gelangen die mannigfaltigen Techniken zur Anwendung, die in den verschiedenen Kulturen eingesetzt werden, um die psychologischen Abwehrmechanismen abzuschwächen oder auszuschalten, die die Welt des Übernatürlichen von der Welt der alltäglichen Realität trennen. Zu diesen Maßnahmen gehören Schlafentzug, Fasten, körperliche Verstümmelung, psychedelische Klang- und Lichtreize, soziale Isolierung, hektische Aktivität, moralischer Druck von seiten der Gruppe, Suggestion und in manchen Fällen auch die Anwendung psychedelischer Substanzen. Durch eine Kombination des sich von innen entfaltenden symbolischen Dramas und äußerer kultureller Symbole, die das Geschehen umrahmen, erlebt und erlernt der Novize schließlich mit allen Fasern seines Wesens, was die Grundidee aller Durchgangsriten ist — daß man das Chaos des Übergangs und des Sterbens durchleiden, die Erfahrung der vollständigen Vernichtung durchmachen und aus diesem Prozeß erneuert und wiedergeboren hervorgehen kann. Dieser Lernprozeß ist sehr tiefgehend; er erfaßt nicht nur den Verstand, sondern den ganzen psychobiologischen Organismus. Es findet ein dialektischer Prozeß statt zwischen äußeren Ereignissen und Elementen der Umwelt einerseits und dem inneren Erleben des Individuums andererseits; dieses Ineinandergreifen unbewußter Inhalte, die zusammen mit Symbolen der Erneuerung ins Bewußtsein aufsteigen, schafft eine tiefe Kongruenz und Kohärenz im Inneren des Individuums.

Das dritte Stadium in der Dreiergruppe van Genneps ist das der *Inkorporation*. Es ist die Phase, in der das Individuum wieder in seine Gemeinschaft integriert wird. Aber der Zurückkehrende ist nicht mehr der gleiche wie zuvor, als er in den Initiationsprozeß eingetreten war. Er ist im Besitz neuer Begriffssysteme und Weltanschauungen, und er hat einen neuen Rang und neue Verantwortungen, wenn er die Initiationshütte verläßt und in eine höhere Seinsweise eintritt.

Eine sorgfältige Analyse der äußeren und inneren Symbolik der Durchgangsriten läßt erkennen, daß ihre wesentlichen Elemente mit denen identisch sind, die wir früher als Elemente perinataler Phänomene beschrieben haben. Die Parallelen zwischen der Phänomenologie der Durchgangsriten und der LSD-Erfahrungen, die Tod und Wiedergeburt einschließen, sind sehr weitreichend. Bei beiden kreist die Symbolik um die gleiche eigentümliche Mischung von Geburt, Sexualität und Tod. Die Initiationshütte wird oft »Vagina« oder »Schoß« genannt.[2] Es kommt nicht selten vor, daß der gleiche Ort auch Grabstätte, Ort der Bestattung, genannt wird. In manchen

---

[2] Bei den Iatmul, einer von Gregory Bateson untersuchten Kultur in Neuguinea, wird der Eingang zur Initiationshütte »Klitoris-Pforte« genannt.

Kulturen ist der Terminus für Schwangerschaft, Bestattung und Initiation der gleiche. Umgekehrt werden Grabstätten manchmal in Form eines Schoßes gebaut, und die Toten werden in der Stellung eines Fötus begraben. Schwangere Frauen werden manchmal als tot bezeichnet und, wenn sie dann ihr Kind gebären, als wiedergeboren betrachtet.

Bei den Durchgangsriten wie in perinatalen LSD-Sitzungen ist die Symbolik des spirituellen Todes und der Wiedergeburt mit konkreten biologischen Elementen vermischt. Den Initianden werden häufig alle Kleider ausgezogen, alle Körperhaare abrasiert, und Blut von Opfertieren wird ihnen über den Kopf gegossen; es ist nicht schwer, in diesen Elementen den Versuch einer Annäherung an die Situation des Neugeborenen zu sehen.[3] Ferner erinnert die Verwendung von Fäkalien und anderen widerlichen Stoffen an die skatologische Dimension der biologischen Geburt. Endlich zeigen die Elemente der Folterung und des physischen Leidens, die Erfahrung schmerzhafter Trennung und der Kampf ums Überleben, die bei vielen Durchgangsriten festzustellen sind, starke Ähnlichkeit mit Erscheinungen, die als Teil der Entfaltung perinataler Erfahrungen in psychedelischen Sitzungen auftreten. Manchmal wird die Begegnung mit dem Tod so realistisch inszeniert, daß die rituelle Darstellung das Risiko einer ernsten physischen Verletzung oder sogar die Gefahr der biologischen Vernichtung mit sich bringt.

Die subjektive symbolische Phänomenologie und die äußere Symbolik können bei rituellen Veranstaltungen so ineinandergreifen, daß sie

---

[3] Der Initiationsritus, der im Zusammenhang mit der Beschneidung unter einigen Bantuvölkern in Afrika praktiziert wird, ist ein bezeichnendes Beispiel für den tiefen Zusammenhang zwischen symbolischem Tod und Wiedergeburt und der realen biologischen Geburt sowie für das Nebeneinanderliegen und das Überlappen der Symbolik von Geburt, Sexualität und Tod. Ein Knabe, der beschnitten werden soll, ist Gegenstand eines Zeremoniells, das »Neugeborenwerden« genannt wird. Der Vater opfert einen Schafbock, und drei Tage später wickelt er das Kind in Magenhaut und Balg des Tieres. Vorher muß der Knabe ins Bett neben seine Mutter klettern und wie ein neugeborenes Kind weinen. Er bleibt drei Tage lang in der Widderhaut; am vierten Tag üben Vater und Mutter rituellen Geschlechtsverkehr aus. In dieser Kultur werden auch die Toten in Widderfell gehüllt und in fötaler Stellung beerdigt. (Eliade, 1958.)

sich gegenseitig verstärken und zu einem intensiven und überwältigenden persönlichen wie kollektiven Erlebnis führen. Im Verlauf dieser Rituale der Umwandlung erweitern sich die persönlichen Grenzen des Individuums, so daß sie nicht nur den sozialen Organismus mit einbegreifen, sondern auch übernatürliche Bereiche und heilige Wesen, die in der jenseitigen Welt wohnen; dieser Erfahrungsbereich hat viele Parallelen in den transpersonalen Erscheinungen, die wir im Kapitel 4 beschrieben haben. Die Einführung des Individuums in die spirituelle Geschichte der Kultur, eine Kosmogonie, die bei jeder Initiation wiederholt wird, bringt den Novizen in eine enge Beziehung zu der archaischen, heiligen Tradition dieser Kultur und zeigt ihm deren Bedeutsamkeit für seine eigene Psyche. Die Resakralisierung des Individuums und die dem Aspiranten vermittelte Erkenntnis der essentiellen schöpferischen Triebkraft im Kosmos verleihen dem Sein einen neuen Sinn, und sie geben auch dem Tod des Individuums eine neue Bedeutung.

Die Ähnlichkeit zwischen Durchgangsriten und perinatalen Erscheinungen zeigt sich nicht nur in ihrem spezifischen Inhalt, sondern auch in ihrer Gesamtstruktur und ihren gesetzmäßigen Abläufen. Es besteht eine deutliche Parallele zwischen van Genneps Stadium der Loslösung und der Erfahrung der Einsamkeit, Isolierung und Entfremdung, die für die Matrix der Ausweglosigkeit auf der perinatalen Ebene charakteristisch ist; das in diesem Zusammenhang erlebte Chaos unterstreicht diese Ähnlichkeit noch. Das von van Gennep als Übergang bezeichnete Stadium korrespondiert der Erfahrung des Ringens mit Tod und Wiedergeburt und der darauffolgenden Erfahrung der Transzendenz. Das Stadium der Inkorporation schließlich findet sein perinatales Gegenstück in der Erlebnisabfolge von Ich-Tod und Wiedergeburt, die die Wiedervereinigung des Kindes mit seiner Mutter widerspiegelt. Wir können die Durchgangsriten auf diese Weise als strukturierte Ereignisse betrachten, bei denen das Individuum sich mächtigen Energien stellt, sie erleben und zum Ausdruck bringen kann, die mit tief im Unbewußten verborgenen Matrizen verbunden sind. Es erscheint einleuchtend, daß es angesichts der Natur der psychischen Kräfte, die dabei im Spiele sind, eine destruktive Wirkung auf die Gemeinschaft haben könnte, wenn diese Energien elementar und unkontrolliert zutage treten und ausgelebt würden. In diesem Zusammenhang ist die Meinung von Arnold van Gennep, Margaret Mead, Mircea Eliade und anderen führenden Anthropologen interessant, das Fehlen von Durchgangsriten könnte mit zu der sozialen Psychopathologie beitragen, die in der heutigen Gesellschaft zu beobachten ist. Viele Antriebe zutiefst destruktiver und antisozialer Natur werden nicht mehr mit sozialer Sanktion in einem sicheren und klar strukturierten heiligen Kontext ausagiert, sondern schleichen sich heimlich in unser Alltagsleben ein und manifestieren sich dort in einer Reihe von individuellen und gesellschaftlichen Problemen.

Ein weiterer wichtiger Bereich, der alle wesentlichen Erfahrungselemente einschließt, wie sie in den traditionellen Durchgangsriten geschildert werden, ist die *schamanische Initiation*. Die Initiationsprüfungen der sibirischen und ural-altaischen Schamanen sind sehr intensive und dramatische Vorgänge. Die Kernerfahrung der schamanischen Reise ist wiederum eine tiefe Begegnung mit dem Tod in der Gestalt der rituellen Vernichtung und der Wiederauferstehung oder Wiedergeburt. Zu den Initiationsträumen und -visionen gehören der Abstieg in die unteren Regionen, Leiden und Tod sowie der Aufstieg zum Himmel und die Wiedererweckung. Die sibirischen Schamanen behaupten, daß sie während ihrer Initiationskrankheit drei bis sieben Tage lang in ihren Zelten (Yurten) oder an irgendeinem einsamen Ort tot seien. In dieser Zeit bringen Dämonen und Ahnengeister sie in die Unterwelt und unterwerfen sie Folterungen verschiedener Art. In den Einzelheiten dieser Heimsuchungen gibt es zwar erhebliche Unterschiede zwischen den verschiedenen Stämmen und den einzelnen Schamanen, aber die Gesamtatmosphäre des Schreckens und unmenschlichen Leidens ist bei allen gleich. Zu den Folterungen gehören: Zerstückelung, Wegnahme aller Körperflüssigkeiten, das Fleisch von den Knochen schaben, die Augen ausreißen und andere schreckliche Dinge. Sobald der angehende Schamane nur noch Skelett ist und die Knochen gesäubert sind, werden die Teile seines Körpers gewöhnlich unter den Geistern verschiedener Krankheiten verteilt. Dann werden die Knochen mit neuem Fleisch bedeckt, manchmal erhält der Aspirant sogar neues Blut. In diesem veränderten Zustand empfängt der wieder zum Leben Erweckte von verschiedenen halbgöttlichen Wesen in Menschen- oder Tiergestalt übernatürliches Wissen und die Kraft des Heilens. Das nächste wichtige Stadium auf der Reise des Schamanen ist der Aufstieg in die himmlischen Regionen mit Hilfe eines Sprungstabs, einer Birke oder eines magischen Flugs, um dort geweiht zu werden.

Mircea Eliade zufolge, einer anerkannten Autorität auf dem Gebiet des Schamanismus, haben die Schamanen sehr zu unserem Wissen über den Tod und zur »Topographie des Todes« beigetragen, und sie sind die Urheber vieler Themen zur Mythologie des Todes. In den meisten Fällen beschreibt der Schamane in oder nach Trancezuständen das Land, das er sieht, und die Personen, denen er begegnet, in allen Einzelheiten. Durch die wiederholten magischen Reisen des Schamanen nimmt die unbekannte und erschreckende Welt des Todes Gestalt und Struktur an und wird allmählich vertrauter und annehmbarer. Stückchen um Stückchen wird die Region des Todes erkundet und der Mitteilung zugänglich gemacht; der Tod selbst wird primär als Durchgangsritus zu einer spirituellen Seinsweise gesehen. Dem Initiationstod folgen stets die Wiederauferstehung und eine Lösung der Krisis des Schamanen; der Schamane muß sowohl in der »objektiven Wirklichkeit« als auch in den verschiedenen Regionen der übernatürlichen Welt zu Hause sein. In den mystischen Initiationen muß der Schamane dem symbolischen Leiden, das er erduldet, eine religiöse Bedeutung geben und seine Erfahrungen als sinnvolle Prüfungen akzeptieren. Nach der Initiation sind die Schamanen fähig, die Welt der Geister zu besuchen und mit ihnen zu kommunizieren. Sie selber verhalten sich wie Geister, da sie in der Lage sind, ihren Körper zu verlassen und aus eigenem Willen in kosmische Regionen zu reisen. Gute Schamanen sind für ihr Volk Heiler, Seher, Priester, Dichter und Psychopompos (Führer der Seelen in die Unterwelt). Sie führen Heilungszeremonien durch, leiten rituelle Gemeinschaftsopfer und spielen die Rolle eines Begleiters der Seelen der Toten auf ihrer Reise in die andere Welt.

Das Hauptinteresse der Anthropologen und Ethnographen galt bisher dem Schamanismus der sibirischen und ural-altaischen Völker; es gibt jedoch ähnliche Praktiken und Erfahrungen, einschließlich der Initiationskrankheit, auch bei Völkern in Südostasien, Australien, Ozeanien, Afrika und bei Indianern in Nord- und Südamerika. Die folgende Darstellung der Initiation eines Schamanen der Avam-

Samojeden, mitgeteilt von A. A. Popov, kann als Illustration der Erfahrungen dienen, die am Beginn einer Laufbahn als Schamane stehen:

»An Wasserpocken erkrankt, blieb der spätere Schamane drei Tage lang bewußtlos, in einem Zustand, der dem Tode so ähnlich war, daß er am dritten Tag fast beerdigt worden wäre. Er sah sich selbst zur Hölle hinabfahren und wurde nach vielen Abenteuern auf eine Insel getragen, in deren Mitte eine junge Birke stand, die bis zum Himmel hinaufreichte. Es war ›der Baum des Herrn der Erde‹, und der Herr gab ihm einen Zweig davon, damit er sich eine Trommel machen konnte. Als nächstes kam er zu einem Berg. Er ging durch eine Öffnung hindurch und traf auf einen nackten Mann, der mit einem Blasebalg ein riesengroßes Feuer anfachte, über dem ein Kessel hing. Der Mann fing ihn mit einem Haken, hieb ihm den Kopf ab, zerhackte seinen Körper in kleine Stücke und tat sie alle in den Kessel. Dort kochte er den Körper drei Jahre lang und schmiedete ihm dann einen Kopf auf einem Amboß. Schließlich fischte er die Knochen heraus, die in einem Fluß schwammen, setzte sie zusammen und bedeckte sie mit Fleisch. Während dieser Abenteuer in der ›Anderen Welt‹ begegnete der künftige Schamane mehreren halbgöttlichen Personen in Menschen- oder Tiergestalt, und jede von ihnen offenbarte ihm heilige Lehren oder lehrte ihn Geheimnisse der Heilkunst. Als er in seiner Yurte inmitten seiner Verwandten erwachte, war er geweiht und konnte seine Tätigkeit als Schamane beginnen.«

Die Mythologie, die die heilige Geschichte einer Kultur aufbewahrt, offenbart auch die Relevanz und den universalen Charakter der Erfahrung von Tod und Wiedergeburt. Viele alte und heutige Kulturen besitzen dramatische Geschichten von Helden, die ins Totenreich hinabsteigen und nach Überwindung unglaublicher Hindernisse mit übernatürlichen Kräften begabt auf die Erde zurückkehren. Ebenso häufig sind Erzählungen von Göttern, Halbgöttern oder Heroen, die sterben oder getötet werden und dann in einer neuen Rolle ins Leben zurückkehren, verjüngt oder unsterblich geworden durch die Erfahrung des Vernichtetwerdens. In dunklerer, symbolischer Form wird das gleiche Thema manchmal in der Weise dargestellt, daß der Held von einem scheußlichen Ungeheuer verschlungen und einverleibt wird und dann entweder von dem Tier wieder ausgespieen wird oder auf wunderbare Weise entkommt.

An vielen Orten der Welt wurden diese mythologischen Themen zur Grundlage heiliger Mysterien, bei denen Novizen im Ritual Tod und Wiedergeburt erfuhren. Die babylonischen und assyrischen Riten zum Tammuz und Ischtar hatten eines der frühesten Beispiele der Allegorie vom sterbenden Gott zum Thema, das wahrscheinlich auf die Zeit vor 4000 v. Chr. zurückgeht.

Der der rituellen Prozedur zugrundeliegende Mythos war die Geschichte von der Muttergöttin Ischtar, die in die Unterwelt hinabstieg, auf der Suche nach dem heiligen Elixier, das allein ihren toten Sohn und Mann Tammuz ins Leben zurückrufen konnte. Sie selbst wurde im Haus der Dunkelheit von der chthonischen Göttin Ereschkigal, der Göttin der Unterwelt, gefangengehalten und von verschiedenen Krankheiten heimgesucht. Zur Vergeltung verhinderte Ischtar, als die Fruchtbarkeitsgöttin, das Reifen der Ernte und überhaupt das Reifen sämtlichen Lebens auf der Erde. Dank dem Eingreifen anderer Götter, die darüber erschrocken waren, wurde Ischtar schließlich durch das Wasser des Lebens geheilt und aus der Unterwelt befreit. Nach esoterischer Deutung symbolisiert der Mythos von Ischtar die Gefangenschaft des Bewußtseins in der Materie und seine Freisetzung durch die lebenspendende und befreiende Wirkung der heiligen Lehre. In den Tempeln von Isis und Osiris im alten Ägypten machten Initiationsanwärter unter der Anleitung von Hierophanten eine komplexe Folge von Prüfungen durch, um die Angst vor dem Tod zu überwinden und Zugang zum geheimen Wissen über das Weltall und die menschliche Natur zu gewinnen. Die mythologische Grundlage für die rituelle Verwandlung war die Ermordung und Zerstückelung des Osiris durch seinen Bruder Set und seine Wiederauferstehung nach einer magischen Prozedur, die von seiner Schwester Nephthys und seiner Frau und Schwester Isis durchgeführt wurde.

Im alten Griechenland gab es eine Fülle von Mysterienreligionen und heiligen Riten. Die Eleusinischen Mysterien, die alle fünf Jahre in Attika gefeiert wurden, gründeten auf einer esoterischen Deutung des Mythos von Demeter und ihrer Tochter Persephone. Persephone, von dem chthonischen Gott Pluto geraubt, war gezwungen, jedes Jahr sechs Monate in der Unterwelt zu verbringen. Dieser Mythos, gewöhnlich als eine Allegorie auf den Wechsel der Jahreszeiten in der Natur betrachtet, wurde für die Initianden der Eleusinischen Mysterien zum Symbol für die spirituellen Kämpfe der Seele.

Der Orpheuskult beruht auf der Sage von dem vergöttlichten thrakischen Sänger Orpheus, der den erfolglosen Versuch unternahm, seine Gattin Eurydike aus der Dunkelheit der Unterwelt zu befreien. Orpheus starb einen tragischen Tod: Er wurde von den Mänaden zerrissen, weil er die Bacchanalien gestört hatte. Nach der Sage fuhr sein Kopf fort, zu singen und Orakel von sich zu geben, nachdem er abgerissen und in den Fluß Hebrus geworfen worden war. Die bacchischen und dionysischen Riten kreisten um den Mythos vom jungen Bacchus, der von den Titanen zerstückelt wurde und wiederauferstand, nachdem Pallas Athene sein Herz gerettet hatte. In den dionysischen Riten suchten die Bacchanten die Identifikation mit dem ermordeten und wiederauferstandenen Gott durch berauschende Getränke, rhythmische Tänze und das Essen rohen Fleisches. Die samothrakischen Mysterien der Korybanten hingen eng mit den Dionysosfesten zusammen. Das rituelle Drama stellte die Ermordung des Kadmillus durch seine drei Brüder dar.

Die phrygischen Mysterien wurden im Namen des Attis gefeiert, eines Gottes, der sich unter einer Pinie entmannte, starb und durch die Große Mutter Kybele wieder ins Leben zurückgerufen wurde.[4]

Die in Phrygien praktizierte rituelle Prozedur schloß ein sakramentales Mahl ein, bei dem der Novize aus einer Trommel aß und aus einem Cymbalon trank. Nachdem er mit dem Blut eines Stieres beschmiert worden war, wurde er ausschließlich von Milch ernährt.

Die Adonismysterien wurden alljährlich in vielen Teilen Ägyptens, Phöniziens und Byblos' gefeiert. Nach der Sage wurde Adonis aus einem Myrrhebaum geboren, in den die Götter seine Mutter Smyrna verwandelt hatten. Seine Geburt wurde durch einen wilden Eber erleichtert, der den mütterlichen Baum mit seinen Hauern öffnete.

---

[4] Nach Auffassung einiger Mythologieforscher ist in dieser Sage die heidnische Wurzel für die christliche Tradition des Weihnachtsbaumes zu sehen.

Der wilde Eber, der in dieser Weise als Hebamme für Adonis fungiert hatte, wurde auch zum Urheber seines Todes: Adonis starb, nachdem ihn dieses Tier aufgespießt und tödlich verwundet hatte. In den Adonismysterien ging der Novize durch den symbolischen Tod des Gottes hindurch und wurde mit Hilfe der Priester wieder zum Leben erweckt. Er trat in den gesegneten Zustand der Wiedergeburt und Erlösung ein, der durch das Leiden des Adonis möglich gemacht wurde.

In der nordischen Überlieferung war der ermordete und wiederauferstandene Gott Odins Lieblingssohn Balder. Dem Mythos zufolge war er jung und schön und der einzige friedliche Gott in Walhall. Der Intrigant Loki, die Verkörperung des Bösen, stiftete den blinden Schicksalsgott Hoder an, Balder mit einem Mistelpfeil zu erschießen, der einzigen Waffe, die ihn verletzen konnte. Nach vielen Mühen fanden die zutiefst betrübten Götter ein Mittel, um ihren Liebling wiederzuerwecken. In den Odinsmysterien trank der Novize geheiligten Met aus einer Schale, die aus einem Menschenschädel gemacht war. Wie Balder durchlief der Aspirant eine heilige Prüfung in einem Komplex von neun unterirdischen Kammern und war am Ende imstande, das Geheimnis Odins zu enthüllen, die kostbarsten Geheimnisse der Natur wie der menschlichen Seele. In den druidischen Mysterien Britanniens war die Grenze zwischen symbolischem und biologischem Tod recht unscharf. Der Anwärter wurde in einem Sarg lebendig begraben und dann in einem offenen Boot auf das Meer hinausgeschickt, eine symbolische Darstellung des Todes des Sonnengottes. Bei dieser ungewöhnlichen Prüfung verloren viele Novizen ihr Leben; diejenigen, die das harte Ritual überstanden, wurden als wiedergeboren betrachtet.

Mit diesen Beispielen haben wir die Mysterienreligionen keineswegs vollständig aufgezählt. Ähnliche rituelle Veranstaltungen, in deren Mittelpunkt Tod und Wiedergeburt standen, gab es in mancherlei Gestalt auch in der Mithrasreligion, in der hermetischen Tradition, in Indien und Tibet, unter verschiedenen afrikanischen Stämmen, in vorkolumbianischen und heutigen indianischen Gesellschaften und in vielen anderen Kulturen der Welt. Vergleichbare Rituale wurden auch zu allen Zeiten bei der Aufnahme in Geheimgesellschaften praktiziert. Einige spezifische Beispiele für die Geschehnisse in den Tod-Wiedergeburt-Mysterien werden zeigen, wie sehr sie der Phänomenologie der perinatalen psychedelischen Sitzungen ähneln.

Edouard Schuré gibt in seinem Buch *Die großen Eingeweihten* eine lebendige Rekonstruktion des Initiationsverfahrens in den ägyptischen Isis-und-Osiris-Mysterien. Die rituelle Prüfung begann, wie er schreibt, mit dem Durchschreiten eines von Fackeln erleuchteten engen Ganges des geheimen Sanktuariums. Auf beiden Seiten dieses unheimlichen Raumes standen Reihen schreckenerregender Statuen mit Menschenleibern und Tierköpfen. Am Ende des Ganges war ein Loch in der Wand, das von einer Mumie und einem menschlichen Skelett bewacht wurde. Der Novize erhielt eine kleine, angezündete Lampe und mußte dann in diese Öffnung hineinkriechen, die so niedrig war, daß er sich nur auf den Knien fortbewegen konnte. Dann schloß sich die Tür hinter ihm, und er mußte sich in der Düsternis durch einen sehr engen Gang weiterbewegen. Am Ende des Ganges war ein Schacht, der zu einer Leiter führte, welche in einem Loch nach unten verschwand. Wenn der Novize bis zur letzten Sprosse hinabgestiegen war, stellte er fest, daß er über einem schrecklichen Abgrund hing. Während er noch über seine schlimme Lage nachdachte — der Rückweg nach oben unmöglich und unter ihm ungewisse Dunkelheit —, bemerkte er zu seiner Rechten einen Spalt und eine Treppe. Er entfloh dem Abgrund, und die in den Felsen gehauene Wendeltreppe führte ihn in eine große Halle mit symbolträchtigen Wandbildern. Der Pastophor, der Hüter der heiligen Symbole, erklärte ihm die Bedeutung der Gemälde.

Die nächste Phase der Prüfung begann in einem langen, engen Gang, an dessen Ende ein Feuerofen in vollem Brand loderte. Die Tür schloß sich hinter dem Prüfling und überließ ihn der Aufgabe, das Feuer zu durchschreiten. Wenn er Mut faßte und sich dem lodernden Ofen näherte, sah er, daß das Ganze nur eine optische Täuschung war, hervorgerufen durch hell beleuchtete Scheite aus harzigem Holz, die über einem Eisengitter raffiniert aufeinandergeschichtet waren. Ein Pfad in der Mitte erlaubte ihm, schnell hindurchzugehen.

Der Feuerprobe folgte die Wasserprobe. Der Intitiand wurde gezwungen, einen mit schwarzem, brackigen Wasser gefüllten Teich zu durchqueren. Danach führten ihn zwei Helfer in eine halbdunkle Grotte; dort wurde er gebadet, abgetrocknet und mit köstlichen Essenzen gesalbt. Während er dort lag, vernahm er Harfen- und Flötenmusik. Eine Nubierin, in ein dunkelrotes Gewand gekleidet und mit prachtvollen Juwelen geschmückt, näherte sich ihm, die Verkörperung aller weiblichen Sinnlichkeit. Wenn er dieser Versuchung erlag, hatte er die Probe nicht bestanden und mußte für den Rest seines Lebens als Sklave im Tempel bleiben. Bewährte er sich jedoch auch in dieser letzten Phase, dann wurde er im Triumph in das Heiligtum der Isis geführt; dort mußte er vor der riesigen Statue der Göttin Schweigen und Unterwerfung geloben.

In seinem Buch *The Obelisk in Free Masonry* gibt John E. Weisse eine Beschreibung der eleusinischen Mysterien im alten Griechenland. Nach seiner Schilderung herrschte dabei zu Beginn eine Atmosphäre des völligen Chaos und des Schreckens, mit blendendhellen Blitzen und betäubendem Donnerrollen. Der ganze Ort schien zu schwanken und in Flammen zu stehen, scheußliche Gespenster flogen unter Ächzen und Seufzern durch die Luft, und man hörte gräßliches Heulen und Krächzen. Vor dem Hintergrund dieser infernalischen Szenen schwebten geheimnisvolle Erscheinungen, welche die Boten der zornigen Gottheiten darstellten — Angst, Wahnsinn, Hunger, Krankheit und Tod. Während die zitternde Schar der Initianden inmitten dieses furchterregenden Schauspiels voranschritt, das die Qualen des irdischen Lebens und die Qualen des Tartarus widerspiegelte, hörten sie die feierliche Stimme des Oberpriesters, der ihnen die Symbole der höchsten Gottheit vorzeigte und erklärte. Plötzlich verwandelte sich die Szene, und an die Stelle der Schreckensbilder traten allerlei Symbole der Seligkeit und ein heiteres Leuchten. Die eleusinischen Initianden hatten so, in kurzer Zeit und auf kleinem Raum, »das Elend der Erde, die Qualen des Tartarus und die Glückseligkeit des Elysiums« erlebt.

In Schurés Darstellung der Initiation in die Mysterien von Isis und Osiris ist die Ähnlichkeit zwischen den verschiedenen Stadien dieser Prüfung und den psychedelischen Erfahrungen von Tod und Wiedergeburt besonders auffallend. Der Initiand sieht sich dem Tod ausgesetzt, er muß durch Feuer und stinkendes, fauliges Wasser gehen und sexueller Verführung standhalten. Diese Erfahrungen korrespondieren eindeutig mit der perinatalen Situation der Ausweglosigkeit und den einzelnen Aspekten des Ringens mit Tod und Wiedergeburt: Feuer, skatologische Elemente und sexuelle Erregung. Auch Weisses Schilderung der eleusinischen Initiation könnte ohne weiteres die Darstellung einer LSD-Sitzung mit starkem Hervortreten der perinatalen Schicht sein. Sowohl die Konfrontation mit den erschreckendsten Aspekten der menschlichen Existenz als auch der abrupte Übergang von äußerster Qual und Pein zu transzendentaler Glückseligkeit gehören zu den am häufigsten berichteten Erfahrungen in der psychedelischen Therapie.

Die weitgespannte historische und geographische Verbreitung von Verwandlungsritualen, in deren Mittelpunkt Tod und Wiedergeburt stehen, sowie ihre psychologische Relevanz für Einzelpersonen, Gruppen und ganze Kulturen zeigen an, daß diese Rituale wichtige Grundbedürfnisse der menschlichen Natur widerspiegeln müssen. Die Untersuchung dieser Ereignisse sowie ein tieferes Verständnis der Erfahrung von Tod und Wiedergeburt sind deshalb von großem theoretischen und praktischen Interesse. Die Forschung auf diesem Gebiet stößt freilich auf besondere Probleme, denn die bedeutsamsten Informationen über das Wesen dieser Riten werden gewöhnlich als heilig betrachtet; sie werden geheimgehalten und innerhalb kleiner Zirkel von Eingeweihten weitergegeben. Wenn dieses Material in die Außenwelt gelangt, dann traditionellerweise in verschlüsselter Form. Die Rekonstruktion der tatsächlichen rituellen Prozeduren aus historischen Schilderungen oder archäologischen Funden ist sehr schwierig und in vielen Fällen möglicherweise unzutreffend.

Anthropologen, die rituelle Formen heutiger Kulturen untersuchen, stehen vor der sehr schwierigen Aufgabe, Zugang zu dem geheimen Kern dieser Prozeduren zu erlangen. Da die meisten bisherigen Untersuchungen dieser Art in nichtwestlichen Kulturen durchgeführt wurden, ergaben sich noch weitere Komplikationen durch die kulturellen und sprachlichen Barrieren. Mit einigen wenigen Ausnahmen konzentrierten sich die anthropologischen Untersuchungen in der Vergangenheit mehr auf die äußerlich beobachteten Aspekte der

Durchgangsriten als auf die subjektiven Erfahrungen der Teilnehmer.[5]

Die psychedelische Forschung scheint uns einen einzigartigen neuen Ansatz für künftige Untersuchungen des rituellen Verwandlungsprozesses zu liefern. Die Parallelen zwischen den in LSD-Sitzungen auftretenden Erfahrungen und dem rituellen Prozeß von Tod und Wiedergeburt sind so verblüffend, daß die ersteren als experimentelles Modell dieses Prozesses dienen können. Mit Hilfe von Personen aus unserer eigenen Kultur, deren Lebensgeschichte bekannt ist, kann der Forscher einige der Schwierigkeiten überwinden, die mit der historischen Methode und der anthropologischen Feldarbeit untrennbar verbunden sind. Ein aus der Synthese historischer, anthropologischer und experimenteller Daten gewonnenes tieferes Verständnis des Verwandlungsprozesses könnte wichtige Implikationen für viele verschiedene Gebiete haben: für Psychiatrie, Kunst, Philosophie, Religion und Erziehung.

---

[5] In den letzten Jahren haben zahlreiche Forscher darauf hingewiesen, daß die subjektiven Aspekte ritueller Akte einen wichtigen Schlüssel zum Verständnis des Umwandlungsprozesses darstellen. Nach ihrer Meinung sollten die Anthropologen aber nicht nur Daten bezüglich der inneren Erfahrungen anderer sammeln, sondern auch selbst an den untersuchten Ritualen teilnehmen und den Einfluß der Drogen und anderer dabei angewandten Techniken aus erster Hand kennenlernen. Man hat diese Richtung als »visionäre Anthropologie« bezeichnet: Carlos Castaneda, Michael Harner, Barbara Myerhoff, Marlene Dobkin de Rios, Joan Halifax und Richard Katz sind Vertreter dieser Methode.

Während das Thema Tod in Religion, Mythologie und Kunst vieler nichtwestlicher Kulturen eine beherrschende Rolle spielt, findet es in den westlichen Kulturen in Psychologie, Psychiatrie und Philosophie überraschend wenig Beachtung. Es gibt jedoch einige wichtige Ausnahmen: Die interessanteste ist Sigmund Freud, dessen Ansichten über die psychologische Bedeutung des Todes in den verschiedenen Phasen seiner psychoanalytischen Forschungen eine dramatische Wandlung durchmachten. In Freuds früheren Schriften stand fast ausschließlich die Sexualität im Mittelpunkt. Der Tod spielte eine relativ geringfügige Rolle und hatte keine selbständige Repräsentanz im menschlichen Unbewußten. Die Angst vor dem Tod wurde als Abkömmling von Trennungs- oder Kastrationsängsten gedeutet, ihre Wurzeln wurden also in den Konflikten der präödipalen und der ödipalen Libidoentwicklung gesehen. Die meisten Anhänger Freuds akzeptierten diese Auffassung und steuerten ihre eigenen Varianten und Modifikationen dazu bei. Otto Fenichel äußerte in einer zusammenfassenden Darstellung der Ergebnisse der psychoanalytischen Literatur Zweifel daran, daß es so etwas wie eine normale Todesangst überhaupt gebe. Seiner Meinung nach ist der Gedanke des eigenen Todes subjektiv unfaßbar, die Todesangst verdeckt deshalb andere, unbewußte Gedanken. Manchmal sind diese Gedanken libidinöser Natur und werden durch die Vorgeschichte des Patienten verstehbar. Häufiger haben bestimmte Kindheitserlebnisse die Angst vor Liebesverlust oder Kastration in Angst vor dem Tod umgewandelt. Der Gedanke an den Tod kann Angst vor der Bestrafung für Todeswünsche reflektieren oder Angst vor der eigenen Erregung, insbesondere vor dem sexuellen Orgasmus.

Freud selbst änderte seine Ansichten über den Tod ziemlich drastisch, und zwar auf Grund seiner klinischen Beobachtungen. Anzeichen dieser Veränderung lassen sich in seinen zwischen 1913 und 1920 veröffentlichten theoretischen Ausführungen finden, insbesondere in seiner Analyse von Shakespeares *Kaufmann von Venedig (Das Motiv der*

10
Die Dialektik von Leben und Tod

Kästchenwahl) und in seinem Aufsatz *Zeitgemäßes über Krieg und Tod.* In diesen Arbeiten zeigt sich unverkennbar die Tendenz zur Revision seiner früheren These, die besagte, daß der Tod keine Repräsentanz im menschlichen Geist habe.

Im Jahre 1920 gelangte Freud zu einer Synthese und Integration seiner divergierenden Vorstellungen vom Tod und formulierte eine umfassende biopsychologische Theorie der menschlichen Persönlichkeit. In *Jenseits des Lustprinzips* postulierte er die Existenz zweier Kategorien von Trieben — derer, die dem Ziel der Lebenserhaltung dienen, und jener, die diesem Ziel entgegenwirken und den ursprünglichen Zustand, das heißt den der Unbelebtheit, wiederherstellen wollen. Freud sah eine tiefgehende Beziehung zwischen diesen beiden Gruppen von Triebkräften und zwei entgegengesetzten Zielrichtungen in den physiologischen Prozessen im menschlichen Organismus, nämlich *Anabolismus* und *Katabolismus. Anabolische* Prozesse sind jene, die zu Wachstum, Entwicklung und zur Speicherung von Nährstoffen beitragen; die *katabolischen* Prozesse führen zur Verbrennung von Reserven und Energieverbrauch. Freud brachte die Aktivität dieser Triebe ferner in Verbindung mit dem Schicksal zweier Gruppen von Zellen im menschlichen Organismus — den Keimzellen, die potentiell ewig sind, und den das Soma bildenden, die zum Sterben verurteilt sind. Früher hatte Freud fast alle Erscheinungen der Aggression als eine Form der Sexualität und damit als im Grunde sadistischer Natur betrachtet; in dem neuen Begriffssystem brachte er die Aggression in Verbindung mit dem Todestrieb. Nach dieser Auffassung ist der Todestrieb im menschlichen Organismus schon von Anfang an wirksam und verwandelt ihn allmählich in ein anorganisches System. Dieser Zerstörungstrieb kann und muß teilweise von seinem primären Ziel abgelenkt und gegen andere Organismen gerichtet werden. Es scheint unerheblich zu sein, ob der Todestrieb auf Objekte in der Außenwelt oder gegen den Organismus selbst gerichtet ist, solange er sein Ziel erreichen, nämlich zerstören kann.

Freuds abschließende Formulierungen über die Rolle des Todestriebs finden sich in seinem letzten größeren Werk *Abriß der Psychoanalyse* (1938, veröffentlicht 1940). Jetzt sah Freud in dem fundamentalen Widerstreit zwischen zwei mächtigen Kräften, dem Liebestrieb (Eros) und dem Todestrieb (Thanatos), den wesentlichen Faktor psychischer Vorgänge — eine Konzeption, die Freuds Denken in seinen letzten Lebensjahren beherrschte. Diese einschneidende Revision der psychoanalytischen Theorie wurde von seinen Anhängern nicht gerade begeistert aufgenommen und ist in die Hauptströmung der Psychoanalyse nie voll integriert worden. Rudolf Brun, der eine umfassende statistische Untersuchung der Arbeiten, die sich mit Freuds Theorie des Todestriebs befaßten, vorgenommen hat, stellte fest, daß die meisten von ihnen der Freudschen Konzeption eindeutig ablehnend gegenüberstanden. Viele der Verfasser betrachteten Freuds Beschäftigung mit dem Tod und die Einbeziehung des Thanatos in die Trieblehre als eine fremde Enklave in der Entwicklung seines psychologischen Systems. Auch wurde die Hypothese aufgestellt, daß diese unerwartete Dimension in Freuds Denken auf persönliche Erfahrungen zurückzuführen sei. Manche deuteten seine spätere Konzeption als Resultat seiner eigenen pathologischen Beschäftigung mit dem Tod und seiner Reaktion auf seine Krebserkrankung sowie den Tod naher Angehöriger. Brun selbst vertrat in der erwähnten Untersuchung die Meinung, Freuds Theorie des Todestriebs sei u.a. auch durch seine Reaktion auf den Ersten Weltkrieg stark beeinflußt worden.

In seiner Abhandlung *Über die Psychologie des Unbewußten* wandte sich Carl Gustav Jung gegen Freuds Konzeption der beiden fundamentalen Triebe Eros und Thanatos. Er widersprach auch Freuds These, das Ziel des Eros sei, immer größere Einheiten herzustellen und zu erhalten, während es das Ziel des Thanatos sei, Verbindungen zu lösen und damit zu zerstören. Jung argumentierte, eine solche Auswahl von Gegensätzen reflektiere die Einstellung des bewußten Geistes und nicht die Dynamik des Unbewußten. Nach Jungs Meinung ist das *logische* Gegenteil von Liebe Haß und das Gegenteil von Eros Furcht (Phobos). Das *psychologische* Gegenteil von Liebe jedoch ist der Wille zur Macht, eine Kraft, die die Theorien von Alfred Adler beherrschte.[1] Wo Liebe herrscht, gibt es keinen Willen zur Macht,

---

[1] Adlers Leben und Werk waren, wie er selbst berichtet, stark durch eine frühe Begegnung mit dem Tod beeinflußt. Im Alter von fünf Jahren bekam er eine schwere Lungenentzündung, und der behandelnde Arzt hatte ihn schon aufgegeben. Nach seiner Genesung beschloß er, Medizin zu studieren, um

und wo der Wille zur Macht die Oberhand hat, fehlt die Liebe. Es war eine Konzession an die verstandesmäßige Logik einerseits und an das psychologische Vorurteil andrerseits, die Freud dazu bewog, das Gegenteil des Eros Destruktions- oder Todestrieb zu nennen. Nach Jungs Meinung ist Eros nicht gleichbedeutend mit Leben, aber jemand, der das *glaubt*, wird natürlich annehmen, daß das Gegenteil von Eros der Tod ist. Wir alle sind überzeugt, daß das Gegenteil unseres höchsten Prinzips etwas absolut Destruktives und Böses sein muß. Es ist uns unmöglich, diesem Gegenteil irgendeine positive Lebenskraft beizumessen, und wir neigen dazu, es zu meiden und zu fürchten.

Jungs spezifischer Beitrag zur Wissenschaft vom Tod war die klare Erkenntnis, wie stark die mit dem Tod zusammenhängenden Motive im Unbewußten repräsentiert sind. Er und seine Anhänger lenkten die Aufmerksamkeit der westlichen Psychologie auf die ungeheure Bedeutung all der symbolischen Variationen über das Thema Tod und Wiedergeburt in unserem archetypischen Erbe. Wie wirksam diese Vorstellungen sind, belegen zahlreiche Beispiele aus verschiedenen Kulturen und Geschichtsepochen, von der Mythologie der australischen Ureinwohner bis zur Alchimie.

Die mit dem Tod verknüpften Probleme spielen auch eine herausragende Rolle in Jungs Psychologie des Individuationprozesses. Als die beherrschende Kraft in der ersten Hälfte des Menschenlebens betrachtete er die Sexualität, in der zweiten Lebenshälfte dagegen die Probleme des biologischen Abbaus und das Herannahen des Todes. Normalerweise entwickelt sich die stärkere Beschäftigung mit dem Problem des Todes in den späteren Lebensjahren; tritt dieses gesteigerte Interesse am Tod schon in den früheren Lebensstufen auf, so läßt dies im allgemeinen auf eine psychopathologische Entwicklung schließen. Der Prozeß der Individuation, wie ihn Jung beschrieb, führt schließlich zur psychischen Vollendung der Persönlichkeit und schließt eine Lösung des Todesproblems ein.

dem Tod besser Trotz bieten zu können. Obwohl Adler die Angst vor dem Tod nicht ausdrücklich in seine Theorie einbezog, war doch sein ganzes Leben von dieser Erfahrung der intensiven Lebensbedrohung beeinflußt. In der Therapie Adlers lag der Hauptakzent auf dem Mut und der Fähigkeit, den gefährlichen Aspekten des Lebens ins Auge zu blicken (Bottome, 1939).

Auch im Denken der Existentialisten nimmt das Todesproblem einen wichtigen Platz ein, vor allem in der Philosophie Martin Heideggers. Besonders in *Sein und Zeit* spielt der Tod eine zentrale Rolle. Nach Heidegger durchdringt das Bewußtsein der Vergänglichkeit, des Nichts und des Todes unmerklich jeden Augenblick des menschlichen Lebens, auch vor dem wirklichen Eintritt des biologischen Todes oder einer Begegnung mit ihm. Dabei spielt es keine Rolle, ob der einzelne tatsächlich ein Wissen vom Tod hat, ob er sein Kommen erwartet bzw. Problemen der Vergänglichkeit bewußte Aufmerksamkeit schenkt. Die Seinsanalyse enthüllt, daß das Leben ein »Sein zum Tode« ist. Alle ontologischen Spekulationen müssen die Totalität des Seins ins Auge fassen und damit auch jenen Teil, der noch nicht ist, also das Ende selbst. Das Bewußtsein des Todes ist eine ständige Quelle der Spannung und existentieller Angst im Organismus, bildet aber auch einen Hintergrund, vor dem Sein und Zeit einen tieferen Sinn zu gewinnen scheinen.

Es ist wichtig zu wissen, daß Heidegger dem Rat seines Lehrers Edmund Husserl folgte, der Philosoph solle seine Aufmerksamkeit von der natürlichen Welt abwenden und auf die innere Erfahrung richten. Selbsterforschung ist demnach eine grundlegende Voraussetzung für unsere Wahrnehmung der Welt und unser Denken über sie. Heidegger nimmt für sich in Anspruch, wesentliche Erfahrungen beschrieben zu haben, die unserer alltäglichen Wahrnehmung der Welt zugrunde liegen und doch über sie hinausgehen bzw. außerhalb der Reichweite traditioneller wissenschaftlicher Methoden liegen. Die Tatsache, daß seine Auffassungen jenen Einsichten so ähnlich sind, die in ungewöhnlichen Bewußtseinszuständen verschiedener Art gewonnen werden, ist offenbar ein Resultat dieses Denkansatzes.[2]

Das theoretische Interesse für die Rolle, die der Tod im menschlichen Unbewußten spielt, nahm im letzten Jahrzehnt explosionsartig zu. Diese Entwicklung stand in engem Zusammenhang mit klinischen

[2] Im Zusammenhang mit der Erörterung der perinatalen Erfahrungen erwähnten wir, daß offenbar die existentialistische Weltsicht das Denken und die Gefühle von Patienten beherrscht, die unter dem Einfluß der Matrix der Ausweglosigkeit stehen und, wie es scheint, nicht in der Lage sind, die einzige Lösung zu finden, nämlich die Transzendenz. Der Atheismus der existentialistischen Philosophen bestätigt diese Beziehung.

und experimentellen Untersuchungen ungewöhnlicher Bewußtseinszustände verschiedener Art. Sowohl mit Hilfe psychedelischer Drogen als auch auf Grund hochwirksamer Methoden der Bewußtseinsveränderung ohne Drogenanwendung und einiger Techniken der Individual- und Gruppentherapie ist es möglich geworden, Schichten des Unbewußten zu erschließen, die in der Vergangenheit nur selten der direkten Beobachtung zugänglich waren.[3] Gewisse Phänomene, die man früher, wenn sie bei schizophrenen Patienten auftraten, als Verzerrungen betrachtete, die auf den psychotischen Prozeß zurückzuführen sind, treten mit Hilfe der oben genannten Methoden regelmäßig auch bei normalen freiwilligen Testpersonen auf. Aufmerksame Forscher, die diese Zustände unter phänomenologischen Gesichtspunkten untersuchen, können nicht umhin, festzustellen, welch wichtige Rolle Erfahrungen des Todes (und der Geburt) in diesem Zusammenhang spielen. Die Beobachtungen in diesem Bereich bestätigen, im allgemeinsten Sinn, was Freud, Jung und einige existentialistische Philosophen — jeder auf seine besondere Weise — dargelegt haben: daß der Tod im menschlichen Unbewußten sehr stark repräsentiert ist.

Erfahrungssequenzen von Todeskampf, Tod und Wiedergeburt gehören zu den am häufigsten gemachten Erfahrungen in psychedelischen Sitzungen. Sie treten ganz spontan auf, ohne daß die Testpersonen darauf programmiert worden wären, manchmal sogar zu deren großer Überraschung. In vielen LSD-Sitzungen bilden solche Erlebnissequenzen sogar den Mittelpunkt der psychedelischen Erfahrung. Diese Tatsache weist nicht nur auf die Existenz unbewußter Matrizen für

---

[3] Dramatische Erfahrungen von Tod und Wiedergeburt können auch in Encounter-Gruppen beobachtet werden, in Marathonsitzungen, in der Gestalttherapie, bei der Anwendung bioenergetischer Methoden, in der Primärtherapie und in der Hypnose. Sie können gelegentlich bei Experimenten mit sensorischer Deprivation und sensorischer Überlastung im Zusammenhang mit Biofeedback-Methoden und verschiedenen kinästhetischen Anweisungen auftreten. Viele westliche Forscher, die östliche spirituelle Praktiken wie Zen-Buddhismus, Vajrayana oder Kundalini Yoga studierten, erlebten bei deren Ausübung tiefreichende Erfahrungssequenzen dieser Art. Robert Masters und Jean Houston schildern in ihrem Buch *Mind Games* mehrere sehr wirksame Übungen, bei denen Erfahrungssequenzen von Tod und Wiedergeburt auftreten.

Erfahrungen dieser Art und deren starke emotionale Aufladung hin, sondern macht auch deutlich, daß die Menschen das starke Bedürfnis und eine starke Tendenz haben, dieses Material aus den seelischen Tiefenschichten nach außen zu kehren. Diese Tatsache dürfte erklären, warum Tod-Wiedergeburt-Rituale überall anzutreffen sind und warum Eingeweihte, religiöse Gruppen und ganze Kulturen ihnen so große Bedeutung beimessen.

Die Parallelen zwischen LSD-Sitzungen und esoterischen Ritualen, in deren Mittelpunkt die Todeserfahrung steht, sind nicht nur phänomenologischer Natur. Die physiologischen, psychologischen, philosophischen und spirituellen Begleiterscheinungen und Folgen von LSD-Erfahrungen, die zu einem guten Abschluß gekommen sind, haben gleichfalls eine sehr starke Ähnlichkeit mit den aus unterschiedlichen Epochen überlieferten Schilderungen von Verwandlungsprozessen bei Initianden und Novizen, die mit dem Tod konfrontiert wurden und dann ins Leben zurückkehrten. Nach unseren Beobachtungen zeigen Personen, die in LSD-Sitzungen die Erfahrung von Tod und Wiedergeburt gemacht haben, spezifische Veränderungen ihres Selbstbildes und ihrer Auffassung von der Welt, ihres Wertesystems, ihres allgemeinen Verhaltens sowie ihrer gesamten Weltanschauung. Personen, die zuvor unter emotionellen und psychosomatischen Störungen unterschiedlicher Art und Stärke gelitten haben, fühlen sich nach der LSD-Erfahrung gewöhnlich sehr viel besser. Die Depression löst sich auf, Angst und Spannung lassen nach, Schuldgefühle verschwinden, die Selbsteinschätzung und das Selbstwertgefühl erfahren eine beträchtliche Besserung. Die Patienten erklären, daß sie sich wie neugeboren und geläutert vorkommen; ein tiefes Gefühl des Einsseins mit der Natur und dem Weltganzen tritt an die Stelle ihres früheren Gefühls der Entfremdung. Oft beherrschen eine große Heiterkeit und Freude ihre geistige Verfassung. Damit verbunden ist gewöhnlich eine allgemeine Steigerung der Lebensenergie, das Gefühl körperlicher Gesundheit und physiologischen Wohlbefindens.

Einige dieser Personen berichten, es sei ihnen vorgekommen, als habe die Erfahrung von Tod und Wiedergeburt ihre Sinne wie von einem Schleier befreit, der sie bis dahin gehindert hatte, die Wirklichkeit voll zu erleben. In diesem neuen Zustand werden die Sinneseindrücke als frisch und sehr intensiv, manchmal geradezu als überwältigend empfunden; manche haben das Gefühl, als hätten sie vor der Erfahrung der Wiedergeburt nie wirklich Farben gesehen, nie die ganze Vielfalt der Düfte gerochen, die unendlich vielen Geschmacksnuancen der Speisen gespürt oder sie sinnlichen Erfahrungsmöglichkeiten ihres Körpers erlebt. Die sexuellen Aktivitäten werden gelöster und freier, die Potenz bei Männern sowie die Orgasmusfähigkeit bei beiden Geschlechtern ist oft erheblich gesteigert. Viele gewinnen ein starkes Interesse für die Natur und die Fähigkeit, deren Schönheiten ekstatisch zu erleben, häufig zum ersten Mal in ihrem Leben. Das gleiche gilt für das Erleben von Kunst, insbesondere von Musik; nicht selten kommt es vor, daß unmusikalische Personen als Folge psychedelischer Erlebnisse ein lebhaftes Interesse für Musik entwickeln und andere, ganz neue Arten des Musikerlebens entdecken. Die aggressiven Gefühle und Impulse sind gewöhnlich auffallend reduziert, und die Toleranz gegenüber anderen Menschen wie auch in der gesamten Einstellung zum Leben nimmt erheblich zu. Die Betroffenen erleben eine ungestörte Fähigkeit zur Einfühlung und Zuneigung anderen gegenüber, und sie betrachten die Welt als einen faszinierenden, durch und durch freundlichen Ort. Alles im Universum erscheint ihnen vollkommen, genau so, wie es sein sollte.

Menschen, die die Erfahrung von Tod und Wiedergeburt gemacht haben, erleben fast immer eine Neuorientierung in bezug auf die Zeit. Sie grübeln nun weniger über die traumatischen Aspekte der Vergangenheit nach, sie zeigen weniger angstvolle Erwartung gegenüber der Zukunft und klammern sich nicht mehr an einem Wunschbild der Zukunft fest; statt dessen zeigen sie ein stärkeres emotionales Engagement am Hier und Jetzt. Die Beziehung zwischen Situationen und Dingen, die als nebensächlich und solchen, die als wichtig oder entscheidend betrachtet werden, verändert sich gewöhnlich drastisch. Häufig entdecken die Betroffenen Bedeutung und Schönheit in den gewöhnlichen Gegenständen ihrer alltäglichen Umgebung. Die Grenze zwischen dem Wunderbaren und dem Banalen verschwindet. Werte, die bis dahin mit besonderer Entschlossenheit und großem Energieaufwand verfolgt wurden, erscheinen nun unwichtig. Übermäßiges Streben nach Macht, äußerem Ansehen und materiellem Besitz erscheint ihnen nun kindisch, sie betrachten es als Ausdruck spiritueller Blindheit. Die tiefste Weisheit finden sie in der Einfachheit des Lebens. Die Reduzierung unrealistischer Ambitionen ist häufig verbunden mit einer Steigerung der Fähigkeit, die eigenen Grenzen und die eigene Rolle in der Welt zu akzeptieren.

Ein weiteres Phänomen, das anschließend an eine zu einem befriedigenden Abschluß gekommene, vollständige und gut integrierte Erfahrung von Tod und Wiedergeburt häufig zu beobachten ist, besteht in einem starken Zunehmen des Interesses für Philosophie, Religion und Mystik. Die spirituellen Gefühle, die nun auftreten, sind gewöhnlich kosmischer oder pantheistischer Natur; der Betroffene nimmt oft eine Reihe zusätzlicher spiritueller Dimensionen des menschlichen Lebens wahr, er spürt die Gegenwart einer geistigen Schöpferkraft hinter den Erscheinungen der Alltagswirklichkeit. Viele erleben auch das Erwachen eines intensiven Interesses für orientalische oder antike Religionen und Philosophien; bei einigen ist dieses neue Interesse rein intellektueller Natur; bei anderen ist es mit einem starken Engagement für systematische spirituelle Praktiken verbunden. In vielen Fällen entdeckten die Betroffenen eine neue Fähigkeit, universale religiöse Symbole und die in den Heiligen Schriften der verschiedenen Religionen und anderen heiligen Texten aufgezeichneten Gleichnisse sowie die Sprache bestimmter komplizierter philosophischer Abhandlungen zu verstehen. Ist die Erfahrung von Tod und Wiedergeburt von Gefühlen der kosmischen Einheit gefolgt, so betrachten sie in der Regel die Welt und sich selbst als Ausdruck einer geistigen Energie, als Teile eines göttlichen Spiels, und neigen dazu, die gewöhnliche Wirklichkeit als etwas wesensmäßig Heiliges zu betrachten.

Diese Verwandlung tritt nach einer tiefen und zu einem guten Abschluß gekommenen LSD-Sitzung, in deren Verlauf die Erfahrung von Tod und Wiedergeburt gemacht wurde, gewöhnlich mehrere Tage (oder auch Wochen) lang sehr ausgeprägt hervor. Die mit den Betroffenen vorgegangenen Veränderungen sind häufig so verblüffend, daß sie im klinischen Jargon als »psychedelisches Nachglühen« bezeichnet werden. Früher oder später läßt ihre Wirkung dann nach; unter dem Einfluß der Forderungen und Zwänge der sozialen Umwelt verlieren viele Patienten mehr oder weniger den Kontakt mit ihren kosmischen Gefühlen wieder. Die neuen philosophischen und spirituellen Einsichten in das Wesen der Wirklichkeit, die sie durch die psychedelische Erfahrung gewonnen haben, bleiben jedoch im allgemeinen bestehen. Mit der nötigen Disziplin ist es dem einzelnen möglich, das in dem Prozeß von Tod und Wiedergeburt erlangte tiefe Wissen als Richtschnur für eine Umgestaltung seines gesamten Lebens zu nehmen. Manche Menschen werden auf diese Weise fähig, ihr Leben so umzugestalten, daß ihnen nicht nur die kognitiven Einsichten, die sie gewonnen haben, sondern auch die neuen spirituellen Gefühle fast jederzeit zugänglich sind.

Es wäre eine unzulässige und gefährliche Vereinfachung, den Prozeß von Tod und Wiedergeburt einseitig unter Betonung seiner positiven Wirkungen darzustellen, ohne auf die damit verbundenen ernsthaften Risiken hinzuweisen. LSD-Sitzungen, in denen perinatales Material auftaucht, können nicht nur tiefgehende positive Veränderungen bewirken, sondern auch eine Quelle der am häufigsten zu beobachtenden Komplikationen sein, die sich im Verlauf der Anwendungen von LSD einstellen können. LSD-Sitzungen mit perinatalen Elementen, die zu keinem befriedigenden Abschluß gekommen sind, können schwere gehemmte oder agitierte Depressionen mit Selbstmordneigung, destruktive und selbstzerstörerische Impulse, paranoide Zustände oder Manifestationen des Größen- und Messiaswahns zur Folge haben. Hinweise auf einige dieser Gefahren finden sich auch häufig im Zusammenhang mit der Beschreibung des Verwandlungsprozesses bei Durchgangsriten. In der mystischen Literatur, in mündlichen Überlieferungen urtümlicher Kulturen und verschiedenen mythologischen Darstellungen wird immer wieder auf die Gefahren physischer Krankheit, des Wahnsinns und sogar des Todes hingewiesen, die einem unvorsichtigen und unerfahrenen Sucher oder Menschen, die auf diese Weise ein spirituelles Abenteuer erleben möchten, drohen können. Eine gute Vorbereitung, Unterstützung und Anleitung sind unerläßlich, wenn man diese Territorien des menschlichen Geistes betreten will.[4]

---

[4] Die positiven wie die negativen Wirkungen von LSD-Sitzungen, bei denen es zu einer Aktivierung perinataler Matrizen kommt, werden in dem Buch *Topographie des Unbewußten* (dt. 1978) von Stanislav Grof ausführlich beschrieben. Die praktischen Maßnahmen, die erforderlich sind, um die positiven Wirkungen des in der psychedelischen Therapie erlebten Tod-Wiedergeburt-Prozesses möglichst zu fördern und die Risiken auf ein Minimum zu reduzieren, werden wir in einem künftigen Band darstellen.

Für psychiatrische Patienten sind die mit der Erfahrung von Tod und Wiedergeburt verbundenen therapeutischen Wirkungen so bedeutsam, daß wir darauf etwas ausführlicher eingehen wollen. Offenbar bilden perinatale Matrizen die Wurzeln vieler psychopathologischer Syndrome. So bedeutsame Symptome wie Angst, Aggression, Depression, Spannungen und Schuldgefühle sowie die Gefühle der Hilflosigkeit und Unzulänglichkeit scheinen in der perinatalen Schicht verankert zu sein. Ebenso konnten wir in vielen Fällen eine übermäßige Beschäftigung mit bestimmten physiologischen Funktionen oder mit biologischem Material, hypochondrische Ängste und eine Vielzahl psychosomatischer Symptome auf die Elemente des Tod-Wiedergeburt-Prozesses zurückführen, zum Beispiel gewöhnliche Kopfschmerzen und Migräne, neurotische Luftmangel- und Erstickungsgefühle, Herzbeschwerden, Übelkeit und Erbrechen, verschiedene Störungen der willkürlichen Muskelbewegung und Muskelspannungen, Muskelschmerzen und Muskelzittern.

In der psycholytischen LSD-Therapie kam es ziemlich häufig vor, daß Patienten, die die psychodynamische Ebene bereits hinter sich gelassen hatten, viele ihrer psychopathologischen Symptome erst auflösen konnten, nachdem sie das mit perinatalen Erfahrungsmatrizen zusammenhängende Material durchgearbeitet hatten. Es schien notwendig, die Matrix der Ausweglosigkeit durchzuarbeiten, um eine dauerhafte Auflösung — nicht nur eine vorübergehende Besserung — einer Klaustrophobie oder einer gehemmten Depression zu erreichen. Häufig verschwanden auch schwere Selbstmordimpulse vollständig, nachdem die Patienten perinatales Material durchgearbeitet und integriert hatten. Mehrere Patienten, die den Tod-Wiedergeburt-Prozeß unabhängig voneinander durchlebt hatten, teilten mit, ihre früheren Selbstmordneigungen seien in Wirklichkeit nicht erkannte Sehnsüchte nach einer Transzendierung ihres Ichs gewesen. Da ihnen diese Einsicht früher nicht zugänglich gewesen war, hatten sie eine Situation in der äußeren Wirklichkeit gewählt, die große Ähnlichkeit mit dem Ichtod hatte, nämlich die physische Vernichtung. Die Erfahrung des psychischen Todes und der Wiedergeburt reduzierte selbstmörderische Tendenzen und Vorstellungen im allgemeinen sehr stark oder beseitigte sie sogar ganz. Die starken aggressiven und selbstmörderischen Impulse wurden in den vielen dramatischen

Erfahrungssequenzen des Tod-Wiedergeburt-Prozesses aufgebraucht, darüber hinaus aber sahen die Patienten nach der Erfahrung des psychischen Ichtodes die menschliche Existenz in einem sehr viel weiteren Rahmen; auch wenn ihre Lebensumstände und ihre Situation, objektiv betrachtet, noch so schwierig waren, schien ihnen Selbstmord nun irgendwie keine Lösung mehr zu sein.

Bei unserer Arbeit mit Alkoholikern und Heroinsüchtigen machten wir Beobachtungen, die denen sehr ähnlich waren, die wir bei Selbstmordpatienten gemacht hatten. Die psychische Dynamik ist bei beiden Personengruppen ganz ähnlich: in gewisser Hinsicht sind Alkoholismus und Drogensucht Formen eines allmählichen Selbstmordes. Patienten, die unter dem Einfluß von LSD intensive Gefühle der kosmischen Einheit erlebt hatten, entwickelten häufig eine ablehnende Einstellung gegenüber den durch Alkohol- und Drogenrausch hervorgerufenen Geisteszuständen. Bei den Untersuchungen in Spring Grove, wo die Zahl der LSD-Sitzungen beschränkt war, ließ sich bei Alkoholikern wie bei Heroinsüchtigen oft schon nach einer einzigen LSD-Sitzung mit hoher Dosierung eine deutliche Tendenz zum Aufgeben des Suchtverhaltens feststellen. In der offeneren Behandlungssituation am Psychiatrischen Forschungsinstitut in Prag, wo es möglich war, LSD in Reihensitzungen zu verabreichen, führte das vollständige Durcharbeiten des perinatalen Materials in mehreren Fällen zu dauerhafter Abstinenz und einer tiefgehenden Umwandlung der Persönlichkeit bei Alkoholikern oder Drogensüchtigen.

Die Einsichten dieser Patienten in das eigentliche Wesen ihrer Sucht ähnelten denen der Patienten mit Selbstmordneigungen. Nachdem sie in ihren LSD-Sitzungen Gefühle der kosmischen Einheit entdeckt und erlebt hatten, wurde ihnen klar, daß der Zustand, den sie in Wirklichkeit ersehnten, nicht der Drogenrausch, sondern Transzendenz war. Sie stellten eine gewisse Ähnlichkeit und Überschneidungen zwischen Alkohol- und Heroinrausch einerseits und den durch LSD aktivierten Gefühlen des Einsseins andrerseits fest, und sie begannen einzusehen, daß ihr Verlangen nach Drogen auf einer Verwechslung dieser beiden Zustände beruhte. Die Elemente, die diese Zustände gemeinsam zu haben scheinen, sind eine Verminderung oder das Verschwinden schmerzhafter Gefühle und Empfindungen verschiedener Art, emotionelle Gleichgültigkeit gegenüber der eigenen Vergangenheit und Zukunft und ein undifferenzierter Bewußtseinszustand. Andererseits jedoch sind viele wesentliche Charakteristika des Gefühls kosmischen Einsseins nicht Bestandteil des durch Alkohol oder Narkotika hervorgerufenen Rauscherlebnisses. Anstatt ein kosmisches Bewußtsein in seiner Gesamtheit hervorzurufen, erzeugen diese Drogen nur ein Zerrbild dieses Zustandes, das diesem jedoch ähnlich genug ist, um die Betroffenen irrezuführen und sie zu systematischem Mißbrauch zu verführen. Wiederholte Drogenanwendung führt dann zur Sucht und den daraus folgenden schweren physischen, seelischen und sozialen Schädigungen.

Personen, die die psychedelische Erfahrung des Ichtodes gemacht haben, sehen im Alkohol- und Drogenmißbrauch wie auch in der Neigung zum Selbstmord tragische Irrtümer, die auf eine nicht erkannte oder mißverstandene spirituelle Sehnsucht nach Transzendenz zurückzuführen sind. Das Vorhandensein starker Gefühle dieser Art, so unwahrscheinlich sie demjenigen, der mit den Verhaltensmustern und der Lebensweise von Süchtigen und Alkoholikern vertraut ist, auch erscheinen mögen, läßt sich durch statistische Untersuchungen aus der psychedelischen Therapie belegen. Bei dem Forschungsprojekt in Spring Grove traten bei allen untersuchten Gruppen — Neurotiker, Ärzte, Pflegepersonal und Krebspatienten im Endstadium, — mystische Erfahrungen bei Alkoholikern und Heroinsüchtigen am häufigsten auf.

Aggression und Sadomasochismus werden durch die symbolische Begegnung mit dem Tod ebenfalls stark beeinflußt. Die Aktivierung des destruktiven Potentials im Individuum ist einer der wichtigsten Aspekte des Kampfes um Tod und Wiedergeburt. Szenen von aggressiver Gewalt und Massenvernichtung sowie sadomasochistische Orgien sind konstant wiederkehrende Bestandteile der Entfaltung perinataler Phänomene. In diesem Prozeß mobilisieren und entladen die Betroffenen ungeheure Mengen destruktiver Energien; die Folge ist eine entscheidende Reduzierung ihrer aggressiven Gefühle und Neigungen. Eine typische Begleiterscheinung der Erfahrung der Wiedergeburt ist das Gefühl der Liebe, des Mitgefühls und der Ehrfurcht vor dem Leben.

Die Manifestationen akuter psychotischer Zustände ähneln den

Erfahrungen, die bei rituellen Umwandlungsprozessen gemacht werden, wie wir sie weiter oben beschrieben haben. Viele Schizophrene erleben die Qual extremen physischen und seelischen Leidens, sie haben ein tiefinneres Bewußtsein der Absurdität des Seins und gehen durch eine Reihe von Erfahrungssequenzen hindurch, die sich um Tod, Vernichtung der Erde oder kosmische Katastrophen drehen. Auf diese höllischen Torturen und Begegnungen mit Dämonen folgen manchmal Erfahrungen der Wiedergeburt und der Wiedererschaffung der Welt. Auch destruktive und selbstzerstörerische Neigungen, übermäßige Beschäftigung mit biologischem Material und skatologische Interessen sowie die Konzentration auf die Dreiheit Tod-Geburt-Sexualität sind bei diesen Personen häufig anzutreffen. Es scheint, daß ein wichtiger Teil des schizophrenen Prozesses in der Aktivierung der perinatalen Schicht des Bewußtseins durch innere oder äußere Faktoren unbekannter Art besteht. Während bei rituellen Anlässen und in der psychedelischen Therapie die Inhalte aus der Tiefe des Bewußtseins in einer strukturierten und behüteten Umgebung zu spirituellen oder therapeutischen Zwecken absichtlich aktiviert werden, tritt diese Aktivierung bei Schizophrenen elementar und in den meisten Fällen zum Schaden des Betroffenen ein. Ein neues Verständnis des schizophrenen Prozesses hat neuerdings zu therapeutischen Bemühungen geführt, die darauf abzielen, die Patienten durch ihre Erfahrungen auf eine höhere Ebene der Integration zu führen, anstatt die psychotischen Symptome nur zu bremsen und unter Kontrolle zu bringen.[5]

Das Material aus der klinischen Forschungsarbeit mit psychedelischen Drogen, anthropologische und historische Daten über Durchgangsriten und die Untersuchung des schizophrenen Prozesses zeigen, welche Bedeutung der Tod für das menschliche Seelenleben und in

---

[5] Weitere Informationen über die Parallelen zwischen Schizophrenie und Initiationsprozessen sowie über die neuen Ansätze in der Deutung und Behandlung der Schizophrenie findet der interessierte Leser in den Büchern und Aufsätzen von R. D. Laing, John Perry, Maurice Rappaport und Julian Silverman. Die Ergebnisse der LSD-Forschung in Hinblick auf das Verständnis der Schizophrenie sowie einige der bahnbrechenden Experimente mit der psychedelischen Behandlung psychotischer Patienten werden wir in einem späteren Buch behandeln.

der Psychopathologie hat. Der Grund für die Bedeutung des Todes im menschlichen Seelenleben ist nicht in der rationalen Erkenntnis unserer Vergänglichkeit zu suchen und in dem Wissen, daß wir sterben müssen, sondern in der Existenz hochwirksamer Speicher der Erfahrung des Todes in unserem Unbewußten. Die subjektive wie die objektive Erforschung dieser Bereiche wird durch die Tatsache kompliziert, daß unter normalen Umständen massive Abwehrmechanismen die perinatalen Kräfte abschotten und das Ich vor ihrer vollen Einwirkung schützen.

Menschen, die in psychedelischen Sitzungen Tod und Wiedergeburt erfahren haben, erkennen rückblickend, daß der Gedanke an den Tod sie in gemilderter Form oder in Gestalt seiner vielen Abkömmlinge ihr ganzes Leben lang begleitet hat. Das unterschwellige Gewahrsein des Todes liegt einer Vielzahl von menschlichen Einstellungen und Verhaltensweisen zugrunde. Wenn das Abwehrsystem versagt oder teilweise zusammenbricht, das für gewöhnlich das Ich vor der perinatalen Schicht abschirmt, treten diese Elemente ins Bewußtsein und lösen vielerlei neurotische und psychosomatische Symptome aus. Ein völliger Zusammenbruch der Widerstände führt zu psychotischen Schüben, in deren Verlauf der Inhalt der perinatalen Matrizen das Ich völlig verzehrt und die Erfahrungswelt des Individuums gänzlich überschwemmt.

Eine der häufigsten Methoden, sich gegen den schmerzhaften Einfluß perinataler Elemente zu verteidigen, ist das, was LSD-Patienten die »Tretmühlen-Einstellung« zum Dasein nennen. Menschen, die so leben, sind mit sich selbst und ihrer gegenwärtigen Situation tief unzufrieden, und ihr Denken ist überwiegend auf Vergangenheit und Zukunft gerichtet. Sie lassen immer wieder die Vergangenheit an sich vorüberziehen, bereuen ihre früheren Entscheidungen, ergehen sich in Vorstellungen darüber, was besser für sie gewesen wäre, oder fällen moralische Werturteile über ihre Lebensgeschichte. Ihre Unzufriedenheit mit der Gegenwart führt sie zu kompensatorischen Wunschphantasien oder zu übersteigerten konkreten Plänen für künftige Erfolge.

Ganz gleich, ob es ihnen gelingt oder nicht, zu erreichen, was ihnen Befriedigung verschaffen sollte, ihr Kummer und das Gefühl fehlender Erfüllung bleiben bestehen und verlangen den Entwurf noch ehrgeiziger Ziele und Pläne. Die Existenzphilosophen nannten diese ständige Orientierung auf künftige Erfolge hin die Bildung von »Autoprojekten«. Dieser Kreislauf hat nie ein Ende, er setzt die Frustration nur unendlich fort, da diese Menschen die Natur ihrer Bedürfnisse nicht richtig erkennen und sich auf äußerliche Surrogate konzentrieren, seien es nun Geld, Rang, Ruhm oder sexuelle Erfolge. So kann es sein, daß ein Mensch sein ganzes Leben lang zu allen möglichen Betätigungen getrieben wird, die ihm jedoch nie die erwartete endgültige Befriedigung bringen. Menschen, die in einem solchen Teufelskreis gefangen sind, leiden gewöhnlich unter dem bedrängenden Gefühl, daß das menschliche Leben zu kurz ist, angesichts alles dessen, was es zu erleben und zu vollbringen gäbe.

Menschen, die den psychischen Tod und die psychische Wiedergeburt erlebt haben, erkennen, daß ein positives Lebensgefühl und die tiefinnere Überzeugung vom Sinn der eigenen Existenz nicht von komplizierten äußeren Bedingungen abhängig sind. Diese Gefühle stellen einen primären Zustand des Organismus dar, eine Seinsweise, die von den materiellen Lebensumständen weitgehend unabhängig ist, einige drastische Extreme ausgenommen. Ist dieses positive Lebensgefühl vorhanden, dann können selbst die einfachsten Lebensbedingungen als wertvoll und lohnend erlebt werden. Ist es jedoch nicht vorhanden, dann kann äußerer Erfolg — gleich welcher Art und welchen Ausmaßes — es nicht herbeischaffen; es muß in einem Prozeß tiefreichender Selbsterforschung und innerer Verwandlung entstehen.

Obwohl das Erlebnis von Tod und Wiedergeburt sich am leichtesten und häufigsten in einem speziell dafür geschaffenen, strukturierten Rahmen, wie bei den Durchgangsriten oder in der psychedelischen Therapie, entfaltet, kommt es doch gelegentlich auch vor, daß tiefreichende Tod-Wiedergeburt-Erfahrungen spontan auftreten oder durch gewöhnliche Ereignisse im alltäglichen Leben ausgelöst werden. Die Tatsache, daß solche tiefen Erfahrungen von Tod und Wiedergeburt auch ohne spezielle Programmierung und ohne die Anwendung hochwirksamer Techniken der Bewußtseinsveränderung auftreten können, beweist noch viel eindrücklicher als manche unserer eigenen Beobachtungen, daß es im menschlichen Unbewußten Erfahrungsmatrizen geben muß, die solche Phänomene entstehen lassen. Da das spontane

Auftreten von Tod-Wiedergeburt-Erfahrungen so bedeutsam für unser Thema ist, wollen wir diesen Punkt durch die Darstellung einer Episode illustrieren, die ein bekannter Psychologe erlebte. Der Vorfall, den er rückblickend schildert, ereignete sich, als er 21 Jahre alt war; er hatte einen sehr starken und dauerhaften Einfluß sowohl auf sein persönliches Leben als auch auf seinen beruflichen Werdegang.

»Es begann, als ich auf einer Party in San Francisco war. Ein Mädchen, das ich an diesem Abend kennengelernt hatte, schlug mir vor, wir sollten ein bißchen zusammen rausfahren. Als wir uns der Golden-Gate-Brücke näherten, erwähnte sie, daß ihr Mercedes ein Schiebedach habe. Sie sagte, manchmal, wenn sie über die Brücke fahre, öffne sie das Schiebedach, lehne sich im Sitz zurück und schaue zum Himmel hinauf; dabei sei sie einmal fast ums Leben gekommen. Als wir an die Brücke kamen, schob sie das Dach zurück und sagte, ich solle mich zurücklehnen und zum Himmel und zu den Sternen hinaufschauen. Ich kann mich erinnern, daß ich aus den Augenwinkeln die Drahtseile sah, die zum ersten großen Pfeiler auf der Brücke hinaufliefen. Ich verfolgte sämtliche Pfeiler mit den Augen nach oben; die senkrechten Linien waren hell beleuchtet und sahen wie goldene Stränge aus, die bis zu den Sternen hinaufreichten. Als wir zum ersten Pfeiler kamen, folgte ich ihm mit den Augen, und dann hatte ich das Gefühl, daß ich aus meinem Gesicht, aus meinem Mund heraus- und hinausgezogen wurde, bis zu einem Punkt, der auf gleicher Höhe war mit den Pfeilern auf der Brücke. Ich hatte das Gefühl, daß ich mich ausdehnte und rapide größer wurde. Ich erinnere mich auch, wie ich wieder auf die andere Gruppe von Trägern hinabsauste, mit dem Gefühl, als werde ich wie der Geist in die Flasche wieder in meinen Körper hineingezogen. Die Empfindung der Leichtigkeit und des Fliegens war ein sehr schönes Erlebnis. Dann wurde mir wieder bewußt, daß ich im Auto saß und durch das offene Sonnendach hinausschaute. Als wir uns dem zweiten Pfeiler näherten, begann ich ein ungeheuer starkes Gefühl der Heiterkeit und Leichtigkeit zu empfinden, und wieder sah ich aus den Augenwinkeln die Drahtseile, die zum zweiten Pfeiler emporliefen. Wieder wurde ich hinausgezogen, und diesmal hatte ich die ganz deutliche Empfindung, daß ich aus meinem Körper herausgezogen wurde, ich fühlte mich emporsteigen, bis ich von der höchsten Spitze der Brücke auf den Verkehr unter mir hinabblicken konnte. Ich hatte das Gefühl, daß die Geschwindigkeit, mit der ich hinausgezogen wurde, sich sehr, sehr schnell steigerte und ich über die Brückenpfeiler geradezu hinausschoß. Ich begann, Fragen zu stellen wie ›Was geht hier vor?‹ und ›Was tue ich, was geschieht denn eigentlich?‹ Ich bekam sofort Antwort auf diese Fragen, und dann hatte ich ein Gefühl zunehmender Heiterkeit und zunehmender Ausdehnung, und ich spürte, daß meine Fragen beantwortet wurden, noch ehe ich sie überhaupt gestellt hatte. Ich hatte weiter dieses Gefühl der Heiterkeit und der Ausdehnung, bis ich eine stumme weiße Explosion spürte und fühlte, wie ich mich in einer Art sanftem, weißen Licht ausdehnte. Ich hatte das Gefühl, daß ich die Unendlichkeit erreichte und daß ich alles wußte, was es zu wissen gab, daß alle Fragen beantwortet waren.

Das war es, was ich selbst erlebte; das übrige, was jetzt kommt, hat mir das Mädchen später erzählt. Als wir uns dem ersten Pfeiler näherten, erzählte sie, hätte ich aufgestöhnt und sie habe zu mir hinübergesehen. Als wir zum zweiten Pfeiler kamen, hätte ich plötzlich aufgeschrien; sie sagte, es sei kein Schmerzensschrei gewesen, sondern ein Schrei der Verzückung. Mein Gesicht habe einen hingerissenen, starren Ausdruck gehabt, und mein Körper sei ganz steif gewesen. Ein anderes Stück dessen, was ich in diesem Augenblick selbst erlebte, war folgendes: Als ich mich in diesem klaren, von weißem Licht erfüllten Raum befand, hatte ich den Eindruck, als ob ich eine Art langsamer werdendes, kosmisches Brummen hörte. Das reale Geschehen, mit dem dies zusammenhing, war offenbar, daß das Mädchen sich zu mir wandte, als ich schrie, und dabei den Fuß vom Gas nahm; dadurch wurde das Motorgeräusch langsamer. Meine Einsicht in diesem Zustand war, daß ich gestorben sei. Ich war absolut und völlig überzeugt, daß ich gestorben war, daß es wie ein Blitz gekommen war, daß es einen Autounfall gegeben hatte, daß ich tot war — weil alles in der christlichen Überlieferung und in meiner Erziehung mich darauf vorbereitet hatte, daß man Gott erst sieht, wenn man gestorben ist. In diesem Augenblick erlebte ich und wußte ich irgendwie, daß ich in der Gegenwart Gottes war, und ich folgerte daraus irgendwie, daß ich tot sein mußte.

Plötzlich, bei dem Gedanken an den Tod, bekam ich große Angst. Ich erinnere mich an das Angstgefühl, wie einschnürend es war. Ich fühlte mich wie der Geist aus dem arabischen Märchen, der wieder in eine sehr kleine, kalte Flasche eingesogen wird. Ich spürte, wie ich mich zusammenzog, bis ich wie eine harte, kalte Bleimurmel war, und dann befand ich mich wieder in meinem Körper, sehr drinnen, und ich fühlte mich arthritisch, kalt und eingezwängt. Ich sah zu dem Mädchen am Steuer hinüber, und es schienen Meilen zwischen uns zu liegen. Die räumlichen Dimensionen des Autos schienen riesig, und das Mädchen hatte sich in eine Art steingraue, kalte Gestalt verwandelt, durch und durch ein Bild des Todes. Alles um mich herum erschien leblos, tot und kalt. Mein Gedanke war jetzt, daß ich gestorben war, daß es einen heftigen Autounfall gegeben hatte und daß ich sehr plötzlich den Übergang in einen Zustand nach dem Tod vollzogen hatte. Ich dachte, um mich davon zu überzeugen , daß ich tot war, müsse ich das alles noch durchmachen, den Aufprall des Wagens, das Knirschen des Metalls und wie das Metall mir das Fleisch zerriß. Plötzlich, als ich erkannte, daß ich den Übergang nicht mit Angst und Zerreißen durchmachen mußte, fühlte ich, wie ich wieder zurück und hinauf in dieses weiße Licht geleitet wurde, und ein Gefühl des Friedens, der Verzückung erfüllte mich. Und dann, so sagte mir das Mädchen später, begann ich zu schluchzen und zu weinen, und ich sagte: ›Warum ich?‹, nicht ›Warum bin ich gestorben?‹, sondern ›Warum *ich*, warum durfte *ich* dies alles sehen?‹«

Das Studium des Todes ist von entscheidender Bedeutung für das Verständnis psychischer Vorgänge. Es gibt keinen Zweifel, daß ein wirkliches Verständnis der Religion, der Mystik, des Schamanismus, der Durchgangsriten und der verschiedenen Mythologien unmöglich ist ohne eine genaue Kenntnis der Todeserfahrung und des Tod-Wiedergeburt-Prozesses. Dieses Wissen ist auch unerläßlich für eine tiefere Einsicht in das Wesen der Geisteskrankheiten, insbesondere der Schizophrenie. Geht man den perinatalen und transpersonalen Schichten des Unbewußten aus dem Weg, so führt das zwangsläufig zu einem oberflächlichen und verzerrten Bild des menschlichen Geistes, zu einem unvollständigen Verständnis emotioneller Störungen und zu einer Einschränkung der Möglichkeiten des therapeutischen Eingreifens.

Die Erkenntnis der Bedeutung des Todes für das menschliche Seelenleben braucht nicht mit negativen Beiklängen belastet zu sein. Eine tiefe symbolische Begegnung mit dem Tod in einem Beistand gewährenden und richtig strukturierten Rahmen kann sehr positive Wirkungen haben und mithelfen, die negativen Vorstellungen vom Tod und die damit verknüpfte Angst zu überwinden. Sie kann zu einem besseren seelischen und körperlichen Befinden beitragen, zu größerer Selbstverwirklichung und zu einer befriedigenderen und harmonischen Anpassung an den Lebensprozeß.

Tod und Leben, die gewöhnlich als unversöhnliche Gegensätze betrachtet werden, stehen in Wirklichkeit offenbar in einer dialektischen Beziehung zueinander. Wer jeden Augenblick seines Lebens erfüllt und ganz bewußt lebt, der wird auch den Tod akzeptieren und ihm versöhnt und gelassen gegenüberstehen. Umgekehrt verlangt eine solche Einstellung zur menschlichen Existenz, daß wir unsere Sterblichkeit und die Vergänglichkeit des Seins annehmen. Darin liegt offenbar die innerste Bedeutung der antiken Mysterien, der spirituellen Übungen aller Art und der Durchgangsriten.

Rabbi Herschel Lymon, der aus eigener Initiative an unserem LSD-Ausbildungsprogramm teilnahm, beschrieb seine einzigartige Einsicht in diese dialektische Beziehung zwischen Leben und Tod sehr eindrücklich. Während der Rückkehr in die Wirklichkeit nach einer LSD-Sitzung, in der er eine erschütternde Begegnung mit dem Tod und im Anschluß daran Gefühle der spirituellen Wiedergeburt erlebt hatte, erinnerte er sich an einen berühmten Satz, den vor 500 Jahren Leonardo da Vinci aussprach. Als Leonardo im Sterben lag, faßte er seine Gefühle über sein reiches und produktives Leben in dem Satz zusammen: »Ich glaubte zu leben, aber es war nur die Vorbereitung auf das Sterben.« Bei dem Versuch, das Ringen mit Tod und Wiedergeburt in seiner LSD-Sitzung zu beschreiben, wandelte Rabbi Lymon die Worte Leonardos so ab: »Ich glaubte zu sterben, aber es war nur die Vorbereitung auf das Leben.«

Abramson, H. A. u. L. T. Evans (1954): LSD-25. II. Psychobiological Effect on the Siamese Fighting Fish. In: Science 120, S. 990ff.

Arendsen-Hein, G. W. (1967): Dimensions in Psychotherapy. In: H. A. Abramson, Hrsg.: The Use of LSD in Psychotherapy and Alcoholism. New York (Bobbs-Merrill).

Barrett, W. (1926): Death-Bed Visions. London (Methuen).

Bateson, G. (1958): Naven. 2. Aufl. Stanford, Calif. (Stanford University Press).

Bierce, A. (1979): An Occurence at Owl Creek Bridge and other stories / Ein Vorfall an der Eulenfluß-Brücke und andere Erzählungen, englisch/deutsch. München (Deutscher Taschenbuch Verlag).

Bonny, H. u. W. N. Pahnke (1972): The Use of Music in Psychedelic (LSD) Psychotherapy. In: Journ. Music Therapy 9, S. 64ff.

Bottome, P. (1939): Alfred Adler. A Biography. New York (Putnam).

Brun, R. (1953): Über Freuds Hypothese vom Todestrieb. In: Psyche 7, S. 81ff.

Budge, E. A. Wallis (1974): The Egyptian Heaven and Hell. La Salle, III. (Open Court).

— (1960): The Book of the Dead. New Hyde Park, N. Y. (University Books). Vgl.: Ägyptisches Totenbuch, aus dem Französischen übersetzt von G. Kolpaktchy. München-Planegg (Barth) 1955.

Capra, F. (1977): Der kosmische Reigen. München (Barth).

Bibliographie

Champdor, A. (1963): Le Livre des Morts — papyrus d'Ani, de Hunefer, d'Anhaï Paris (Michel).

Clarke, E. H. (1878): Visions. A Study of False Sight. Cambridge, Mass. u. Boston (Riverside Press / Houghton, Osgood).

Cobbe, F. P. (1877): The Peak in Darien: The Riddle of Death. In: Littell's Living Age and New Quarterly Review 134, S. 374ff.

Cohen, S. (1965): LSD and the Anguish of Dying. In: Harper's Magazine 231, S. 69ff., 77ff.

Crosby, C. (1953): The Passionate Years. New York (Dial Press).

Delacour, J.–B. (1973): Aus dem Jenseits zurück. Düsseldorf u. Wien (Econ).

Eissler, K. R. (1978): Der sterbende Patient. Stuttgart-Bad Cannstatt (Fromann-Holzboog).

Eliade, M. (1961): Das Mysterium der Wiedergeburt. Zürich u. Stuttgart (Rascher).

— (1957): Mythes, rêves et mystères. 2. Aufl. Paris (Gallimard).

— (1957): Schamanismus und archaische Ekstasetechnik. Zürich u. Stuttgart (Rascher).

Evans-Wentz, W. Y., Hrsg. (1960): Das tibetanische Totenbuch, Kommentar C. G. Jung. Zürich u. Stuttgart (Rascher).

Feifel, H., Hrsg. (1959): The Meaning of Death. New York (McGraw-Hill).

Fenichel, O. (1974ff.): Psychoanalytische Neurosenlehre Iff. Olten u. Freiburg i. Br. (Walter).

Fisher, G. (1970): Psychotherapy for the Dying: Principles and Illustrative Cases with Special Reference to the Use of LSD. In: Omega I, S. 3ff.

Fremantle, F. u. Chögyam (Tschögyam) Trungpa Rinpoche (1975): The Tibetan Book of the Dead. Berkeley, Calif. u. London (Shambhala).

Freud, S. (1913): Das Motiv der Kästchenwahl. In: Ges. W. Bd. X.

— (1915): Zeitgemäßes über Krieg und Tod. In: Ges. W. Bd. X.

— (1920): Jenseits des Lustprinzips. In: Ges. W. Bd. XIII.

— (1938): Abriß der Psychoanalyse. In: Ges. W. Bd. XVII.

Garfield, C. A. (1974): Psychothanatological Concomitants of Altered State Experiences: An Investigation of the Relationship between Consciousness, Alteration, and Fear of Death. Phil. Diss. Los Angeles (University of California).

Gennep, A. van (1909): Les Rites de Passage. Paris (Nourry).

Godfrey, K.: Persönliche Mitteilung.

Grof, S. (1978): Topographie des Unbewußten — LSD im Dienst der tiefenpsychologischen Forschung. Stuttgart (Klett-Cotta).

Grof, S., W. N. Pahnke, A. A. Kurland u. L. E. Goodman (1971): LSD-Assisted Psychotherapy in Patients with Terminal Cancer. Vorgelegt auf dem 5. Symposium der Foundation of Thanatology. New York.

Grof, S. u. J. Halifax (1972): LSD and the Human Encounter with Death. In: Voices 8, S. 64ff.

Hart, H. (1959): The Enigma of Survival. Springfield, III. (Thomas).

Heidegger, M. (1979): Sein und Zeit. 15. Aufl. Tübingen (Niemeyer).

Heim, A. (1892): Notizen über den Tod durch Absturz. In: Jahrbuch des Schweizer Alpenclub 27, S. 327 ff.

Hunter, R. C. A. (1967): On the Experience of nearly Dying. In: Amer. Journ. Psychiat. 124, S. 84 ff.

Huxley, A. (1963): Island. New York (Bantam).

— (1954): Die Pforten der Wahrnehmung. München (Piper).

— (1970): Himmel und Hölle. 3. Aufl. München (Piper).

— (1962): Visionary Experience. Los Alamos. Vortrag aus einer Reihe von Lesungen unter dem Titel The Human Situation.

— (1950): Schöne neue Welt. 2. Aufl. Zürich (Steinberg).

Huxley, L. A. (1968): This Timeless Moment. New York (Farrar, Straus & Giroux).

Hyslop, J. H. (1908): Psychical Research and the Resurrection. Boston (Small, Maynard & Co.). — Vgl. auch: Probleme der Seelenforschung. Stuttgart (Hoffmann) 1909.

James, W. (1914): Die religiöse Erfahrung in ihrer Mannigfaltigkeit. Leipzig (Hinrichs).

Jung, C. G. (1943): Über die Psychologie des Unbewußten. Ges. W. Bd. 7 Freiburg i. Br. (Walter) 1964 ff.

— (1964): Zwei Abhandlungen über analytische Psychologie. Ges. W. Bd. 7.

— (1977): Erinnerungen, Träume, Gedanken von C. G. Jung, aufgezeichnet und herausgegeben von A. Jaffé. 9. Aufl. Olten u. Freiburg i. Br. (Walter).

Kast, E. C. (1963): The Analgesic Action of Lysergic Acid Compared with Dihydromorphinone and Meperidine. In: Bull. Drug. Addiction Narcotics, App. 27, S. 3517 ff.

— (1964): Pain and LSD-25: A Theory of Attenuation of Anticipation. In: D. Solomon, Hrsg.: LSD-25. The Consciousness-Expanding Drug. New York (Putnam).

— (1966): LSD and the Dying Patient. In: Chicago Med. Sch. Quart. 26, S. 80 ff.

— u. V. J. Collins (1964): A Study of Lysergic Acid Diethylamide as an Analgesic Agent. In: Anaesth. Analg. Curr. Res. 43, S. 285 ff.

Kübler-Ross, E. (1977): Interviews mit Sterbenden. 11. Aufl. Stuttgart u. Berlin (Kreuz Verlag).

— (1974): Was können wir noch tun? Stuttgart (Kreuz Verlag).

Kurland, A. A., W. N. Pahnke, S. Unger, C. Savage u. L. E. Goodman (1968): Psychedelic Psychotherapy (LSD) in the Treatment of the Patient with a Malignancy. In: Excerpta Medica International Congress Series No. 180. »The Present Status of Psychotropic Drugs 180«. Proceedings of the Sixth International Congress of the CINP in Tarragona, April 1968, S. 432 ff.

Kurland, A. A., C. Savage, W. N. Pahnke, S. Grof u. J. Olsson (1971): LSD in the Treatment of Alcoholics. In: Pharmakopsychiatrie, Neuropsychopharmakologie 4, S. 83 ff.

Laing, R. D. (1969): Phänomenologie der Erfahrung. Frankfurt a. M. (Suhrkamp).

Leary, T., R. Metzner u. R. Alpert (1971): Psychedelische Erfahrung. Weilheim (Barth).

Maslow, A. (1973): Psychologie des Seins. München (Kindler).

— (1969): A Theory of Metamotivation: The Biological Rooting of the Value-Life. In: A. Sutich u. M. A. Vich, Hrsg.: Readings in Humanistic Psychology. New York (Free Press).

Masters, R. u. J. Houston (1972): Mind Games – The Guide to Inner Space. New York (Viking Press).

McCabe, O. L. (1968): An Empirical Investigation of the Effects of Chemically (LSD-25) Induced »Psychedelic Experiences« on Selected Measures of Personality. Baltimore (Diss.)

McFarland, R. A. (1952): Beitrag zum Fatigue and Stress Symposium, Januar 1952. Operations Research Office Technological Memorandum Nr. 185 (ORO-T-185).

Mead, M. (1973): Ritual and the Conscious Creation of New Rituals. Einleitende Bemerkung für die Teilnehmer am 59. Burg Wartenstein Symposium mit dem Thema »Ritual: Reconciliation in Change«, Gloggnitz, Österreich, Juli 1973 (gefördert durch die Wenner-Gren Foundation).

Meduna, L. J. (1950): Carbon Dioxide Therapy. Springfield, III. (Thomas).

Melzack, R. (1978): Das Rätsel des Schmerzes. Stuttgart (Hippokrates).

— u. P. D. Wall (1965): Pain Mechanisms: A New Theory. In: Science 150, S. 971 ff.

Moody, R. A. (1977): Leben nach dem Tod. Reinbek (Rowohlt).

Munk, W. (1887): Euthanasia or Medical Treatment in Aid of an Easy Death. New York (Longmans, Green).

Noyes, R. (1971): Dying and Mystical Consciousness. In: Journ. Thanatol. 1, S. 25 ff.

— (1972): The Experience of Dying. In: Psychiatry 35, S. 174 ff.

— u. R. Kletti (1972): The Experience of Dying from Falls. In: Omega 3, S. 45 ff.

Origenes (1976): Vier Bücher von den Prinzipien. Darmstadt (Wiss. Buchges.).

Osis, K. (1961): Deathbed Observations by Physicians and Nurses. New York (Parapsychological Foundation). Vgl. auch K. Osis u. E. Haraldsson (1978): Der Tod ein neuer Anfang. Freiburg i. Br. (Bauer).

Pahnke, W. N. u. W. A. Richards (1966): Implications of LSD and Experimental Mysticism. In: Journ. Religion & Health 5, S. 175 ff.

Pahnke, W. N. (1969): The Psychedelic Mystical Experience in the Human Encounter with Death. An Ingersoll Lecture. In: Harvard Theol. Rev. 62, S. 1 ff.

Pahnke, W. N., A. Kurland, W. A. Richards u. L. E. Goodman (1969): LSD-Assisted Psychotherapy with Terminal Cancer Patients. In: R. E. Hicks u. P. J. Fink, Hrsg.: Psychedelic Drugs. New York (Grune & Stratton).

Pahnke, W. N., A. A. Kurland, S. Unger, C. Savage u. S. Grof (1970): The Experimental Use of Psychedelic (LSD) Psychotherapy. In: Journ. AMA 212, S. 1856 ff.

Pahnke, W. N., A. A. Kurland, S. Unger, C. Savage, S. Wolf u. L. E. Goodman (1970): Psychedelic Therapy (Utilizing LSD) with Terminal Cancer Patients. In: Journ. Psychedelic Drugs 3, S. 63 ff.

Perry, J. W. (1974): The Far Side of Madness. Englewood Cliffs, N. J. (Prentice-Hall).

Pfister, O. (1930): Schockdenken und Schockphantasien bei höchster Todesgefahr. In: Zeitschr. Psa. 16, S. 430 ff.

Poe, E. A. (1841): Ein Sturz in den Maelstrom. In: E. A. Poe: Werkausgabe Bd. 2, Olten u. Freiburg i. Br. (Walter) 1966.

Popov, A. A. (1936): Tavgijcy — Materialy po etnografii avamskich i vedeevskich targicev. Moskau u. Leningrad, Trudy instituta antropologii i etnografii, 1, 5.

Rainer, R. (1957): Ars Moriendi —

Von der Kunst des heilsamen Lebens und Sterbens. Köln u. Graz (Boehlau).

Rappaport, M., K. Hopkins, K. Hall, T. De Belleza u. J. Silverman (1974): Selective Drug Utilization in the Management of Psychosis. In: NIMH Grant Report, MH-16445.

Richards, W. A. (1975): Counseling, Peak Experiences, and the Human Encounter with Death. An Empirical Study of the Efficacy of DPT-Assisted Counseling in Enhancing the Quality of Life of Persons with Terminal Cancer and their Closest Family Members. Washington (phil. Diss. Catholic University of America, School of Education).

Richards, W. A., S. Grof, L. E. Goodman u. A. A. Kurland (1972): LSD-Assisted Psychotherapy and the Human Encounter with Death. In: Journ. Transpersonal Psychol. 4. S. 121 ff.

Rosen, D. (1975): Suicide Survivors. A Follow-Up Study of Persons Who Survived Jumping from the Golden Gate and San Francisco-Oakland Bay Bridges. In: West. Journ. Med. 122, S. 289 ff.

Saunders, C. M. (1961): The Treatment of Intractable Pain in Terminal Cancer. In: Proc. Roy. Soc. Med. 56, S. 195 ff.

— (1967): The Management of Terminal Illness. London (Hospital Medicine Publications).

— (1973): The Need for In-Patient Care for the Patient with Terminal Cancer. In: Middlesex Hospital Journ. 72, Nr. 3.

Savage, C., O. L. Mc Cabe u. A. A.

Kurland (1972): Psychedelic Therapy of the Narcotic Addict. In: C. Brown u. C. Savage, Hrsg.: The Drug Abuse Controversy. Baltimore (National Education Consultants).

Schuré, E. (1956): Die großen Eingeweihten. München (Barth).

Sherwood, J. N., M. J. Stolaroff u. W. W. Harman (1962): The Psychedelic Experience — A New Concept in Psychotherapy. In: Journ. Neuropsychiatry 3, S. 370 ff.

Silverman, J. (1967): Shamans and Acute Schizophrenia. In: Amer. Anthropol. 69, S. 21 ff.

— (1972): Acute Schizophrenia — Disease or Dis-Ease. In: Readings in Psychology To-Day. San Francisco (CRM Books).

Simonton, C. O. u. S. S. (1975): Belief Systems and Management of the Emotional Aspects of Malignancy. In: Journ. Transpersonal Psychol. 7, S. 29 ff.

— (1974): The Role of the Mind in Cancer Therapy. Vorlesung bei einem Symposium Dimensions of Healing an der University of California, Los Angeles, Oktober 1974.

Solow, V. (1974): I Died at 10:52 A. M. In: Reader's Digest, Nr. 10, S. 178 ff.

Stace, W. T. (1960): Mysticism and Philosophy. Philadelphia u. New York (J. P. Lippincott).

St. Christopher's Hospice, Hrsg. (1971/72): Annual Report.

Toben, B. (1975): Space-Time and Beyond. New York (Dutton).

Tolstoj, L. N. (1974): Krieg und Frieden. Stuttgart (Parkland).

— (1979): Der Tod des Iwan Iljitsch. Stuttgart (Reclam).

Toynbee, A. u. a. (1968): Man's
Concern with Death. New York
(McGraw-Hill).

Turner, V. W. (1969): The Ritual
Process — Structure and Anti-
Structure. Chicago (Aldine).

Unger, S. u. A. (1968): LSD-Type
Drugs and the Psychedelic The-
rapy. In: Res. Psychotherapy 3,
S. 521 ff.

Wasson, V. P. (1957): Interview in
This Week vom 19. Mai.

Weiss, B., H. A. Abramson u. M. D.
Baron (1958): LSD XXV: Effect
of Potassium Cyanide and Other
Oxidase and Respiratory Inhibi-
tors on the Siamese Fighting
Fish. In: Arch. Neurol. Psychiat.
80, S. 345 ff.

Weisse, J. E. (1880): The Obelisk in
Free Masonry, New York. Zitiert
nach: M. P. Hall: The Secret
Teachings of All Ages. Los Ange-
les (The Philosophical Research
Society) 1968.

— (1972): The Vestibule. Port Washington, N. Y. (Ashley Books).

Wunderlich, H.-G. (1972): Wohin
der Stier Europa trug. Reinbek
(Rowohlt).

274

CIP-Kurztitelaufnahme der Deutschen Bibliothek

Grof, Stanislav:
Die Begegnung mit dem Tod / Stanislav Grof; Joan Halifax.
Mit e. Vorw. von Elisabeth Kübler-Ross. [Aus d. Amerikan. übers. von G. Müller]. –
Stuttgart: Klett-Cotta, 1980.
(Konzepte der Humanwissenschaften)
Einheitssacht.: The human encounter with death <dt.>
ISBN 3-12-903090-5
NE: Halifax, Joan: